《语用学学人文库》编委会

语用学学人文库

何自然 主编

汉语新媒体语篇的互文性研究

A Study on Intertextuality in Chinese New Media Discourse

郑庆君 向 琼 张春燕 著

暨南大学出版社

JINAN UNIVERSITY PRESS

中国·广州

本书得到国家社科基金项目
"汉语网络语篇的互文性调查与研究"资助

总　序

　　语用学（pragmatics）作为一门学科，近二十多年的发展日新月异。语用学的学术视角从最早的语言哲学扩展到语言学，逐渐触及语言学的各个领域，出现了各类与语用学相结合的新兴学科和边缘学科，对翻译学、外语教学、词典编撰、跨文化交际、人工智能、文学批评、心理学等许多相关学科产生了深远的影响。语用学现已成为当代语言学中的显学，吸引了越来越多的学者从事语用学的学习、教学和研究。

　　20世纪60至70年代，与语用学有关的课题在西方语言哲学的日常语言学派中十分盛行，但它直到70年代末至80年代初才成为语言学的一个分支学科。1977年，《语用学学刊》（*Journal of Pragmatics*）在荷兰发行，标志着语用学作为一个学科得到正式确认。同一时期，pragmatics引入日本，被翻译为"語用論"，日本学者毛利可信于1978年就曾以"意义的不确定性——从语义学到语用学"为题发表过文章；1980年，毛利可信出版了亚洲第一部语用学专著《英語の語用論》（《英语语用学》）。在我国，语言学界前辈许国璋先生于1979年在中国社会科学院语言所主持出版的《语言学译丛》中就曾连续译介过与日常语言哲学有关的奥斯汀的《论言有所为》等文献。《语言学译丛》改版后的《国外语言学》季刊在1980年就刊登了胡壮麟先生介绍国外语用学的文章。到了1983年，西方正式出版了列文森的《语用学》（*Pragmatics*）和里奇的《语用学原理》（*Principles of Pragmatics*）。这些国外语用学经典著述，经我国学者不懈引进，语用学在我国开始扎根、发芽。随后，经过三十多年的努力，我国语用学研究得到不断发展，研究队伍不断壮大，与国外同行学者之间的学术交往日益增多，并不断产出具有国际视野的研究成果，体现出中国学者的学术见解和创新。

　　当然，我国语用学研究的全面创新及语用学学科的深度发展还有很长的路要走；作为我们自己的学术团体，中国语用学研究会也有很多工作要做。2011年，第十二届全国语用学研讨会暨第六届中国语用学研究会年会在山西大学外语学院召开之际，研究会常务理事会决定组织出版"语用学学人文库"（以下简称"文库"），并成立了编委会，约请暨南大学出版社自 2012 年起出版语用学方面的有关论著。中国语用学研究会认为，在这个时候筹划出版"文库"丛书是有其积极意义的，可以极大地促进我国语用学教学与研究的繁荣，使汉语、外语学习和实际运用得到应有的重视，使汉语在我国社会经济生活中的使用质量得到不断提高，并为在国际上普及汉语和宣传中华文化而出力。

我们计划"文库"丛书每年出版 2 至 3 部专著。这些著述将着重反映以下三个方面的内容：第一，评介当前国外语用学学科的前沿课题；第二，结合和借鉴国外语用学的理论和实践，指导并提高我国汉语和外语的教学与研究；第三，介绍我国学者在语用与社会、语用与文化、语用与翻译、语用与心理、语用与认知等方面的创新成果。

我们曾征询过国内外有关专家、教授、学者的意见，草拟了一份"文库"选题建议，发布在"中国语用学研究会网"（www. cpra. com. cn）上，供大家撰稿时参考。我们盼望我国从事语用学教学与研究的同仁能够积极支持这个"文库"的出版计划，踊跃撰稿，为进一步繁荣我国语用学的学术研究做出贡献。

"语用学学人文库"编委会

2012 年 5 月

目　录

总　序　/ 1

引言　我们生活的伟大时代　/ 1
　　一、科技催生的信息时代　/ 1
　　二、高速发展下的中国社会　/ 4

第一章　互文性理论的西方源流　/ 7
　　一、互文性理论的萌芽与起源　/ 8
　　二、互文性概念的提出　/ 14
　　三、互文性理论的形成　/ 16
　　四、互文性理论的发展　/ 18

第二章　互文性理论的中国态势　/ 24
　　一、中国互文性思想的萌芽　/ 24
　　二、互文性理论的引入与研究　/ 30
　　三、互文性理论的发展与应用　/ 31

第三章　新媒体语篇互文性的承载类型　/ 40
　　一、传统媒体与新兴媒体　/ 40
　　二、新媒体中的新宠：自媒体　/ 41
　　三、汉语新媒体语篇的承载类型　/ 42
　　四、互文性机制下的汉语新媒体　/ 46

第四章　新媒体语篇互文性的结构形态　/ 48
　　一、成分性互文　/ 48
　　二、语篇性互文　/ 50
　　三、体裁性互文　/ 53

第五章　新媒体语篇互文性的呈现方式　/ 56

一、手机短信的互文性特质　/ 56

二、互文性在短信中的呈现模式　/ 56

三、互文手机短信的语篇机制　/ 63

四、互文手机短信的语域特征　/ 66

第六章　新媒体语篇修辞格的互文性分析：引用　/ 70

一、互文性理论对汉语修辞学的启示　/ 70

二、互文性理论与汉语修辞格的关系假设　/ 71

三、汉语引用修辞格的互文性分析　/ 73

第七章　新媒体语篇修辞格的互文性分析：仿拟　/ 83

一、仿拟的类型及其互文性特征　/ 83

二、仿拟的基本要素及其相互关系　/ 85

三、仿拟的生成过程与模式　/ 86

四、仿拟生成的制约因素　/ 89

第八章　新媒体语篇修辞格的互文性分析：谐音　/ 95

一、谐音研究的历史传统　/ 95

二、谐音语篇的构成与结构成分　/ 96

三、谐音语篇常见的结构模式　/ 99

四、谐音的篇际特征与语篇机理　/ 104

第九章　新媒体语篇互文性的功能分析　/ 108

一、语体和文体　/ 108

二、语体和语篇之间的关系　/ 109

三、《高科技》语篇的结构模式和语体体式　/ 111

四、《高科技》语篇的功能分析　/ 113

五、互文性语篇的风格特征及其产生成因　/ 118

第十章　新媒体翻译语篇互文性的功能分析　/ 122

一、翻译语篇互文性的功能语言学模式　/ 122

二、互文性视角下源语篇的功能语篇分析 / 124

三、乔布斯情书翻译语篇的互文性分析 / 126

四、乔布斯情书翻译语篇互文性的解释与评估 / 131

第十一章 新媒体语篇的传播方式与互文性结构 / 135

一、自媒体引爆全民语言消费 / 135

二、自媒体传播方式的互文性特征 / 136

三、自媒体传播方式的案例分析 / 139

四、自媒体文本结构的互文性特征 / 142

第十二章 病毒式传播：流行语"被＋××"现象解读 / 150

一、时髦的网络"被"现象 / 150

二、"被"字句的基本特征与规则 / 151

三、"被"现象的语义特征与结构模式 / 154

四、病毒式复制："被＋××"盛行的互文性解释 / 155

附录 专项调查 / 159

草根的快乐：2012 年网络文体之"甄嬛体"大观 / 159

文体一瞥：2006—2013 年中国网络流行文体探察 / 176

参考文献 / 189

后 记 / 195

引言　我们生活的伟大时代

一、科技催生的信息时代

　　科学是伟大的，富有科学精神的人类更加伟大，而敢于追寻科学，在人类发展的历史进程中勇于探索，向着科学的陡峭山道不断攀爬，登上一座又一座科学高峰的人类尤其伟大。

　　德国著名学者卡西尔曾对科学给予这样的解释与概括："科学是人的智力发展的最后一步，并且可以被看成是人类文化最高最独特的成就。它是一种在特殊条件下才可能得到发展的非常晚而又非常精致的成果……在我们现代世界中再没有第二种力量可以与科学思想的力量相匹敌。它是我们全部人类活动的顶点和极致，被看成是人类历史的最后篇章和人的哲学的最重要的主题。"[①]

　　的确，人类社会的发展离不开科学技术的进步，是科技发展创造了人类文明，并且不断推动着人类文明向前发展。就人类的信息传递与媒介形态演变来说，从史前时期的媒介形态"舞蹈—岩画—神话"，到前文字时代的媒介形态"口耳相传—结绳刻木记事—图画记事"，再到文字时代的媒介形态"爱琴海文明的泥板书—古埃及的莎草纸—欧洲的羊皮纸—中华文明的甲骨文、石鼓文、金文、简帛、手工纸、写本书、雕版印刷、活字印刷—英国人发明的机造纸"，最后到当今后文字时代的"电子媒介"的出现，[②] 人类信息传播文明史上的每一次进步，都是来自科技的力量，来自人类对科技的不息追寻。而且这种进步与发展一次比一次快速："从动物传播进化到人类的语言传播用了 200 万年，从语言进化到书写用了 9.5 万年，从书写跨入印刷约 4 000 年，而从印刷迈进电讯传播 1 200 年，从电

---

　　① 恩斯特·卡西尔. 人论［M］. 甘阳，译. 上海：上海译文出版社，1985：263.
　　② 这一发展历程是依据吴满意主编的《网络媒体导论》第一章中对媒介形态的发展分期归纳而成的。详见《网络媒体导论》（国防工业出版社 2008 年版）第 11 - 32 页。

讯传播进入互动传播的时间 102 年，而互动传播至今只有 50 年。"①

19 世纪以来，科技开始进入飞速发展时期，资本主义工业的蓬勃发展促进了新的传播媒介的产生和新的传播技术的应用，伴随着电报电话、照相摄影、复印传真、广播电视等科技手段的出现，尤其 20 世纪 40 年代以来，随着世界第一台电脑主机"埃克阿克"的诞生，70 年代电子邮件的出现，80 年代互联网的诞生，90 年代手机短信的发明，人类开始全面进入电子信息时代，传播的历史也开始发生重大变革，世界由此迈入了传播革命的新纪元。

当代人是幸运的，赶上这飞速发展的科技时代，享受着高科技的先进技术和物质文明，过着古代神话中描述的美妙生活。可不是，坐在小小的家中，却可以涉足地球上的任何一个角落；输入几个字符，便可以获得世界各地的资讯；一个巴掌大小的机器，竟可以用来与不同半球的人们同步聊天，而只需花费很少的费用。我们的祖辈、父辈年轻时埋头于纸笔传书，奔波于邮局与邮筒之间，为一张邮票、一个信封排队等候，为一封纸质的家书而苦苦期盼，不过几十年的工夫，他们的子孙却已经步入了电子化的信息时代。一纸情书、一封家信，无论国内国外，哪怕千里万里，只需要在电脑或手机上那么轻轻一点，瞬间即可到达对方。从前只是阿拉伯神话中的飞毯、神灯才有的魔力，今天却变成了梦幻一般的现实！

从某种意义上说，现代人不会感受到寂寞：想看外面的世界了，打开电脑，世界各地的人情风貌铺天盖地向你袭来，令你眼花缭乱，应接不暇，只恨自己不能生出 8 双眼睛，将这世上的一切美好事物尽收眼底。感到孤单了，连接网络，天南海北的朋友立刻向你招手，熟悉的、不熟悉的，认识的、不认识的，大家聚集在各类社交网站，呼应在网帖、QQ、微博、微信的世界里，传递各自的快乐与愁苦，分享相互的人生和感悟，其乐融融，好不热闹。高兴了，快乐了，痛苦了，愤怒了，有心事了，甚至无聊了，编几句话，通过微博、朋友圈发出去，全世界马上知晓，即使远在天边也能立马回应，这比传统的有苦/乐不能言，言之也无处，言之无人听，只把心事付瑶琴、付予无人知晓的一纸日记，该是一种怎样的不同与跨越！

从清晨到夜晚，足不出户，只需一台电脑或一部手机，借助于知而不见的网络，一个人就可以做他能想到的几乎所有事情，查资料、看电影、听音乐、玩游戏、收发邮件、读书看报、聊天交友、炒股购物，而且随着中国电商及物流的飞速发展，想买的东西几乎都可以通过网购获得。这样

---

① 邵培仁. 论人类传播史上的五次革命 [J]. 中国广播电视学刊, 1996 (7)：5 - 8.

的生活，远古的人们能够想象吗？试想，李白当年若有手机短信、博客微博，有微信朋友圈或网络直播与他相伴，他还会感慨"花间一壶酒，独酌无相亲"，继而写出"举杯邀明月，对影成三人"的千古惆怅，还会不会慨叹"古来圣贤皆寂寞，惟有饮者留其名"的伟大孤独？想起20世纪80年代末，笔者远在大洋彼岸的美国，时常为等候一封家书苦守半月，每天在学校、宿舍与邮筒之间数次奔波，常常反问自己，如果那时中国有电子邮件和互联网，自己还会不会为"一年将尽夜，万里未归人"之乡愁迫不及待、义无反顾地回到中国？

科技改变着人类，改变着我们的生活。随着手机的广泛使用和互联网的迅猛发展，现代信息技术已经渗透到社会生活的各个领域，极大地改变了人类的生存方式与生活状态。作为一种全新的传播媒介，互联网集合了报纸、杂志、广播以及电视、电影等几乎所有传统媒体的各种优势，并且由于网络本身携带的信息具有无限量、全覆盖、超时空以及强烈的交互性等特点，因而成为当今社会经济活动与文化传播活动的重要载体与方式，对人类社会产生着广泛而深远的影响。报纸的版面是有限的，广播和电视节目播出的时间也是有限的，传播的空间与速度受到多种限制，然而在网络中，版面、时间、空间、速度、设备等方面的限制均已不复存在，人们只要借助一台小小机器，便可以随时在网络上查看所需的各类信息，并且通过各类链接，由一个网页转到另一个网页，搜索一条信息的同时，只要愿意，可以永不停歇、不断递转地一直链接查询下去。人们发现，互联网几乎将整个地球都网罗到了其中，其触角伸及全世界社会生活的方方面面。在网络上不仅可以看到传统媒体传播的所有资讯，还可以见到传统媒体因为各种原因而没有发布或无法发布的无限量的信息内容。信息的传播在网络媒体中得到了在其他传统媒体上得不到的自由和解放，信息的价值也得到了最大限度的开发与利用。

网络技术改变着传媒生活，网络社会中人与人之间的相互关系很大程度上也因此变成了一种信息交流与交往的关系，网络为人们构筑了一个全新的社会空间。在这个空间中，个体和世界相连接的信息通道被打开，人与人之间交往的通道变得多元而迅捷，人们通过网络走上了通往世界、通向社会生活、结识各类人群的便捷之路，互联网的出现，导致人类既有的各类社会组织形式和交往模式发生了深刻的时代变革。

我们生活在互联网中，享受无比发达的资讯生活，但我们也被这张大网自觉不自觉地捆绑着，无处可逃。

二、高速发展下的中国社会

"忽如一夜春风来，千树万树梨花开。"用这句诗来形容中国的改革开放可以说是恰如其分的。

自改革开放以来，中国社会发生了翻天覆地的变化，经济腾飞，整个世界为之震惊、为之瞠目。自 1978 年以来至今 40 年有余，中国的 GDP 每年都在快速增长，[①]到 2010 年，中国超越日本一跃成为世界第二大经济体。随着经济的快速发展，国家逐渐富强，普通民众也深切感到，社会生活发生了深刻巨变，从前的手表、收音机、自行车早被手机、电视机、摩托车取代，人们用上了冰箱、空调、全自动洗衣机，住进了楼房、别墅，开上了从前只在电影里见过的小汽车，可以实施一年一次甚至一年几次的旅游计划，到处休闲度假，过上了只在小说、电影里见过的西方人的生活。于是，有人情不自禁编出段子夸耀这幸福的生活：

> 工资真的又涨了，心里更加爱岗了，能给孩子奖赏了，见到领导敢嚷了，小车喇叭能响了，休闲度假有望了，海鲜鹅掌敢尝了，没事可逛商场了。
>
> 有人花钱吃喝，有人花钱点歌，有人花钱美容，有人花钱按摩，今儿我自个儿花钱陪你唠嗑，掏出我的心窝，送你一点秋波，祝老友节日快乐！

但与此同时，人们也逐渐发现，随着经济的快速发展，一些社会问题开始不断出现，诸如官员腐败、诚信缺失、环境污染、贫富悬殊、食品安全等。面对越来越高的房价，不断曝光的有毒食品，尤其是较为严重的贫富差距，部分人在"端起碗来吃肉"的同时，也会情不自禁"放下筷子骂人"，利用自媒体表达心中的种种怨气与不快：

> 三十多年来，升值最快的是住房、墓地、乌纱、古玩和公务员；贬值最快的是职称、文凭、道德、诚信和人民币，唯有友情最保值。民族也日益增多，新增了月光族、啃老族、打工族、蜗居族、蚁族、骗婚族、隐婚族、闪婚族、傍款族、还贷族等。

---

① 根据中华人民共和国国家统计局公布数据，参见 http：//www. stats. gov. cn/tjsj/ndsj/。

"奴隶制"似有复苏苗头，房奴、车奴、卡奴、孩奴等已经出现。

这是曾在手机短信和微博上流传过的一个段子，虽然有些片面、过激，但部分程度上，或在一定范围内反映了中国社会某些阶层的生活状况。

物不平则鸣，人有怨气要发声，于是不少网民也会利用网络，借助各种各样的造句活动，抒发自己种种胸臆。在经历一个个网络造句活动之后，也有个别流行语在一定时段里升级为一种语言现象，变成一种浮夸，甚至成为传播虚假信息的渠道，给语言的纯洁性、规范化带来影响与挑战，也引起语言工作者的担忧。比如，2018 年网络上出现的"跪求体""哭晕体""吓尿体"等：

正值脱发少女冒昧问一句：在哪买的生发剂？跪求链接！

打烊前兴冲冲地收尾，准备去吃饭。然后发现，今天有一笔单子算错了，少收了一百元。哭晕在店里。

随着"跪求""哭晕"的广泛使用，网络上形成了所谓的"跪求体""哭晕体"，而这种网络语言甚至辐射到了现实生活的表达中，如少数网站、微信公号出于营销目的，故意使用"跪求体""哭晕体"制作标题，以浮夸的言辞博人眼球、增加点击率。2018 年 7 月 2—4 日，人民网三评浮夸自大文风指出："近期'跪求体''哭晕体''吓尿体'等浮夸自大文风频现，消解媒体公信力，污染舆论生态，扭曲国民心态，不利于成风化人、凝聚人心、构建清朗网络空间。"

人有怨气要发声，人有压力要释放，人有快乐也要分享。从前发声、分享的渠道有限，传播途径狭小，即使说了也没几人知道；而今有了互联网，有了自媒体，每个人都有了发声渠道，每个人既是听众，又是传播者，在倾听他人的同时也能传播自己的声音，形成相互支撑、一呼百应的互动交流格局，因此，每时每刻，互联网上都聚集着大量网民，利用各类电子平台表达各自心情与感受。如此，我们才会看到中国的互联网上时不时会出现全民"造句活动"，一年四季有各种各样的流行词语、流行文体诞生，然后大肆走红网络，才会明白为什么以年轻人为代表的社会群体，喜欢群聚在互联网上，从事大量的语言传播活动，或围观吐槽，或批判嘲讽，或逗乐解压，或纯粹玩弄文字游戏。

这本小书或许能为我们打开一扇窗口，让我们窥探到中国近一二十年（尤其是 2018 年以前的十年）互联网世界的种种语言缤纷，体察到中国自媒体特别发达的各种表现及其社会语境因素，捕捉到互联网语言的各种生态与发展规律。

作为地球上的一张巨大之网，互联网将中国罩在其中，将国人与世界网在一起。在这张网里，中国与世界相连，个人与国家相牵，群体与社会互动，从未谋面的你我他相互交流，形成了一个上下互动的对话网络机制。文本和文本之间，文字与音、视、画之间，发话人与听读者之间，纵横交织，你中有我，我中有你，借助各种新媒体形式，变幻出一幅幅五彩缤纷的语言织锦，奉上一道道山珍海味的话语盛宴。这幅幅语言织锦、道道话语盛宴，在文本中体现出的便是本书所要探讨的新媒体语篇的互文性问题。

第一章 互文性理论的西方源流

互文性（英语 Intertexuality，法语 Intertexualité）源于拉丁文中的"in-tertexto"，意为"混合编织"。作为 20 世纪 60 年代一种研究文本影响的西方理论，"互文性"又被译作"文本间性""文本互指性""文本互涉""文本互释性""互文本性"或"间文本性"等。由于该理论产生于多种思潮共存的背景下，符号学家、结构主义理论学家、后结构主义理论学家对互文性内涵的理解各不相同，关于互文性的定义和内涵一直没有明确的界定。蒂费纳·萨莫瓦约（Tiphaine Samoyault）曾对"互文性"概念的含混性进行过描述：互文性这个词如此多地被使用、被定义和被赋予不同的意义，以至它已然成为文学言论中含混不清的一个概念。①

普遍认为，"互文性"这个术语最早是由朱丽娅·克里斯蒂娃（Julia Kristeva）在向法国读者介绍米哈伊尔·巴赫金（Mikhail Bakhtin）作品时首次提出。她认为，"任何文本都是由引文镶嵌而成的，任何文本都是对另一个文本的吸收和转换"②。在她看来，任何文本都不是一个自足的封闭体，而是由许多引文拼凑排列而成，不能脱离其他文本而独立存在。克里斯蒂娃注重文本间的关系，一般将互文性称为"文本间性"。一般认为，关于"互文性"，第一个较权威的阐释者是罗兰·巴特（Roland Barthes，也译作罗兰·巴尔特），他在《文本理论》中指出，"在一个文本中，不同程度地以各种多少能够辨认的形式存在着其他的文本；譬如，先时文化的文本和周围文化的文本。任何文本都是过去的引文的重新组织"③；较为简明的是法国符号学家吉拉尔·热奈特（Gérard Genette）在《隐迹稿本》一书中给出的定义："一个文本在另一个文本中的切实的出现"④；较为易懂的是叙事学家杰拉尔德·普林斯（Gerald Prince）在《叙事学词典》给出的定义："互文性就是一个确定的文本与它所引用、改写、吸收、扩展或在总体上加以改造的其他文本之间的关系，并且依据这种关系才可能理解

---

① 蒂费纳·萨莫瓦约. 互文性研究 [M]. 邵炜，译. 天津：天津人民出版社，2002：1.

② Kristeva J. Word，Dialogue and Novel [A]. In Moi T. The *Kristeva Reader* [M]. New York：Columbia University，1986：37.

③ 罗兰·巴特. 文本理论 [J]. 张寅德，译. 上海文论，1987（5）：93.

④ 蒂费纳·萨莫瓦约. 互文性研究 [M]. 邵炜，译. 天津：天津人民出版社，2002：19.

这个文本。"①

在互文性理论的出现及发展过程中，很多中西方理论家、学者都发挥了一定的作用。其中，既有符号学家、结构主义理论学家，又有后结构主义者或解构主义者，他们对互文性都有各自不同的阐释、界定和运用。在结构主义与后结构主义的共同作用下，理论界对互文性的理解出现了宽泛和狭义两种倾向。狭义互文性指一个具体的文本与该文本所吸收和转化的其他文本之间的关系；宽泛的理解则把任何文本都看作一种互文，通常称为广义互文性，指一个文本与赋予该文本意义的符号、代码、社会背景、表意实践等之间的关系，强调任何文本都不是一个独立自足的封闭体。一方面是结构主义者用互文性来寻求文本意义的确定性；另一方面是后结构主义者将互文性作为批判结构主义的一种武器。结构主义互文性理论主要代表人物有吉拉尔·热奈特、安托万·孔帕尼翁（Antoine Compagnon）、米歇尔·里法泰尔（Michael Riffaterre）等；后结构主义或解构主义互文性理论主要代表人物有克里斯蒂娃、雅克·德里达（Jacques Derrida）及耶鲁学派学者等。

互文性作为一个重要的批评概念，在不同思潮的夹缝中孕育诞生，自发轫始就一直伴随着"意义"观念的争斗，兼具了解构色彩和结构主义建构性特征。虽然各学派在互文性的研究方面并未完全达成一致，但在文本的不自足性、开放性及互文的普遍性等方面却达成了一定程度的共识。总的来看，"互文性"指的是文本之间发生的相互影响、相互指涉和相互参照的关系。关于互文性方面的问题繁多而又复杂，无法面面论及。这一章我们仅以简约的笔调，主要对互文性的萌芽与起源、概念的提出、理论的形成与理论的发展等几个方面做简单梳理，以期厘清其内在的思想与发展脉络。

一、互文性理论的萌芽与起源

互文性这个概念的起源可以追溯到古希腊时期关于"模仿论"（Theory of Imitation）的论述。而后索绪尔的结构主义语言学、艾略特的非个人化理论、巴赫金的对话主义理论均为互文性的出现提供了动力。这些理论并未明确提及"互文性"这个术语，但在一定程度上助推了互文性的出现，其内涵与思想可视作互文性的萌芽与起源。其中，巴赫金的对话理

---

① 程锡麟. 互文性理论概述［J］. 外国文学，1996（1）：72.

论、复调小说理论、文学狂欢化理论对互文性的出现起到了直接的刺激与催化作用。

1. 柏拉图等的"模仿论"

有不少学者认为，古希腊哲学家柏拉图（Plato）提出的"模仿论"可视为互文性理论的一个源头。柏拉图在《蒂迈欧篇》中把诗人称作"一伙模仿者"。他认为文艺的本质在于模仿，现实世界是对理念世界的模仿，而艺术是对现实世界的模仿，因此艺术是"模仿的模仿"或"影子模仿"。模仿论在艺术具有参照和指涉性这方面与互文性有相似之处。广义互文性把整个社会、任何现象及表意实践都视作文本，如德里达所言"文本之外无他物"。从这点看，模仿论具有互文思想的萌芽期特征。人们在菲尔丁的《约瑟夫·安德鲁》中发现了理查逊的《帕美拉》、塞万提斯的《堂吉诃德》甚至《圣经》的痕迹。[①] 虽然在这个时期没有人明确地提出"互文性"这个概念，但认识到一个文本与其他文本存在相互参照、渗透及指涉关系，已经是对文本的一种互动性理解了，可以看作互文性的最早起源。

2. 索绪尔的语言符号理论

结构主义文本分析方法来源于结构主义语言学分析模式，"现代语言学之父"索绪尔（Ferdinand de Saussure）是结构主义思想的奠基人。1916年，这位瑞士语言学家去世三年后，他的学生巴利、薛施蔼等人整理其生前的课堂笔记，编纂成《普通语言学教程》（Cours de Linguistique Générale）在日内瓦出版。《普通语言学教程》记述了索绪尔的共时语言学思想，提出了语言（langue）和言语（parole）两个概念，并对其加以区分：前者是系统的、社会的，后者是个别的、个人的。索绪尔认为应该排除历时的（diachronic）因素，研究共时的（synchronic）语言系统，并把语言结构作为主要研究对象。作为一种符号系统，索绪尔指出，语言是由能指（signifier）和所指（signified）两部分构成。能指是音响形象，如"人（rén）"这个符号或名称；所指是意义概念，如"人"在人们心中唤起的印象，即"用两条腿走路、会说话、能制造工具和使用工具进行劳动的动物"。能指和所指之间的关系是任意的。符号的意义不是必然的，不在于符号自身，而是关系性的，取决于符号与符号之间的差异性和在整个符号系统中的位置，依赖于语言系统中发生的各种结合和联系。因此，研究符号系统，就必须关注符号之间的关系结构。

---

① 陈永国. 理论的逃逸［M］. 北京：北京大学出版社，2008：29.

"联系"是文本意义得以呈现的关键,互文性理论从根本上讲就是把文本放在与其他文本的联系中进行研究。索绪尔语言学中对联系的强调,无疑构成了互文性理论的思想内核,形成了互文性理论最清晰的思想源头。

3. 艾略特的非个人化理论

艾略特(Eliot T. S.)是 20 世纪最有影响力的诗人和文学批评家之一,也是新批评思潮的思想先驱。他在 1917 年发表的《传统与个人才能》一文中提出了一个重要论点——非个人化理论。他强调,批评应该从作家转向作品,从诗人转向诗本身,这一论点构成了新批评文论的基石。《传统与个人才能》一文中对浪漫主义创作原则和批评方法进行了批判。艾略特认为,浪漫主义过于强调主体个性、感情抒发、个人天才,着重表达主观感受,甚至把作者看成创作过程中的天才与救世主,而忽略了传统对于作品的作用。艾略特认为,传统是使一部作品流传于世的根本。艾略特说:"我们常常会发现:在诗人的作品中,不仅最好的部分,而且最具有个性的部分都是他前辈诗人最有力地表明他们的不朽的地方。"[1] 在他看来,一个诗人的能力不在于他的创新或模仿,而在于他以历史作品为参照来表达自己情感和情绪的能力。艾略特提出的"历史"不仅涉及"过去",更表达了"过去的现在性与现在也会修改过去"的观点,促使历史规范作家用一种"大欧洲思想"进行创作。[2] "这种历史意识迫使一个人写作时不仅对他自己一代了如指掌,而且感觉到从荷马开始的全部欧洲文学,以及在这个大范围中他自己国家的全部文学,构成一个同时存在的整体,组成一个同时存在的体系。"他甚至提出"小作家借,大作家偷"的观点。[3] 他认为,"传统不再是束缚个人才能的枷锁,而是一个可以为个人创作提供宏大的社会背景、广阔的创作空间和丰富的创作素材的由现存的不朽作品联合起来形成的一个完美的体系,对过去和现在的互文本发生作用"[4]。

显然,艾略特的非个人化理论一定程度上反映出其反主体,凸显文本核心的思想。这一理论与后来的互文性理论在消减作者主体性等方面有诸多相似之处。非个人化理论虽未提及"互文性"这一概念,但可以看作互文性理论的早期形态之一。

---

[1]　Eliot T. S. *The Sacred Wood*:*Essays on Poetry and Criticism* [M]. London:Methune, 1920:48.

[2]　徐文贵. 互文性理论与非个人化理论 [J]. 语文学刊(外语教育教学),2009 (11):5.

[3]　Becson K. & Gana A. *Literary Terms*:*A Dictionary* [M]. New York:Farrar Strauss and Giroux,1989:129.

[4]　王瑾. 互文性 [M]. 桂林:广西师范大学出版社,2005:4 – 5.

4. 巴赫金的相关理论

巴赫金是苏联思想家、文艺理论家、结构主义符号学的代表人物之一。他对互文性概念及其理论的出现与形成影响最大，所提出的系列思想、系列理论为互文性理论的提出奠定了坚实的基础。巴赫金深受索绪尔的影响，但又与索绪尔有所不同。相对来说，索绪尔过于关注共时语言系统内部的结构关系，忽略了语言的社会性，巴赫金则更加关注社会性、历史性，认为符号的意义与社会语境有着密切的关系。他于 1929 年发表的《陀思妥耶夫斯基的创作问题》（1963 年修订版更名《陀思妥耶夫斯基诗学问题》）提出的对话理论（dialogism）、复调小说理论（polyphonic novel）、狂欢化理论（carnival）对后来互文性理论的提出产生了重要影响，甚至可以视为互文性的前身。20 世纪 60 年代前后，巴赫金的一些理论被介绍到西方，引起了很大反响。格雷汉姆·艾伦（Craham Allen）在专著《互文性》一书中曾评价巴赫金："与其说互文性概念源自巴赫金的作品，毋宁说巴赫金本人即是一位重要的互文性理论家。"下面我们就来简要地介绍一下巴赫金的系列理论。

（1）巴赫金的对话理论

巴赫金强调文本语言的"对话性"，不赞同结构主义的静态研究模式。巴赫金认为，生活的本质是对话，思想、艺术和语言的本质也是对话。在巴赫金看来，一切文本总是对话性的，他说："一切莫不都归结于对话，归结于对话式的对立，这是一切的中心。一切都是手段，对话才是目的。单一的声音，什么也结束不了，什么也解决不了。两个声音才是生命的最低条件，生存的最低条件。"[1] 对话发生在两个主体之间，没有两个以上的话语就没有对话，对话必然是一个主体针对另一个主体的表述。那么，后一主体必须先听前一主体的话语内容，只有在理解、领会了说话人的意图后，才能做出回答，从而推动进一步的回应。每一个话语总是受到先前话语的影响、限制，反过来又对先前话语构成影响与限制。因此，一个人在特定情境中为自己思想所找到的话语具有他者性（otherness）[2]，即或多或少地含有他人话语的痕迹，其意义取决于先在话语及话语被接收的程度。

以上是巴赫金对语言互动性理论的最初探索。后来，他将对话理论引入小说研究。他认为："小说的语言是一个通过对话实现相互明确的语言

---

① 巴赫金. 巴赫金全集：第 5 卷 [M]. 钱中文，译. 石家庄：河北教育出版社，2009：335.
② 辛斌. 互文性：非稳定意义和稳定意义 [J]. 南京师大学报（社会科学版），2006（3）：118.

系统"①，并且基于小说多声部对话及多元化、多主题、多语体等特点进一步提出了复调小说理论、文学狂欢化理论。

（2）巴赫金的复调小说理论

复调是对话的高级形式。"复调"也称"多声部"，本是一个音乐术语，作为"主调音乐"的对称，属于多声部音乐的一种，旧称"对位"。它是以两个、三个或四个在艺术上有同等意义的各自独立的曲调，前后叠置起来，同时协调地发声为基础。巴赫金在对陀思妥耶夫斯基小说进行分析时借用这个术语创设了"复调小说"的概念，以此来区别独白型小说模式。他在《陀思妥耶夫斯基诗学问题》中指出："有着众多的各自独立而不相融合的声音和意识，由具有充分价值的不同声音组成真正的复调。"②其中"声音"和"意识"是两个非常重要的概念，"声音"是形式，"意识"是内容。复调小说的基本特点就是通过众多声音的对话、争辩、讨论来表现不同思想意识、态度观念的交锋、冲突或和谐共存，从而形成众声喧哗的场景。在他看来，陀氏的小说呈现并运用了多重声音，每一种表达都是作者的声音、主人公的声音以及文本世界其他各类人物的声音相互对话的结果，因而他称陀氏小说为"复调小说"。"在陀思妥耶夫斯基艺术世界中居于中心位置的应该是对话；并且对话不是作为一种手段，而是作为目的本身。对话在这里不是行动的前奏，它本身就是行动。"③巴赫金认为，文本之间的对话是普遍存在的，复调是文本中众多人物喧哗的对话，超越对话的独特之处在于其多元性和彻底性。

巴赫金并不否认作者的存在，认为作者在文本中为自己保留了一个位置，不仅可以审视各类人物，甚至可以和文本中的人物对话。"我们的观点绝不是说肯定作者的被动性，似乎作者只能拼凑他人的观点和真理，从而完全放弃他自己的观点和真理。绝非如此，事实是，作者在他的真理和他人的真理之间建立一种全新和特殊的相互联系。作者是相当活跃的，而他的行为具备一种特殊的对话特性。陀思妥耶夫斯基经常打断人物（他人）的讲话，但从不掩盖彼声，他从来不以一个外在意识（作者自己的意识）结束讲话。"④这表明作者仍然作为一个独立的声部存在，只是他不再以一种引导性、权威性的声音介入。作为小说多声部中的一个特殊声部，作者与各主体间保持平等的对话交流关系。

---

① 巴赫金. 小说的美学和理论 [M]. 巴黎：伽利玛出版社，1975：115.
② 巴赫金. 巴赫金全集：第5卷 [M]. 钱中文，译. 石家庄：河北教育出版社，2009：4.
③ 巴赫金. 巴赫金全集：第5卷 [M]. 钱中文，译. 石家庄：河北教育出版社，2009：334.
④ 蒂费纳·萨莫瓦约. 互文性研究 [M]. 邵炜，译. 天津：天津人民出版社，2002：8.

（3）巴赫金的文学狂欢化理论

文学狂欢化（the carnivalization of literature）是巴赫金提出的又一个具有互文理论意义的概念。所谓狂欢化，是指一切狂欢节式的庆贺、仪礼、形式的总和；① 文学狂欢化是指一切狂欢节式的形式在文学体裁中的转化与渗透，如在狂欢节广场上会出现无等级的插科打诨、粗鄙对话、庄谐结合。

巴赫金认为小说可以被定义为社会话语类型多样性和个体声音多样性的艺术组合，是一个多语体、杂语类和多声部的现象。② 其中，多语体、杂语类主要指社会话语类型多样性，具体表现为民族语言内部的各个层次，包括社会方言、行业术语、体裁语言等互相指涉，呈现出多彩的意识形态。而多声部指个体声音多样性，即各主体间的对话具有杂语共生、齐声喧哗的特征。多声部是引起杂语类、多语体的一个根本原因。对此，巴赫金曾提出"对话的异体语言"（dialogized heteroglossia）。他指出：作者言语、叙述人言语、穿插文体、人物言语——这都只不过是杂语进入小说的一些基本的布局结构统一体。其中每一个统一体都允许有多种社会的声音，而不同社会声音之间会有多种联系和关系（总是在某种程度上构成对话的联系和关系）。③ 以此，狂欢节的种种仪式、象征、感受世界的方式被不断吸收到多种文学体裁中去，变成了文学文本的构成因素。狂欢化在某种程度上可视作对作者权威的颠覆，否定传统的独白意识，让每个角色都发出自己的声音，不被某一个人的声音左右，承认处于边缘的声音的独特价值。"在狂欢式中，一切被狂欢体以外等级世界观所禁锢、所分割、所抛去的东西，复又产生接触，互相结合起来。狂欢式使神圣同粗俗，崇高同卑下，伟大同渺小，明智同愚蠢等等接近起来，团结起来，订下婚约，结成一体。"④

虽然巴赫金从未提及互文性这个概念，但他对文本的互动理解在以上理论中已初见端倪。巴赫金的对话等理论超越了结构主义的静态研究模式，他将文本语言的对话性看作互文性的本质特征，更加关注社会、历史、他人话语、各类杂语对文本的影响。他认为，任何一种表达都是众多声音相互交叉渗透、互相对话的结果。除了这些理论，巴赫金在研究长篇小说时还提出了"镶嵌体裁""词语承担多重言语"的思想——"在任何

① 巴赫金. 巴赫金全集：第 5 卷 [M]. 钱中文，译. 石家庄：河北教育出版社，2009：157.
② 巴赫金. 巴赫金全集：第 3 卷 [M]. 钱中文，译. 石家庄：河北教育出版社，2009：38.
③ 巴赫金. 巴赫金全集：第 3 卷 [M]. 钱中文，译. 石家庄：河北教育出版社，2009：40.
④ 巴赫金. 巴赫金全集：第 5 卷 [M]. 钱中文，译. 石家庄：河北教育出版社，2009：159.

一篇文本中，都是由词语引发该文与其他文本之间的对话……故而文本变成各式表述片段的交汇处，它将这些片段重新分配和互换，在现存文本的基础上，得出一篇新文本"。① 这些观点体现了巴赫金关于文本构成方式的思考。正是受到巴赫金这些思想的影响，克里斯蒂娃后来提出"引文的拼接"等互文性概念。从这个角度来看，互文性这个概念与巴赫金的系列理论密不可分。巴赫金首先将互文性概念引入文学研究和文学批评，他的对话、复调等理论是互文性理论的直接来源，为互文性理论的诞生孕育了温床。

二、互文性概念的提出

理论界普遍认为，互文性这一概念是由法籍保加利亚裔符号学家、后结构主义批评家克里斯蒂娃率先提出的。1966 年初，在罗兰·巴特主讲的研讨班上，克里斯蒂娃介绍了巴赫金，在向法国读者介绍巴赫金作品时提出"互文性"这一概念，为后来"互文性"的研究、发展奠定了基础。

1966 年，克里斯蒂娃在《如是》杂志发表的《巴赫金：词、对话、小说》一文中，首次正式提出"互文性"这一术语，在她看来，"任何文本都是由引文镶嵌而成的，任何文本都是对另一个文本的吸收和转换。……文本之间都存在着很大的关联性，这些错综复杂的关联就是互文性"②。

1967 年，克里斯蒂娃在《封闭的文本》中明确了"互文性"的概念，并指出，"文本是一种生产力。首先，文本可以再分配（破坏—构建）其所置身的语言，文本与其所处的语言的关系是一种再分配关系，人们可以通过逻辑类型而非语言学范畴得到更好的理解；其次，文本是文本间的转换，具有一种互文性：在给定的文本里，来自其他文本的多种声音相互交汇、相互中和"③。

1969 年，克里斯蒂娃在《符号学、语意分析研究》中对互文性进行了进一步阐述。她认为，互文性既包括组合关系，也包括一个文本与其他文本的聚合关系。"当横向轴（作者—读者）与纵向轴（文本—背景）重合

---

① 蒂费纳·萨莫瓦约. 互文性研究 [M]. 邵炜，译. 天津：天津人民出版社，2002：6.

② Kristeva J. Word, Dialogue and Novel [A]. In Moi T. *The Kristeva Reader* [M]. New York：Columbia University Press，1986：37.

③ Kristeva J. The Bounded Text [A]. In Roudiez L. S. *Desire in Language：A Semiotic Approach to Literature and Art* [M]. New York：Columbia University Press，1980：37.

后揭示这样一个事实：一个词（或一篇文本）是另一些词（或文本）的再现，我们从中至少可以读到另一个词（或一篇文本）。"① 最初，是巴赫金最早发现这两支轴所代表的组合、聚合关系，他第一个在文学理论中提到：任何一篇文本的写成都如同一幅语录彩图的拼成，任何一篇文本都吸收和转换了别的文本。② 由此可见，克里斯蒂娃的互文性理论受到了巴赫金理论的影响，是在巴赫金某些理论的基础上发展形成的。

1974 年，她在博士论文《诗歌语言革命》中指出：互文性一词指的是一个（或多个）信号系统被移至另一信号系统中。但是由于此术语常常被通俗地理解为对某一篇文本的"考据"，故此我们更倾向于取"易位"之意，因为后者的好处在于它明确指出了一个能指体系向另一能指体系的过渡，出于切题的考虑，这种过渡要求重新组合文本，也就是对行文和外延的定位。③

克里斯蒂娃尝试对互文性进行分类，把互文性区分为水平（horizonta）互文性和垂直（vertical）互文性。前者指一段话语与一连串其他话语之间具有对话性的互文关系；后者指构成某一语篇较为直接或间接的语境，即从历史或当代的角度看以各种方式与之相关的那些语篇。④

克里斯蒂娃的互文性理论是对结构主义理论的一种超越。她认为，将能指与所指看作单一线性关系的做法无法回答语言与主体之间的关系，应该将文本放在历史与社会之中进行研究，认为文本不是一个独立自足的封闭体，任何文本都不能脱离其他文本而存在。克里斯蒂娃颠覆了传统作品生产过程中作者的作用，她提出"文本是一种生产力"，把关注点由作者转向文本之间的互动。对她而言，文本不但与它的生产者和接受者相关，也与先前的或同时代的众多文本相关，文本作为话语也参与社会的发展。因此，她强调语言的革命本质，认为语言革命同社会革命相对应。克里斯蒂娃提出了互文性这一概念，是对索绪尔和巴赫金语言理论的吸收、溶化和发展的结果，最明显的变化还体现在从巴赫金的"主体间性"发展成克里斯蒂娃的"文本间性"。

---

① 蒂费纳·萨莫瓦约. 互文性研究 [M]. 邵炜，译. 天津：天津人民出版社，2002：4.
② 蒂费纳·萨莫瓦约. 互文性研究 [M]. 邵炜，译. 天津：天津人民出版社，2002：4.
③ Kristeva J. *Revolution in Poetic Language* [M]. New York：Columbia University Press，1984：60.
④ 辛斌. 语篇互文性的语用分析 [J]. 外语研究，2000（3）：14.

三、互文性理论的形成

1972 年，"互文性"一词作为专业术语首次出现在托多罗夫等人编著的《语言科学百科词典》的附录中，成为"文本"词条的关键词。该词条指出，"互文性"是文本的重要属性，而"文本"则是法国 20 世纪 60 年代末出现的符号批判理论的一个关键概念。由此，互文性概念被列入文学专业术语词典。

理论界普遍认为，互文性概念能在批评界广泛传播，并迅速发生流变，起到关键作用的首推罗兰·巴特。1966 年，克里斯蒂娃在法国参加巴特主讲的研讨班，首次介绍了巴赫金的对话理论。当克里斯蒂娃的互文性理论还处于萌芽状态的时候，巴特就已成为她的第一个倾听者。1968 年，巴特在《占卜术》杂志上发表《作者的死亡》，指出："文本不是由一些揭示某种神学的（仿佛是作者—上帝的'启示'的）唯一意义的词语组成的一条直线，而是一个多维空间，多种多样的写作在其中相互结合，相互冲突，任何一种写作都不是原作：文本是引文的编织品，引文来自文化的无数个中心。"①

巴特在《作者的死亡》一文中采用了"引文"这个词，这是对作者原创性的质疑。与巴赫金不同，巴赫金认为作者仍然存在，只是不再作为一种引导性的权威声音进入作品。但巴特却大胆地提出"作者之死"的论断，并从阅读的角度把文本理解为大量的引文。"加工文本的这个'我'已经是无数的其他文本，更准确说是丧失了（来源）的语码的复合体。"②很明显，巴特在《作者的死亡》一文中，虽然没有使用互文性等术语，但是他所表达的互文语言观、理论意图与克里斯蒂娃是一致的。

从 20 世纪 70 年代开始，巴特开始借用克里斯蒂娃提出的互文性等术语。巴特最初是在 1970 年出版的 *S/Z* 一书中对其有所提及，如："互文没有别的法则，它唯一的法则就是可以被无限地重复使用。"③ 后来他又在《从作品到文本》《文本的欢悦》《文本理论》等多篇文章中提及该词。其中，《文本理论》一文是巴特为法国《通用大百科全书》（1973 年）撰写的词条。在文章中，他用相当长的篇幅介绍了克里斯蒂娃的互文性概念

① 秦海鹰.罗兰·巴尔特的互文观 [J].法国研究，2008（2）：3.
② 辛斌.语篇研究中的互文性分析 [J].外语与外语教学，2008（1）：7.
③ 秦海鹰.罗兰·巴尔特的互文观 [J].法国研究，2008（2）：3.

及具有互文性特征的文本理论。如："我们当然不能把互文性仅仅归结为起源和影响的问题；互文是由这样一些内容构成的普遍范畴：已无从查考出自何人所言的套式，下意识的引用和未加标注的参考资料。"①

巴特对克里斯蒂娃的"互文性"文本理论进行了转述、概括和提炼，成为"互文性"这一概念的第一个权威阐释者。巴特在介绍和阐释克里斯蒂娃的互文性的同时，也借用这个概念逐渐丰富了他自己关于阅读活动的思考与研究，并在自己的理论研究中拓展、丰富了这一概念的内涵，使之从以作者为主要研究对象的理论，扩展到了研究读者行为。巴特在《文本意趣》（1973 年）中把互文性与阅读法联系起来加以阐述。如："我体会着这些套式的无处不在，在溯本求源里，前人的文本从后人的文本里从容地走出来。我明白，至少于我而言，普鲁斯特的作品简直就是参考书，是全然的体系，是整个文学天地的曼陀罗。普鲁斯特的作品不是'权威'，它只是一段周而复始的记忆。互文正是如此：在绵延不绝的文本之外，并无生活而言——无论是普鲁斯特的著作，是报刊文本，还是电视节目：有书就有了意义，有了意义就有了生活。"②

巴特主张恢复读者的地位，他认为，文本所具有的多重意义只有在读者的阅读活动中才能得到理解。"克里斯蒂娃的互文性理论试图说明作家如何把先前的文本变成自己文本的一部分，巴尔特的互文思想则在相反的方向引导我们去思考，读者如何把自己的阅读变成先前文本的一部分，今人如何把对荷马史诗、《红楼梦》的阅读变成荷马文本、《红楼梦》文本的一部分。至此，我们进入了真正的阅读理论，而不是单纯的文本理论或写作理论。……承认后来的文本也是互文，这是巴尔特对互文性理论的拓展。"③

巴特不仅阐释和运用了互文性概念，而且拓展并提升了这一概念的意义和内涵。在他的影响与推动下，"互文性"这一概念开始为更多的理论家所接受。巴特不仅是这一新的文学理论术语的宣传者和阐释者，而且从某种角度上看，也是推动该理论真正成形的重要人物之一。

至此，互文性作为一种研究文本影响的理论正式形成。从互文性概念的萌芽到互文性理论的起源、真正形成，该理论经历了一个漫长的历史过程。互文性概念在柏拉图、索绪尔、艾略特那里孕育起源，从巴赫金那里获得破土而出的动力，经由克里斯蒂娃、巴特等人正式提出确立、大力宣

---

① 蒂费纳·萨莫瓦约. 互文性研究 [M]. 邵炜，译. 天津：天津人民出版社，2002：12.
② 蒂费纳·萨莫瓦约. 互文性研究 [M]. 邵炜，译. 天津：天津人民出版社，2002：13.
③ 秦海鹰. 罗兰·巴尔特的互文观 [J]. 法国研究，2008（2）：5.

传，而后在热奈特、孔帕尼翁、里法泰尔、米勒、布鲁姆、德里达等人那里获得进一步的补充和发展。互文性文本理论逐渐为越来越多的人熟知、研究、应用，逐步发展成了一个包含多重意旨的概念。

四、互文性理论的发展

从互文性理论的发展过程来看，符号学家、结构主义理论学家、后结构主义理论学家对互文性都有各自不同的理解、界定和发展。自互文性理论真正形成以后，各理论学家结合自己的研究领域和方向，按照自己的理解和需要进行实践应用，出现了互文性理论多元化研究的现象。总的来说，分为两个方向：一个是结构主义，另一个是后结构主义或解构主义。与此同时，互文性的研究由单一走向多元化。

1. 结构主义互文性

结构主义（Structuralism）是法国人类学家克洛德·列维·斯特劳斯（Claude Lévi-Strauss）在文化人类学中开创的一个学派，这个学派把各种文化视为系统，并认为可以按照其成分之间的结构关系加以分析。结构主义思潮的黄金时代是 20 世纪 60 年代，它首先被运用到了语言学的研究上。索绪尔是将结构主义思想运用到语言学研究的第一人，在长期的语言学研究中逐渐形成了一系列与 19 世纪在语言学研究中占统治地位的比较语言学的观点相对立的新观点。比较语言学把一些语言事实当作孤立静止的单位对待，只注意了它们的历史比较，而忽视了语言要素之间的相互关系。结构主义则把语言看成一个系统的整体，强调语言要素与语言要素之间具有相互制约、相互依赖的关系。

与后结构主义相比较，结构主义互文性对互文性文本理论进行狭义的理解，将其界定在一定范围内，强调文本意义的确定性。主要代表人物有吉拉尔·热奈特、米歇尔·里法泰尔等。

法国结构主义文学理论家吉拉尔·热奈特的互文性理论主要体现在《广义文本导论》《隐迹稿本》和《副文本》等著作中。热奈特从结构主义诗学的角度提出了"广义文本"的概念，并且在此基础上又提出了"跨文本性"（transtextuality）这个概念，指的是使某文本与其他文本发生某种关系的一切要素。与"互文性"一样，二者都以文本间的关系作为研究对象，但不同的是，热奈特将"互文性"作为"跨文本性"的一个下属概念。1982 年，热奈特在《隐迹稿本》一书中明确地提出五类文本：互文性文本

（intertextuality）、类文本（paratextuality）、元文性文本（metatextuality）、超文性文本（hypertextuality）和统文性文本（architextuality）。这五类文本之间并非绝对分离和独立，而是有着一定程度的联系和交叉。其中，互文性文本是热奈特的五种跨文本关系中最局部、最具体、最明显的一种，包括引用、抄袭和用典。显然，热奈特的"互文性"只是"跨文本性"的一个下位概念，被限定在一个非常窄的范围内，是广义互文性研究中的一个分支，指"两个文本或几个文本共存的关系，而且是一个文本在另一个文本中的切实的出现"①。

与热奈特的"广义文本"理念不同，法国批评家、符号学家米歇尔·里法泰尔的互文性思想则体现为一种结构主义阅读理论。里法泰尔把"互文性"发展成为接受理论的概念，认为互文是指导阅读和理解的一种现象，属于解释判断的范畴。在他看来，后结构主义文论中的互文性理论过于强调开放性、不确定性，将文本指向大文本或社会文本，而文本指向范围太大会破坏文本意义的完整性、稳定性和明晰性。里法泰尔认为，文本意义可以从存在互文关系的文本之间得到准确理解和描述。因而，他只将文本指向互文本而不是大文本。这种狭义的互文性构成了他结构主义阐释学阅读理论的基础。

里法泰尔在《诗歌符号学》《文本的生产》等文章中把互文性看作读者感知的主要模式，即对一部作品与其他先前的或后来的作品之间关系的感知，在文本的互动中阅读理解。

里法泰尔把互文性视作一种理解文本完整意义的阅读方式。萨莫瓦约曾在《互文性研究》中对这种观点进行了评价："随着里法泰尔的研究［《文本的创作》（1979 年）、《诗的符号学》（1983 年）］，互文性才真正成为一个接受理论的概念，因而形成了这样一种阅读模式，它以深层把握修辞现象为基础，主要是把文学材料里的其他文本当作本体文本的参考对象。……互文属于解释判断的范畴，也就是指读者能抓住的、有助于他明确文本组织风格的所有迹象。"② 在里法泰尔看来，文本是对其他文本一定程度的集合，读者必须通过互文来理解文本，这种读者对作品的理解及延续构成了互文性的一个重要层面。

结构主义互文性阵营中还有一个值得一提的人物是安托万·孔帕尼翁，其互文性方面的研究专注于一个方向，就是对引文的研究。1979 年出版的《二手资料：引文的工作》源于他的博士论文，而他的博士导师正是

---

① 蒂费纳·萨莫瓦约. 互文性研究 [M]. 邵炜，译. 天津：天津人民出版社，2002：19.

② 蒂费纳·萨莫瓦约. 互文性研究 [M]. 邵炜，译. 天津：天津人民出版社，2002：13 – 14.

克里斯蒂娃。其博士论文从互文性写作的角度系统地研究了最主要的互文手法——引文。他把"引用"看作一种特别的表现形式，描述了一段表述是如何进入新文本产生新价值的。他提出了"写作就是复写"的观点："只要写作是将分离和间断的要素转化为连续一致的整体，写作就是复写。复写，也就是从初始材料到完成一篇文本，就是将材料整理和组织起来，连接和过渡现有的要素，所有的写作都是拼贴加注解，引用加评论。"① 孔帕尼翁认为，文本是以引用的方式与其他文本共存，这体现了他的文本构成观。

2. 后结构主义（解构主义）互文性

20 世纪 70 年代在法国兴起了改造结构主义的政治思潮，其代表人物大多数是原来的结构主义者，如法国的巴特、福柯、拉康、德里达等。罗兰·巴特就是从结构主义向后结构主义转变的一个典型代表。后结构主义（Poststructuralism）也称解构主义，是跟随在结构主义觉醒之后出现的一套思想，主要批判结构主义对形而上学传统的依附。但这里的"后"不是一个纯粹的时间概念，后结构主义的出现并没有使结构主义消失。结构主义批评作为一种基于语言学模式的文学研究方法一直有其可操作性，它本身也在发展。后结构主义不是对结构主义基本假设的否定，而是继续发挥和无限扩张，甚至把社会历史和文化现象都叫作"文本"。

相比结构主义互文性，后结构主义（解构主义）互文性则对互文性理论进行广义的理解，指出任何文本与赋予该文本意义的各种语言、知识代码和文化表意实践之间相互指涉的关系，强调符号关系的模糊性与意指的无限回归。除了克里斯蒂娃，对互文性进行广义而宽泛理解的主要代表人物还有德里达、希利斯·米勒（J. Hillers Miller）、哈罗德·布鲁姆（Harold Bloom）等。

德里达的互文性理论具有解构色彩，他认为"每一个文本，每一种话语，都是能指的交织物或纺织品，这些能指的所指是由其他话语从互文性的角度来确定的。这样，每一种赏析的或批评的阐释仅仅是对一个文本所作的尝试性的和部分的'补充'，因为一个文本的种种能指只载有它们多重所指的'印痕'。同时，对一个文本的每一种补充本身已经受到先前话语对那个文本的'污染'，以及其他相关文本的'污染'"②。

德里达的互文性理论有两个核心概念，即"延异"和"撒播"。延异就是差异和延宕，因为差异的存在，意义的实现总被延宕。"撒播指的是

---

① 蒂费纳·萨莫瓦约. 互文性研究［M］. 邵炜，译. 天津：天津人民出版社，2002：24.
② 程锡麟. 互文性理论概述［J］. 外国文学，1996（1）：74.

从能指到所指的无限指向，一个能指指向另一个能指，另一个能指又指向新的能指，能指和所指永不能同时发生，而只有能指间的无限滑动，意指便在这种非线性、多向度、无休止的指向中扩散、分布，留下的是无数个'踪迹'。"① 文本的意义就存在于文本与文本之间不断转换的过程中，即文本延异和撒播的过程中。于是，在意指的延异和撒播的过程里，文本永远处在一个多维流动、无边无际的互文网络之中，文本的意义就存在于文本与文本之间不断转换的意指游戏里。② 德里达的互文性理论彻底瓦解了文本的稳定性、自足性与明晰性。

在互文性理论的发展过程中，起过重要作用的还有耶鲁学派批评家及诸多文学理论家。耶鲁学派指 20 世纪 70 年代至 80 年代初，在美国耶鲁大学任教并活跃在文学批评领域的几位有影响的教授，包括保罗·德·曼（Paul de Man）、哈罗德·布鲁姆、杰夫里·哈特曼（Geoffrey Hartman）和希利斯·米勒。作为解构主义中心阵营的几名主将，他们均立足于解构主义将互文性理论应用到文学批评的实践中，但研究互文性的具体角度却有所差异。德·曼立足于修辞学阅读理论，布鲁姆偏重于心理动因的角度，哈特曼、米勒则分别从文学语言角度及小说和重复理论等方面对互文性进行研究。

德·曼被认为是耶鲁学派的领军人物。他的互文性理论是建立在修辞学阅读理论及文本自我结构性上的。德·曼认为，修辞性是语言的根本特性，语言从产生时起就具有虚构性、欺骗性和不可靠性。文学文本的语言因这种修辞性而使其语法与修辞、字面义与比喻义、隐喻与换喻等之间永远处于一种自我解构的运动之中。由此，文学阅读因语言的修辞性而成为"阅读的寓言"。③德·曼立足于语言修辞性角度，认为一切文本因语言的修辞性而呈现出互文性特征。

与耶鲁学派的其他几位成员相比，布鲁姆更侧重从心理学的角度来挖掘互文现象背后深层的心理动因。他在《影响的焦虑》中通过运用弗洛伊德的家庭罗曼史等理论，阐发了传统影响的焦虑感。布鲁姆认为，诗人面对前驱会产生极度的"焦虑感"，仿佛自己要表达的都已经存在。他用"影响的焦虑"来解释诗人之间的相互影响，将诗人之间的关系比喻成父与子之间复杂的情结及斗争。他认为，"影响的焦虑"导致了诗人对前辈的"误读"，而这种误读对诗人而言是一种创造性的修正行为。他在《影

---

① 邓军. 热奈特互文理论研究 [D]. 厦门：厦门大学，2007：45.
② 邓军. 热奈特互文理论研究 [D]. 厦门：厦门大学，2007：45.
③ 黄念然. 当代西方文论中的互文性理论 [J]. 外国文学研究，1999（1）：19.

响的焦虑》中指出:"强者诗人跟随俄狄浦斯的方式则是把他们对前驱的盲目性转化成应用在他们自己作品中的修正比。"① 并明确地指出了其理论的核心原则: "诗的影响——当它涉及两位强者诗人,两位真正的诗人时——总是以对前一位诗人的误读而进行的。这种误读是一种创造性的校正,实际上必然是一种误译。一部成果斐然的'诗的影响'的历史——亦即文艺复兴以来的西方诗歌的主要传统——乃是一部焦虑和自我拯救之漫画的历史,是歪曲和误解的历史,是反常和随心所欲的修正的历史,而没有所有这一切,现代诗歌本身是根本不可能生存的。"② "焦虑""误读"理论一定程度上丰富了互文性理论的内涵,从心理学角度为互文性理论提供了心理依据。

希利斯·米勒的互文性理论研究对解释文本的产生及存在起到了一定的作用。他曾对雪莱的诗作《生命的凯旋》进行研究,认为文本里"隐居着一条寄生性存在的长长的链锁——先前文本的摹仿、借喻、来客、幽灵。这些现象都以上述奇异虚幻的方式出现在这首诗的居所之内——有的被肯定,有的被否定,有的被升华,有的被扭曲,有的被展平,有的被滑稽地模仿","这个链锁中的每一个先前的环节本身对其先行者来说,也都曾经扮演过寄主兼寄生物的角色"。③ 在米勒看来,每个文本中都有这样一根隐性的链锁,具有寄生、寄主双重身份,既寄生于先前的文本,又被此后的文本依附、寄生,而先前文本也同样如此,以此类推……于是,对文本意义的理解便指向了无限的意指空间。米勒与德里达一样,他们对互文性的阐释使文本意义产生了不确定性、含混性、多重性。

综上所述,互文性理论从起源到正式提出、真正形成、应用与发展,历经了结构主义、后结构主义(解构主义)等各种思潮的洗礼,在发展过程中自始至终都伴随着观念的斗争。一方面,结构主义者寻求文本意义的确定性;另一方面,后结构主义(解构主义)者则批判结构主义所追求的稳定性,打破传统的学科、文本界限,进行广义的文化研究。这些研究与争鸣进一步推动了互文性理论的发展,使互文性理论在备受争议中从单一走向多元,由纯理论发展为应用研究。应用研究方面,除文学批评研究外,越来越多学者立足于语言学、语用学、语篇学、跨文化研究等角度开

---

① 哈罗德·布鲁姆. 影响的焦虑:一种诗歌理论 [M]. 徐文博,译. 南京:江苏教育出版社,2005:11.
② 哈罗德·布鲁姆. 影响的焦虑:一种诗歌理论 [M]. 徐文博,译. 南京:江苏教育出版社,2005:31.
③ J. 希利斯·米勒. 重申解构主义 [M]. 郭英剑,等译. 北京:中国社会科学出版社,1998:104.

展分析研究。

批评语言学家将语篇纳入批评话语分析的范畴，致力于揭示语篇背后的权力、意识形态等，这方面的研究主要以诺曼·费尔克拉夫（Noman Fairclough）、福勒（Fowler R.）、范·戴克（Van Dijk）、伍达克（Wodak）等为代表。费尔克拉夫被看作批评话语分析的领军人物，其话语分析理论研究的核心概念是"话语秩序"和"互文性"。他认为，互文性语篇的体裁、语篇规约的变化受社会因素的约束和制约，受权力关系的影响。① 伍达克提出话语的历史分析，将语境与话语分析作为整体进行研究。

话语（篇章）语言学则从语篇的生成及理解、语篇功能、语篇之间的关系等角度来研究互文性，主要以伯格兰德（De Beaugrande）、德莱斯勒（Dressler）、芭芭拉·约翰斯通（Barbara Johnstone）等为代表。伯格兰德和德莱斯勒提出了七个组篇标准，即语境、衔接、连贯、目的性、可接受性、信息性和互文性。这里，他们把互文性作为文本建构和解读的一个重要标准进行研究。约翰斯通出版的专著《话语分析》，辟专章（第五章）探讨了互文性与话语分析的关系问题。

除了上述提到的理论家、学者，在互文性理论发展中产生过影响的学者还有很多。如洛朗·珍妮（Laurent Jenny）、阿拉贡（Aragon）、米歇尔·施奈德（Michel Schneider）、格雷厄姆·艾伦（Graham Allen）、乔纳森·卡勒（Jonathan D. Culler）、安伯托·艾柯（Umberto Eco）、蒂费纳·萨莫瓦约（Tiphaine Samoyault）、拉博（Rabau）等。他们结合自己的研究领域和方向，按照自己的理解和需求开展了各种实践与探索，对互文性理论的研究既有综述性专著，也有诸多应用研究。相关成果如格雷厄姆·艾伦的《互文性》、蒂费纳·萨莫瓦约的《互文性研究》及《互文性，文学记忆》、皮埃格雷·格罗的《互文性导论》、玛丽·奥尔的《互文性》等。

互文性理论有利有弊，必须辩证地看待。一方面，互文性理论强调文本之间的相互关系，打破了文本的自足性，从孤立的文本分析发展到依靠文化话语空间，解放了文本视野，拓展了文学批评和理论研究的视域；另一方面，互文性理论有向绝对化、虚无主义和不可知论发展的偏移。有关互文性的相关问题异常繁复，还有待更多的积极探索，只有深入而系统的研究与应用才能推动互文性理论进一步的发展。

（本章的相关研究，可参看《西方互文性理论的建构与发展探析》一文，载《湖南社会科学》2014 年第 2 期）

---

① Fairclough N. *Discourse and Social Change* [M]. Cambridge：Polity Press，1992：102.

第二章　互文性理论的中国态势

一、中国互文性思想的萌芽

我国虽然没有明确提出"互文性"理论，但早已存在互文性思想。这可以从中国古代文论、古代文学批评、修辞学以及诗学等方面找到源流。虽然我国在这方面的研究与西方互文性理论有较大的区别，但在一定程度上又有许多相通之处。下面做一简单介绍：

1. 汉语"互文"辞格与西方"互文性"

我国存在一个与西方互文性类似的术语——"互文"。早在东汉末年，经学大师郑玄的《毛诗笺》中就有"互文、互言、互辞、互其文"等多个术语。唐贾公彦在《仪礼》注疏中说："凡言互文者，是两物各举一边而省文，故曰互文。"[①]"互文"现象大量存在于古书中，人们往往利用互文"参互成文，合而见义"的语言特征来解决阅读古书中的某些疑难问题。汉唐时期，"互辞、互言"这些术语常被训诂学家在注疏中使用，主要是利用词、词组和句子的对应关系，来解决古书中的释义、校勘等方面的问题。因而，"互文"最初是作为一个训诂学方法提出来的。

近代，随着西方修辞学的引入，"互文"的训诂学意义逐渐消解，人们开始将其作为一个常用辞格来理解。《语言学百科辞典》对"互文"的定义是："两个相对独立的语言结构单位，互相呼应，彼此渗透，相互牵连而表达一个完整的内容。"[②]《辞海》（第六版）对"互文"的解释为："亦称'互文见义'。修辞学上辞格之一，上下文各有交错省却，而又相互补足、交互见义。如复句互文'战城南，死郭北'（汉乐府民歌《战城南》），应理解为'战、死城南，战、死郭北'或'战城南、郭北，死城南、郭北'。又如单句互文'秦时明月汉时关'（王昌龄《出塞》诗），要

---

① 季绍德．古代汉语修辞［M］．长春：吉林文史出版社，1986：211.

② 戚雨村，等．语言学百科辞典［M］．上海：上海辞书出版社，1993：39.

理解为'秦、汉时明月，秦、汉时关'。互文多用于对偶句式，一定程度上是让语义内容服从表达形式的对偶造成的。"① 由此，汉语中的互文是一种特殊的辞格。

与汉语"互文"修辞格相比，西方的"互文性"是在西方结构主义和后结构主义思潮中催生的一种文本理论。"互文性"的"文"指的是文本，强调文本与文本之间的关系，即在两个或两个以上文本之间产生相互渗透、交织、指涉的言语现象。显然，汉语"互文"与西方的"互文性"有着不同的内涵，不属于同一理论范畴。

2. 汉语其他辞格与西方"互文性"

除了"互文"，我国许多传统修辞格如引用、仿拟、重复、用典、析字、藏词、避讳、错综、飞白等均与西方的"互文性"有着相通之处，在某些层面反映了西方"互文性"理论所谈论和探讨的现象。作者在运用这些修辞格的过程中有意识地使一个语篇向另一个语篇渗透、扩散、中和，这正是互文性原理的体现。因此，某种意义上，汉语修辞格就是互文性的一种实现手法和具体表现形态。我国对互文性实现手法的研究集中体现在对修辞格的研究方面。以下我们探讨部分修辞格与互文性的关系：

（1）仿拟与互文性

仿拟，是"仿"某个现成的语言形式，"拟"出一个临时性的新"说法"的修辞方法，又称"仿化"，典型特征是既模仿又有一定的变化，是实现互文性的方法之一。人们根据特定的情境，故意仿效已有的词语、句子、语篇，把自己想表达的内容加进去，创造偶发性的语言成分或言语作品。修辞学把被仿拟的现成的语言形式叫作本体或被仿体，形成的新说法被称作仿体。仿拟的成分多种多样，从词汇、短语、句子、语篇、体裁、风格到原文本作者的腔调及思想都有涉及。

仿拟辞格是实现互文性最直接、最典型的辞格之一。法国学者蒂费纳·萨莫瓦约在《互文性研究》中对实现互文性的手法进行了总结，其中就提到了"仿作"与"戏拟"。仿拟的过程就是形成互文性的过程。仿拟辞格与互文性关系紧密：

①二者的构成要素有对应关系。语篇互文性的形成包括源文本和互文本两个基本要素，仿拟辞格的构成则包括本体（被仿体）和仿体两个要素。从形成过程着眼，源文本与本体、互文本与仿体之间有一定的对应关系。"源文本—互文本""本体—仿体"通过某种联系在"先与后""旧与

---

① 夏征农，陈至立. 辞海：彩图本 [M]. 6 版. 上海：上海辞书出版社，2009：923.

新"之间建立了一种对话关系。

②仿拟是互文性的一种典型表现形式和重要实现手段。互文性强调不同语篇之间的内在联系，"吸收和转换"是两个重要途径。仿拟辞格实质上就是一定程度上吸收和转换另一个语篇的动态过程。即通过"仿"从源文本中吸收、选取、确定被仿体，然后根据需要进行拟写、转换，以仿体的形式进入互文本。

③二者都必须以原格式的存在为解码前提。失去了同原格式（源文本或本体）的对照，读者就不能理解蕴含在语篇中的仿拟①，也必然会在一定程度上消减互文效果。

关于仿拟与互文性理论的关系，本书将在第七章进行讨论。

（2）用典与互文性

用典，在我国很长一段时期内是一种主要的古典文学创作手法。刘勰在《文心雕龙》中称为事类，诠释为："事类者，盖文章之外，据事以类义，援古以证今者也。昔文王繇《易》，剖判爻位。《既济》九三，远引高宗之伐；《明夷》六五，近书箕子之贞；斯略举人事，以征义者也。至若胤征羲和，陈《政典》之训；《盘庚》诰民，叙迟任之言；此全引成辞，以明理者也。然则明理引乎成辞，征义举乎人事，乃圣贤之鸿谟，经籍之通矩也。"② 刘勰将典故分为"引乎成辞"和"举乎人事"两类，即"语典"与"事典"两类。《辞源》将用典定义为："诗文中引用的古代故事和有来历出处的词语。"③

用典在古代诗词中比比皆是，因而有"无典不成诗"的说法。如《诗经》中公卿列士所作诗歌引用了大量历史传说和神话故事。春秋时期更是盛行"赋诗陈志"，提倡孔子"不学诗，无以言"④ 的思想。典故的使用使文本间呈现你中有我、我中有你的交织状态，在文本的生成过程中具有重要的"互文"价值，是语篇互文性重要的实现手段之一。关于用典的分析与论述同样自古有之，如庄子的《寓言》、刘勰的《文心雕龙》、钟嵘的《诗品》、颜之推的《颜氏家训》、魏庆之的《诗人玉屑》等，发展到近现代，用典逐渐被视作一种修辞现象进行讨论。作为修辞手法的用典是最具典型互文性特征的修辞格之一，与互文性理论之间有着密切的联系。

从文本的生成机制来看，用典的过程就是一个文本之间相互借鉴和引

---

① 王希杰. 汉语修辞学［M］. 修订本. 北京：商务印书馆，2004：414.

② 周振甫.《文心雕龙》译注［M］. 苏州：江苏教育出版社，2005：529.

③ 广东、广西、湖南、河南辞源修订组，商务印书馆编辑部. 辞源［M］. 修订本. 北京：商务印书馆，1979：318.

④ 论语注疏［M］//阮元，校刻. 十三经注疏. 北京：中华书局，1980：2522.

用的过程。这种借鉴与引用的具体方式有明用、暗用、正用、反用、直用、化用等。文人多倾向"虽引古事，而莫取旧辞"，"凡用旧合机，不啻自其口出"。① 要达到这种语如己出、水中着盐的效果，自然需要对所引部分进行"吸收与转换"。这种在文本的生成过程中通过剪切、拼凑、吸收、转换等途径实现文本加合的方式，体现出了克里斯蒂娃"任何文本都是对另一个文本的吸收和转换"的文本观。从文本的生成机制来看，用典与互文性有某种程度的契合，二者都有源文本与互文本之分，且都关注文本间的相互影响，而不只是文本的简单叠加与复制。因而用典本身就会造成一个文本与其他文本的互文关系。

从文本的解读来看，创作文本时运用典故，可以提高作品的信息密度、文化及审美价值，从而达到言简意赅、内涵深厚的效果。但文本意义始终处于一种潜势状态，需要读者在文本中挖掘、探索源文本的痕迹，从而激活记忆文本。读者发现的互文量越多，解读价值就越高，就越能捕捉作者的意图、正确理解文本的意义。一个典故所承载的信息往往存在跨时代性，反映着不同的历史文化、文学记忆。那么，对文本的解读，就由单纯的指向其他文本转向社会背景、历史文化。这与后结构主义文论中将文本指向大文本或社会文本不谋而合。

用典与互文性也存在明显的差异。用典往往把前人辞句和文意嵌进自己的作品里，使之化为新作的一部分，这可以帮助我们理解所谓的"互文性"概念。但"互文性"不仅指明显借用前人辞句和典故，而且指构成本文的每个语言符号都与本文之外的其他符号相关联，在形成差异时显出自己的价值。② 古代文论学家、文学批评学家对作品中典故的追根溯源就是对意义确定性的挖掘，有一定的实证主义倾向。后结构主义者却否认文本的内在结构或中心，认为作品是一个无中心的系统，并无终极意义。正如萨莫瓦约所指出的："我们对互文性的关注从根本上远离了考据批评的范畴：这样做的目的已经不是识别和判定某一篇原文模式，而是始终以跨历史的视角分析意义的流动效果。"③

与用典密切相关的修辞格还有引用，该辞格同样具有显著的互文性特征（详见本书第六章）。此外，还有诸多辞格均与互文性有密切联系。萨莫瓦约曾在《互文性研究》中指出，引用、暗示、参考、仿作、戏拟、剽窃、各式各样的照搬照用，互文性的具体方式不胜枚举。这其实就是将这

①　周振甫.《文心雕龙》译注［M］. 苏州：江苏教育出版社，2005：529.
②　张隆溪. 结构的消失：后结构主义的消解式批评［J］. 读书，1983（12）：98-99.
③　蒂费纳·萨莫瓦约. 互文性研究［M］. 邵炜，译. 天津：天津人民出版社，2002：135.

些修辞格看作了实现互文的手法。

（3）中国古代文论与西方"互文性"

虽然在我国古代文论中没有明确提出"互文性"理论，但不可否认，我国早已存在与西方互文性理论相似相通的认知。中国文论体大精深、内容丰富，在古书中早就孕育了现代西方"互文性"概念所涉及的一些思想。虽然中国的文论思想与西方的互文性理论不可绝对通约，但这些传统的文论思想与西方互文性理论确实有着诸多不谋而合之处。主要表现在以下几个方面：

关于文本不自足性、开放性及指涉性等特征的认知，早就存在于我国古代文论的研究中。儒家六部经典的形成过程实际上就是一个不断诠释的过程，在这个过程中，每部经典分别被赋予某些特殊的意义，然后与其他经典连接为一个意义的整体，于是，形成了"六经"文本诠释系统的互文性、经、传、注、笺、疏与正义之间的意义关系本身就是中国古典诠释学上的互文关系。①

我国的《易经》（"易"即"变"）被视作一本揭示变化的书，由太极图和八卦及六十四卦构成其主要内容。《易·系辞》中有"物相杂，故曰文。文不当，故吉凶生焉"的说法。这说明六十四卦中每一卦都隐含了互体变卦的可能，每一卦都只是一个碎片，须与其他卦相互指涉、相互联系、相互引发促动才能获得潜在的意义。卦象的运化表现出一种生生不息、不可穷尽的特点。而这也正是对文本不自足性、开放性的认知。2012年，克里斯蒂娃教授在上海复旦大学讲学期间，我国学者曾向她介绍中国古代学者对于"文"的理解，当向她介绍到《易·系辞》有"物相杂，故曰文"的观念时，教授惊奇地表示中国古代对于文本的理解极具开放性，已经形成理论体系，相比较而言，西方古代对于文本的理解还没有上升到"物相杂，故曰文"的理论总结的高度。②

在我国，许多学者发现了文辞意义的派生规律同互体变爻的演化规律的相似性，于是将其运用于文学理论批评之中。比如关于文本指涉性，南朝文学批评家钟嵘的研究极具代表性。钟嵘评诗主要采用推溯源流的方法，在分析了诗人作品的总体风格之后，常用"其源出于……"之句指出其渊源所在。他的《诗品》本身就可以视作关于互文性的批评之作。这与布鲁姆"影响的焦虑"、艾略特强调传统的非个人化理论等观点有着某种程度的相似之处。其他类似的研究，如明人许学夷《诗源辩体》从历代诗

---

① 杨乃乔. 诗学与视域：论比较诗学及其比较视域的互文性［J］. 文艺争鸣，2006（2）：37.

② 刘斐. 三十余年来互文性理论在中国的传播与发展［J］. 当代修辞学，2013（5）：36.

歌发展的角度梳理了各种诗体的源流；吕本中的《江西诗社宗派图》则对江西诗派源流关系进行了梳理。不过这些研究有语源学及实证主义倾向，一定程度上属于考据批评的范畴。

南北朝时期刘勰在《文心雕龙·隐秀》中指出："夫隐之为体，义主文外，秘响傍通，伏采潜发，譬爻象之变互体，川渎之韫珠玉也。故互体变爻，而化成四象。"①"秘响""伏采"，就是作品中的未申之意，未断之案。而"义主文外，秘响傍通""互体变爻"则表达了文意派生与交相引发的文论思想。清人俞樾《古书疑义举例》的注释体例中"文没于前而见于后例""蒙上文而省例""探下文而省例""举此而见彼例"的观点，唐司空图《诗品·雄浑》《与极浦书》中分别提及的"超以象外，得其环中""象外之象、景外之景"以及汉人董仲舒提出的"诗无达诂"，意为对《诗经》没有通达的或一成不变的解释，意义会因时因人而表现出差异。以上提到的这些理论都在一定程度上表达了言有尽而意无穷、无穷生发的文论观点，事实上是对文本开放性的强调。同样，后结构主义（解构主义）者也强调将文本置于大的社会文化中，否认文本的终极意义，追求文本意义的不确定性、模糊含混性、多重派生性。

北宋黄庭坚在《答洪驹父书（三）》中说："古之能为文章者，真能陶冶万物。虽取古人之陈言入于翰墨，如灵丹一粒，点铁成金也。"② 惠洪在《冷斋夜话》中指出："不易其意而造其语，谓之换骨法；窥入其意而形容之，谓之夺胎法。"③ 如果说上文提到的"义主文外，秘响傍通"等文论是从文本意义阐释的角度着眼的，那么，"点铁成金""换骨夺胎"等文学创作理论则在文本生成机制方面与互文性理论有一定程度的契合，均表现出了"吸收与转换"的文本生成过程。这与里法泰尔关于"文本和互文本是同一结构母体的变体"的观点类似。

虽然我国汉语"互文"修辞格与西方的"互文性"理论属不同范畴，但我国的互文思想及相关文论研究却早已存在。我国的古代文论家、文学批评家对互文现象进行了研究。从文化认知和表达模式的角度来看，汉语的互文思想在强调文本的对话性、不自足性、开放性及指涉性等方面，与西方互文性理论有着惊人的相似之处。我国早期的这些研究为互文性理论的出现、引入培植了肥沃的土壤。

---

① 周振甫.《文心雕龙》译注［M］. 苏州：江苏教育出版社，2005：431.
② 黄庭坚. 黄庭坚全集［M］. 刘琳，等校点. 成都：四川大学出版社，2001：475.
③ 惠洪. 冷斋夜话［M］. 北京：中华书局，1988：4.

二、互文性理论的引入与研究

互文性理论产生于从结构主义向后结构主义发展的过渡时期，涉及了符号学、结构主义、解构主义等多种文化理论。因其涵盖面广，所涉及的问题较为复杂，一定程度抑制了该理论的翻译、引入及其在中国的发展。大约在 20 世纪 80 年代初，互文性理论才被引入我国。回顾互文性在中国三十余年的发展历程，大致可以分为三个阶段：一是 20 世纪 80 年代（1980—1990 年）为初步译介与引进阶段；二是 20 世纪 90 年代（1991—2000 年）为系统引介与继续发展阶段；三是 21 世纪至今为深化拓展、逐步繁荣阶段。

1980 年，李幼蒸翻译比利时学者 J. M. 布洛克曼的《结构主义：莫斯科—布拉格—巴黎》一书。书中互文性被翻译成"文本间性"，如"任何文本都不会只产生于一位作者的创造意识，它产生于其他文本，它是按照其他文本所提供的角度写成的。因而克莉斯特娃（按，本书译作克里斯蒂娃）谈到文本间性，它与文本内的文本（斯塔罗宾斯基语），与一切文本的密切关联，即重叠和组合，以及与功能关系及其不断变化的结构有关"[①]。这是国内学者最早接触到的有关互文性理论的书籍。

1983 年，张隆溪在《读书》上发表《结构的消失——后结构主义的消解式批评》一文。在"符号的游戏"部分，他从语言符号的角度入手，阐释了德里达"否定文本的封闭性，否定文本的终极意义"的互文观，并初步介绍了克里斯蒂娃的互文性理论及巴特"作者已死"的互文观。值得一提的是，张隆溪在文中对中国诗文用典与西方互文性理论的异同进行了探讨，虽然笔墨不多，但是较早地触及了中西理论比较研究。

1987 年，张寅德翻译罗兰·巴特的《文本理论》在《上海文论》上发表。这使国内学者接触到"互文性"这一概念。《文本理论》系统地介绍了互文性理论的核心概念，而且提出了"任何文本都是一种互文"的广义互文性理论观。

此外，这方面的文著还有盛宁的《文学本体论与文学批评的方法论——关于西方当代文学批评理论的两点思考》（1987 年），戈华的《罗兰·巴特的本文理论》（1987 年），义行的《当代符号学对结构主义的突破及符号学文论的几个学派》（1989 年），汪耀进、武佩荣译的罗兰·巴

---

① 赵渭绒. 国内互文性研究三十年 [J]. 社会科学家. 2012 (1)：111.

特《恋人絮语——一个解构主义文本》（1988 年）等。这一时期，互文性理论主要以译文、译著的形式引入中国，而且基本作为结构主义及后结构主义理论的附属品出现。相对而言，这一时期的研究零星而缺乏系统性，还没有出现对西方互文性理论的系统译介。

三、互文性理论的发展与应用

20 世纪 90 年代以后，互文性理论进入了快速发展时期，21 世纪以后，互文性理论更是成为国内学术界研究的焦点之一。有关互文性的研究成果如专著、期刊论文、研究生论文的数量呈现前所未有的攀升态势。对互文问题的研究，一开始主要出现在翻译介绍、理论研究等方面，后来逐渐发展到文学、文艺批评及语言学研究的层面。

1. 互文性的译介方面

对西方著作、文章的译介是国内学者接触和了解互文性的一个重要途径。在初期李幼蒸完成《结构主义：莫斯科—布拉格—巴黎》翻译后，国内又出现了一大批优秀的译作，其中影响颇大的是邵炜于 2002 年翻译的《互文性研究》一书。该书由法国学者蒂费纳·萨莫瓦约所著，介绍了互文性的理论形成、理论纵览和实现手法等，经天津人民出版社出版翻译本后在国内引起较大反响，几乎成了国内互文性研究的必备参考书目。

2012 年，祝克懿等翻译了克里斯蒂娃的《词语、对话和小说》。该文首次提出了互文性这个术语，是克里斯蒂娃向法国学界介绍巴赫金的第一篇也是最重要的一篇文章。此文的译介使国内对互文性这一概念及提出背景有了全面的了解。

此外，巴特、热奈特、巴赫金等人关于互文性理论的著作这一时期也被大量介绍进中国。如语冰翻译的《米哈伊尔·巴赫金》（1992 年）、范智红译的《中国与欧洲传统中的重写方式》（1999 年）、吴琼译的《批评、正典结构与预言》（2000 年）、史忠义译的《热奈特论文集》（2001 年）等。众多译作的涌现加速了互文性理论在中国的传播与发展。

2. 互文性理论及综述性研究

为了让更多人了解互文性理论，国内早期研究多见于纯理论及综述性研究。随着互文性研究的深入，全面介绍互文性理论的文著逐渐增多。1994 年，王一川的《语言乌托邦——20 世纪西方语言论美学探究》一书出版。书中论述了巴特关于互文性的观点。1996 年，赵一凡的《欧美新学赏析》出版。该书是以札记方式写成的西方学术思想评论，以文化批评的笔调介绍了一些西方的"新学"思路，其中就论及了互文性理论。2006年，赵一凡等的《西方文论关键词》经外语教学与研究出版社出版，是一部大型工具性理论辞书，由独立论文汇聚而成。此书以一词一文的形式梳理讲解了西方文学及文化批评理论中的关键用语和时新词汇，其中就包括对互文性、延异、撒播、复调等术语的详尽阐释。这对国内了解有关内容起到了促进作用。2005 年，王瑾出版的专著《互文性》，对互文性理论进行了详尽的专题研究，阐述了互文性理论的缘起、流变、发展及一些主要学者的有关理论思想。《互文性》被学术界认为是国内第一本正式出版的互文性研究专著，一定程度上对国内互文性理论的研究和发展起到了推动作用。

除此之外，论及互文性的著作还有很多，如《德里达——解构之维》（陆扬，1996 年）、《当代西方文艺理论》（朱立元，1997 年）、《20 世纪法国小说诗学、比较文学和诗学文选》（史忠义，2000 年）、《对话的妙悟：巴赫金语言哲学思想研究》（沈华柱，2005 年）等。除了著作，国内出现了越来越多研究互文性的论文。如 1991 年冯寿农的《罗兰·巴特：从结构主义走向反结构主义》一文发表于《文艺争鸣》。文中在介绍巴特后结构主义时期思想时论及了互文性。1993 年李俊玉在《外国文学评论》上发表了论文《当代文论中的文本理论研究》。文章对当代西方文本理论进行了仔细的历史考察。文章最具特色的地方在于，提出并探讨了西方文本理论中国化的问题。作者认为"如何对文本理论整合取舍的问题也就是一个如何将文本理论进行中国化改造的问题"①。其他如《谈"互文性"》（殷企平，1994 年）、《互文性理论概述》（程锡麟，1996 年）、《当代西方文论中的互文性理论》（黄念然，1999 年）、《"文本即生产力"：克里斯特瓦文本思想初探》（史忠义，1999 年）等。这些文章的发表推动了国内关于互文性理论的研究，使国内研究者进一步加深了对互文性理论的认识。

3. 互文性的文论比较研究

互文性理论与其他理论的比较研究逐渐成为理论研究的新方向。主要体现在两个方面：一是国外相关理论之间的对比研究。如 2004 年李玉平在《外国文学研究》上发表论文《"影响"研究与"互文性"之比较》。作者认为，"互文性"与传统的文学批评术语"影响"之间存在着激烈的代际

---

① 李俊玉. 当代文论中的文本理论研究 [J]. 外国文学评论，1993（2）：13.

冲突。文章从语源分析、学术背景、中心着眼点、研究策略和意识形态五个方面对这一对概念进行辨异。2005 年胡宝平的《布鲁姆"诗学误读"理论与互文性的误读》阐述了"诗学误读"理论与互文性的关系等。二是中西方文论及思想的对比研究。如《"秘响旁通"与西方的互文性理论——兼谈对比较文学认识论的意义》（徐学，2001 年）。论文将刘勰的文论思想与西方互文性思想做了详细的比较阐述。作者将刘勰的"秘响旁通""互体变爻"等文论思想分别与巴赫金的复调理论、里法泰尔阅读理论中的"母体""变体"概念相比较，很好地找到了中西文论的一个相通之处。《索隐派红学与互文性理论》详细地考察了索隐派红学与西方互文性理论在操作规则上的诸多相似点，同时也分析了二者之区别。"互文关系（用索隐派的术语说，是影射关系）"的确认就是索隐工作的全部目的。西方的互文性理论在确认互文关系之后继续延伸着，把互文关系引向主题上的"狂欢节化"，指向对于逻各斯中心主义的消解的解构主义。就在这里，索隐派红学与互文性理论分道扬镳了，体现了迥异的东西方文化旨趣。[①]《互文性理论与钱锺书对反仿手法的研究》将反仿与西方互文性理论进行比较与对照，指出二者在"联系与转换"的特点上有相似性，"没有摹仿、联系，就没有互文性；没有改造、转换，同样如此"[②]。

4. 互文性的文学批评研究

随着互文性及其理论研究的深入，越来越多学者将互文性理论用于文学、文艺批评等各个领域，将互文性作为一种新型的文学批评方式，从某种文化语境入手解读文本。这方面的研究体现为两个分支，有的学者致力于理论探讨，有的学者则注重互文性理论在文学批评中的实际应用研究。

关于文学批评的互文性理论研究是以实践研究为基础的，主要是对互文性理论用于文学批评的具体操作原理加以总结，分析互文性的文学理论特征、与传统文学研究理论方法的差异、对文学批评的影响。如《互文性：语言与历史维度中的文学批评》把互文性看作语言分析和历史的产物，指出："文学批评的语言之维和历史之维，是互文性得以建构的两个最重要的维度。"[③] 文学批评的互文性实践研究主要是将互文性作为一种新的文学批评工具与方法进行文学批评研究。这方面的研究一是侧重于运用

---

① 陈维昭. 索隐派红学与互文性理论［J］. 红楼梦学刊，2001（2）：286.

② 焦亚东. 互文性理论与钱锺书对反仿手法的研究［J］. 湛江海洋大学学报，2006，26（4）：73.

③ 焦亚东，李春华. 互文性：语言与历史维度中的文学批评［J］. 重庆社会科学，2006（6）：42.

互文性理论对两个或多个文学文本如小说、诗歌等进行互文性对比分析，二是将文学文本置于社会历史、话语实践的大文本中进行研究，注重对某个文学文本本身所具有的互文性特征进行探析，为文学作品的解读提供了更为广阔的视角。

基于互文性理论的文学批评方式不同于传统的文学批评。从一定程度上看，它颠覆了结构主义中心关系网络，极大限度地开阔了文学研究的视野，更加注重众多文本之间、文本与社会历史、他人话语之间的互涉性，具有跨文本文化研究的特点。

5. 互文性与翻译研究

互文性理论在翻译领域的运用主要是探讨如何从互文性的视角处理好作者与译者、原作与译本等各方面的关系。如秦文华《在翻译文本新墨痕的字里行间——从互文性角度谈翻译》（2002 年）一文，从互文性的角度联系中外翻译史，揭示了不同语际、文化之间的互文作用与翻译的内在关联性，并从历时性与共时性着手对互文运动在翻译中的模式和作用进行了综合论述。2006 年他的博士论文《翻译研究的互文性视角》以文本解读为入口，从写作、阅读到翻译进行了互文性分析，继而将研究视点向主体（作者、读者以及译者）拓展，把翻译研究延伸到更为广阔的语言、文化、符号、文学、社会、历史等具有互文性质的大文本中考察。杨衍松的《互文性与翻译》（1994 年）基于互文性理论指出，翻译不仅是两种语言的转换，而且是两种文化的交融。在翻译过程中，译者不仅要深入领悟和忠实传达原作的语言意义，而且要深入解读和准确阐释原作的文化意义。互文性理论被广泛运用于翻译界，主要是探索一条互文性翻译途径，用于对各种类型的语篇（如广告、文学、新闻、公文等）的翻译进行指导。

6. 互文性的语言学研究

在语言学研究过程中，由于结构主义长期占据主导地位，语篇的互文性一直没有引起重视，后来逐渐出现了一些语篇对话性研究也主要局限于文学、文艺批评的层面。20 世纪 90 年代中后期，外语学界主要是英语学界率先开始这方面的研究，将互文性理论纳入语言学范畴进行研究。随着研究的开展，越来越多学者开始重视非文学语篇的对话性、互文性分析。

（1）互文性的批评话语及语篇分析

批评话语分析（Critical Discourse Analysis）是 20 世纪 70 年代兴起于英国的一个关注语篇与权力关系的批评学派，以福勒和根特·克莱斯（Gunther Kress）等为代表。国内越来越多学者利用批评话语分析理论研究非文学语篇中的互文性，将互文性视作语言分析与社会分析的中介或桥梁，深层次地挖掘话语背后所隐含的霸权关系、所反映的各种意识形态及对社会的介入。国内早期互文性的批评学语言学研究主要以辛斌等为代表，他们致力于探索互文性在批评语言学分析中的价值。

20 世纪 90 年代初辛斌在英国留学期间开始涉足批评语言学，回国后结合语篇互文性进行了系统研究。他于 1994 年撰写博士学位论文《语篇互文性的批评性分析》，于 2000 年出版专著《语篇互文性的批评性分析》。辛斌受到巴赫金对话理论的影响，认为对话性是语篇的基本特征。1999 年在《语篇的对话性分析初探》一文中，以英语非文学语篇作为语料，详细地分析了语篇的对话性。在这一阶段的研究中，辛斌已经关注到语篇的体裁与风格之间的对话关系（异体语言、对话的异体语言等）。此后，他开始着手体裁互文性研究。《语篇互文性的语用分析》受前期关于对话性研究的影响，将体裁互文性视为不同声音之间的相互作用关系，明确这些声音不属于任何个体而是属于不同群体。他明确指出，批评语言学的研究目的是通过语言分析揭示语篇中隐含的意识形态意义、权力关系以及语言对社会过程的介入作用。① 此时，辛斌较具影响力的一件事，就是思考了互文性的分类问题。他从读者、分析者的角度把互文性分为具体互文性、体裁互文性。《体裁互文性的社会语用学分析》（2002 年）一文专门从语用学角度对体裁互文性进行了探讨。《语篇互文性分析的理论与方法》（2010年）一文从语言学方向探讨了语篇互文性分析的理论基础、目标与原则、维度与范畴、方法及应用价值。重点表达的观点是：互文性分析不在于语篇中互文现象的客观描写，而在于如何从社会意识形态的角度关注互文性产生的深层次原因，以及话语与社会之间的相互作用关系。辛斌始终立足于意识形态的角度，关注语言互文性问题。他的研究让更多国内学者看到了互文理论在语篇分析中的作用，对于国内互文性理论在语言学特别是批评语言学方面的应用研究起到了积极的推动作用。

语篇分析（Discourse Analysis），也有人译作"话语分析"。互文性作为一个重要的语篇现象，为语篇（话语）分析提供了一个特别的分析视角。在分析过程中力求摆脱纯粹客观的实证主义描写，注重语篇互文关系的系统性、功能性等方面的分析。2008 年，辛斌在《语篇研究中的互文性分析》中指出了互文性这个概念对话语、语篇分析的价值，但他的研究更多的是偏重于用巴赫金的对话理论去分析非文学语篇的体裁互文性，重点

---

① 辛斌. 语篇互文性的语用分析［J］. 外国研究，2000（3）：15.

考察互文材料在特定语篇中的语义功能和结合的方式与和谐程度。① 2010
年，祝克懿在《当代修辞学》上发表论文《互文：语篇研究的新论域》，
在语篇视野中探讨了互文理论与汉语语篇分析对话的可行性与发展前景。
文章将"互文本"界定为有互文函数关系的文本，描写了文本互涉的路径
及基本结构特征，并通过互文语篇理论系统所揭示的文本空间结构意识和
互动关联意识，反映人类认知的普遍结构规律。文章认为，互文语篇研究
拓展了语篇研究的新论域，并指出："在西方，互文理论以其对传统文本
理论的超越和全新的理论向度被誉为'互文性革命'。我们期待互文理论
引入语篇语言学后也能带动语篇分析发生一场'语篇互文革命'。"②《元语
篇与文学评论语篇的互动关系研究》（2011 年）从对话关系、述与评互文板
块组合、语体交叉渗透三个角度考察了元语篇与文学评论语篇之间的互动关
系，并总结了文学评论语篇的语体范式，对其生成动因和结构规律进行了
探讨。

在互文性理论中国化的发展过程中，祝克懿起到了积极的推动作用。
2013 年 7 月《中国社会科学报》上刊登了《多声部的人——与克里斯蒂娃
的对话录》，记录了克里斯蒂娃在复旦大学讲学期间与祝克懿的对话内容。
克里斯蒂娃在对话中提出了"人是多声部的"这一互文性理论的新观点。③
可以说，祝克懿在将西方互文性发展前沿理论引入中国方面起到了重要
作用。

此后，在将互文性引入具体语篇研究方面出现了很多成果。互文性的
语篇研究范围也日益扩大，有理论及方法论方面的研究，也有具体文本的
实用性研究。关于互文性话语分析问题也引发了很多讨论，这些讨论足以
说明国内在互文性的话语分析研究方面已经形成了一种较好的学术氛围。

（2）互文性的语用学分析研究

随着互文性理论研究的日渐繁荣，互文性逐渐渗透到语用学研究领
域，发展成了语用学的核心概念之一。语用学界将互文性看作一种语用现
象，认为互文性是语用使用者语言选择的结果。国内这方面的研究以武建
国、秦秀白等人为代表。武建国着重于篇际互文性的语用研究。他认为，
文体学研究路径没有具体的分析模式，不够系统全面，批判性话语分析研
究路径又没有充分考虑到认知因素。④ 因而他提出综合考虑社会、文化、

① 辛斌. 语篇研究中的互文性分析 [J]. 外语与外语教学，2008（1）：9.
② 祝克懿. 互文：语篇研究的新论域 [J]. 当代修辞学，2010（5）：2.
③ 刘斐. 三十余年来互文性理论在中国的传播与发展 [J]. 当代修辞学，2013（5）：35.
④ 武建国，刘蓉. 篇际互文性的语用分析模式 [J]. 外语学刊，2012（1）：74.

认知的语用学分析模式。武建国的博士学位论文《当代汉语公共话语中的篇际互文性研究》（2006 年）从 Verschueren 的语用综观论出发，结合其语言顺应理论，提出了篇际互文性的顺应性分析模式，并采用该模式分析了当代汉语公共话语中篇际互文性的运行机制、顺应性和功能性。他在《篇际互文性的语用分析模式》中指出，篇际互文性的运作过程就是语言使用者对物理、社交及心智世界中各种变量进行顺应的过程，篇际互文性的生成以语言使用者的选择、协商和顺应为基础，反之，互文性语篇又为阐释过程提供了选择源。① 有关研究可见如武建国与秦秀白的《篇际互文性的顺应性分析》（2006 年）等。

（3）互文性的修辞学分析研究

国内越来越多学者关注语篇的修辞学分析，注重从修辞学角度来探讨文本的互文性问题。一方面是理论研究，如对中国互文修辞格与西方互文性理论的对比研究等；另一方面是将互文性引入语篇进行修辞分析研究，如互文性与修辞格、语境、语体、语言风格等方面的探讨。

祝克懿的《互文：语篇研究的新论域》一文中，将我国的互文修辞格与西方互文性理论进行了对照分析，表明二者既有相通之处又有本质区别。论文指出，"汉语的修辞互文本质上是一种构成成分共享的互蕴结构互文，互为存在前提的互动结构互文，而西方的文本互文强调的也是其互涉互动的结构理念，关注的是多向度交互文本结构的生成。尽管没有严格意义上'你中有我、我中有你'的结构关系，但'参互成文、合而见义'的结构理念于二者是完全相通的"②。龙金顺的《巴赫金对话理论的修辞学研究》（2013 年）从修辞学的视角探讨了巴赫金的对话理论。文章认为，巴赫金将修辞学解释为对话，对话概念极大地发展和丰富了传统修辞学。田英华在《修辞学习》上发表的《玩味的记忆——从互文理论看黄庭坚的诗歌修辞思想》（2008 年），从修辞学的角度，探讨了黄庭坚的"点铁成金""夺胎换骨"的诗歌创作手法与西方互文理论之间的关系。

在应用研究方面，汉语界的许多学者从修辞学角度对互文性进行了系统研究，尤其关注新媒体语篇互文性的研究，主要以郑庆君等为代表。2008 年，郑庆君出版的《手机短信中的语言学》一书，书中辟专章"狂欢——手机短信的'互文性'一瞥"研究了互文型手机短信。该书以手机短信为语料深入浅出地剖析了互文性的分类、互文短信的语篇机制、互文型手机短信与辞格的关系等问题。关于辞格与互文性的研究还体现在郑庆

---

① 武建国，刘蓉. 篇际互文性的语用分析模式 [J]. 外语学刊，2012（1）：74.
② 祝克懿. 互文：语篇研究的新论域 [J]. 当代修辞学，2010（5）：9 – 10.

君的《互文性理论与汉语修辞格的关系探析——以汉语仿拟修辞格为例》（2011 年）、《引用：互文手法的时代"风情画"——新媒体语篇中的引用类型与模式》（2011 年）、《汉语谋篇的谐音机制及其语篇模式》（2009 年）、《"互文"型手机短信及其语篇特征探析》（2007 年）、《手机短信中的人际比喻及其语篇特征》（2007 年）、《语体跨类组合语篇及其语篇特征探析》（2006 年）等系列论文中。关于新媒体语篇互文性的研究，其他如《汉语新媒体语篇的文本间性类型及其修辞分析——以通俗历史作品为例》（米幼萍，2012 年）、《汉语新媒体语篇互文性的心理生成机制——以通俗历史作品为例》（米幼萍，2013 年）、《仿拟式手机短信的互文性结构与修辞分析》（向琼，2011 年）、《从巴赫金的复调理论看新媒体小说语篇的体裁互文性》（向琼，2014 年）、《基于"零度—偏离"理论的新媒体语篇互文性探析——以网络历史小说文本为例》（向琼，2014 年）等。

修辞学是一门跨学科的综合性语言研究，与心理学、语用学、社会语言学、语篇语言学等学科有着千丝万缕的关系，在研究内容等方面有一定程度的交叉。因此，关于互文性的修辞学研究，实际上渗透了许多其他学科的研究方法与理念。如郑庆君 2006 年在《修辞学习》上发表的论文《语体跨类组合语篇及其语篇特征探析》，以系统功能语言学为指导，对一则跨类语篇进行三大纯理功能分析，揭示了语体跨类组合语篇的特征及产生成因。郑庆君指导的硕士学位论文《网络新闻标题的互文性研究》（彭桂，2010 年）结合系统功能语言学、修辞学、传播学等相关理论对网络新闻标题的互文性进行了研究；她指导的另一篇硕士学位论文《"互文"型手机短信的语篇研究》（李晶，2010 年），则从语用学、修辞学、功能语言学、认知语言学等角度对"互文"型手机短信进行了分析。

修辞学、认知语言学、批评语言学、系统功能语言学、语用学等多种学科的相互借鉴可以深化和拓展互文性的研究。学科的交相渗透、相互影响不仅体现在不同理论的结合研究方面，还带来了研究视角的多样化。

互文性理论从西方萌芽、起源、提出到真正形成、应用与发展，历经了一个较长的过程。从西方到我国，"互文性"这个概念从无人知晓到迅速发展成一个热门的理论研究对象，历经了符号学、现代主义、后现代主义（解构主义）各种思潮的洗礼，最终在文学的传统手法和现代主义、后现代主义（解构主义）理论的交叉点上找到了自己的存在位置。从克里斯蒂娃提出"互文性"这个概念开始，到互文性真正形成，互文性理论由单一向多元发展，从纯理论研究发展到应用研究，为人们把握、理解文本提供了多个新的角度。然而互文性理论有其优缺点，我们需要辩证地看待，一方面互文性理论强调文本之间的相互关系，打破了文本的自足性，从孤立的文本分析发展到依靠文化话语空间，开阔了文本视野，探索了新的文本空间；另一方面互文性理论发展到后来有向不可知论、虚无主义发展的偏移。尽管如此，互文性理论的诞生对于拓展当今文学批评和文本理论等方面的研究视域起到了积极的推动作用。目前，尤其是在国内，有关互文性的很多问题还没有得到深入而系统的研究，国内的研究无论在理论本身还是在文本实证研究方面，尤其是在汉语文本的研究市场，还有着广阔的发展空间。

第三章 新媒体语篇互文性的承载类型

一、传统媒体与新兴媒体

所谓传统，是相对新兴而言，是一个相对概念，具有连续性的特点，是一个不间断、不断发展向前推进的过程。"传统"一词，是一个中性，有时又偏贬义色彩的词语，具有"正统""保守"等感情色彩意义，其语素特征大约有：历史性、守旧性、文化性、传承价值等，如传统文化、传统观念、传统思想、传统服饰、传统饮食等。

就媒体形式来看，"传统"的可变性特点也是非常鲜明的，造纸技术发明以前，远古的岩画、甲骨文字是传统媒体，竹简则属于新兴媒体；纸质媒体出现以后，竹简转而成了传统媒体，而书刊等则成为新兴媒体；19世纪以来，随着声光电结合等技术的诞生，出现了广播、电影电视等新兴媒体，而纯纸质文本则又变成了传统媒体；20世纪后，电脑、手机、互联网的诞生，广播、电视等成为传统媒体，而手机短信、博客、微博、QQ、微信等电子媒体则一跃成为新兴媒体。

因此，传统与新兴的划分只是一个相对界限，新兴媒体只是相对于传统媒体而言的。而且尽管对于新兴媒体的界定，学界、业界一直众说纷纭，认定范围大小不一，但通常情况下，就科技发展到当前而言，学界、业界关于传统媒体与新兴媒体还是有一个较为清晰的，并且基本为大多数所认可的界定，这就是：传统媒体是相对于近年兴起的网络、电子媒体而言的，是指以传统的大众传播方式（如纸质发布、声音或图像传播等形式）定期向社会公众发布信息或提供教育娱乐的交流活动的媒体形式，主要包括报刊、广播、电视三种媒体，通常被称作"平面媒体"。而新兴媒体则指继报刊、广播、电视等传统媒体产生以后，在计算机信息处理技术的基础上，基于网络技术发展起来的新的媒体形态，进一步说是指利用数字技术、网络技术、移动技术，通过互联网、无线通信网、有线网络等渠道以及电脑、手机、数字电视机等终端，向用户提供信息和娱乐交流的传播形态和媒体形态，如手机短信、博客播客、微博微信、QQ 聊天、网络帖子等。本书按此业界认定，将传统媒体范围限制在报刊、广播、电视等媒介形式，新兴媒体或新媒体则专指计算机技术产生以来借助电子通信与网络技术而产生的各种媒体类型，在本书中均视为网络媒体。

由于具备交互性与即时性、海量性与共享性，以及多媒体与超文本、个性化与社群化等多方面特征，网络新媒体的产生为从前的广大受众提供了无限的交流空间，显示出其强大的生命力与极其广阔的发展前景。

二、新媒体中的新宠：自媒体

自媒体（We Media／We the Media）即个体媒体，是网络媒体范畴中的新媒体类型之一，指运用现代技术的电子、网络手段，由个体人群向非特定的大多数或者特定的单个人传递规范性与非规范性信息的新媒体的总称，包括论坛帖子、网络评论、手机短信以及个人博客、播客、微博、微信、个人主页等多种形式；也指一种为个体提供信息生产、共享、传播，内容兼具私密性和公开性的信息传播方式。其中最有代表性的托管平台是美国的 Facebook、Twitter 和中国的微博。在中国，最具广泛性与典型性特征的自媒体代表有两大类型：手机短信与微博，尤其是前者，早期几乎是为全民所拥有和热衷，近年逐渐由微信所替代。本书讨论的网络媒体有不少是来自自媒体的类型，本书中，我们统称这些语篇为网络语篇或新媒体语篇。

自媒体概念的出现，已有十多年的历史，源自美国新闻学会媒体中心于 2003 年 7 月发布的 *We Media*（《自媒体》）的研究报告中所下的定义，该报告由谢因·波曼（Shayne Bowman）和克里斯·威理斯（Chris Willis）联合提出："我们将自媒体视为理解普通大众在受到链接全球知识体系的数字技术强化之后，如何提供并分享他们自身事实与自身新闻的一种手段。"[①]

由于是由普通大众主导的信息传播活动，自媒体的出现带来了媒体个性化、个人化、自主化、平民化等方面的变化，自诞生之日起，便具有庞大的市场。人人都有麦克风，个个都是通讯社，每个人都变成了记者或新闻传播员。在互联网上，每一个账号，都像一个小小的媒体机构，发帖子、转微博、评新闻、发朋友圈……各种各样的信息、观点、态度在互联

---

① Bowman, S. & Wilkis, C. We Media ［R］. The Media Center at the American Press Institute, 2003：V.

网上交汇成信息的海洋。这一二十年来，随着手机短信、微博、微信在国内的迅速发展，网络媒体已经全面进入了自媒体时代。每个网民都能够轻易地通过基于"关注"与"被关注"的用户关系，完成信息的获取、生产、分享和传播。

网络媒体尤其是自媒体出现后，媒体传播逐渐从一个高门槛的专业机构操作活动，变成越来越多的普通人的信息自主传播活动。从论坛、社区到博客，从手机短信到个人微博微信，再到个人微信公众号，媒体变得越来越个性化、个人化、自主化，个人发言的自由空间也越来越大。这种媒介基础凭借其交互性、自主性的特征，使得新闻自由度显著提高，传媒生态发生了前所未有的转变。

三、汉语新媒体语篇的承载类型

1. 关于语篇

谈到新媒体语篇的承载类型，首先得讨论一个概念——语篇。本书的标题是：汉语新媒体语篇的互文性研究。可见，"语篇"这一概念是我们的落脚点之一。

语篇（text），有时也被称作"文本"、"话语"（discourse），是20世纪80年代以来，随着西方话语语言学在我国的引进和探索而出现的一个语言学上的概念，它与我国传统语言学、文章学中的句群/句组、段落、篇章等概念既有一致的地方，也有不一致的地方。按照系统功能学派的解释，语篇是一种语义单位，是一定的语言情境中有意义的表述的集合。大多数情况下，人们把语篇看作一种大于句子的言语单位，看作由多个语句组成的言语片段的集合。这种言语片段的集合，在形式结构上，通常呈现为一系列连续的话段（utterance）或者由句子（包括小句）形式构成的言语整体。

语篇可短可长，短者可以是一两个句子，长者可以是一个文本结构，甚至是大部头的整部作品。目前汉语界所说的语篇，一般是指超越句子的话语片段，包括分句/小句组合、段落和篇章。语篇类型多样，体裁丰富，可以是书面作品，也可以是口头言谈；可以是散文、诗歌、小说，也可以是对话、通信、答辩。一份报告、一张便条、一条短信等都可以是一个语篇。

一般来说，语篇的成立，必须具备相应的语篇特征（texture），它所表达的须是一种整体意义。"语篇无论以何种形式出现，都必须合乎语法，并且语义连贯。语篇应有一个论题结构或逻辑结构，句子之间有一定的逻辑联系。语篇中的话段或句子都是在这一结构基础上组合起来的。"①

虽是一种连贯的整体，但任何语篇都不是完全"自给自足"的独立存在。在互文性概念的创始人克里斯蒂娃看来，"文本是众多文本的排列和置换，具有一种互文性质：在一个文本的空间里，取自其他文本的陈述相互交织、相互中和"②。任何文本都是互文本，前文本、文化文本、可见不可见的文本、无意识或自动的引文，都在互文本中出现，在互文本中再分配。③"一个作者在写作自己的语篇时，会通过对另一（些）语篇的重复、模拟、借用、暗仿等，有意识地让其他语篇向本语篇产生扩散性的影响。"④ 因此，从理论上说，一切话语、任何语篇都具有互文性质，互文性已经成为语篇构成的一个基本特征。

2. 新媒体语篇的主要承载类型

从文本结构角度观察，从大众传播的视野出发，汉语新媒体语篇的承载类型，近年越来越多地表现为以自媒体形式为代表的语言活动类型，即个人或小群体以自主的形式所发布的各类信息，包括依靠文字、图像、图示、声音、视频等各种多媒体形态的自媒体形式。比如被称作"新一代广播或电视"的"播客"就是其中的一个代表。在像新浪博客、优酷播客等所有提供自媒体的网站上，用户只需要通过简单的注册申请，根据服务商提供的网络空间和可选的模板，就可以利用版面管理工具，在网络上发布文字、音乐、图片、视频等信息，创建属于自己的"媒体"。但是，从本书研究的目的与原则出发，我们这里所说的自媒体类型主要指以语言文字为主导的活动类型，精确地说，主要指用于向大众传播信息的语言文字活动，这类语言文字活动主要有以下几种承载类型：

（1）论坛帖子

论坛一般是指对公众发表议论，供公开讨论的公共集会场所。而互联网上的论坛，则专指网络 BBS（一指 Bulletin Board System，即电子公告板；一指 Bulletin Board Service，即公告板服务），是互联网上的一种电子信息服务系统。它提供一块公共电子白板，每个用户都可以在上面就自己关心的任何话题发布信息、提出看法，或参与讨论、互动聊天等。通常的情况

---

① 黄国文. 语篇分析概要［M］. 长沙：湖南教育出版社，1988：7.

② Kristeva J. The Bounded Text ［A］. In Roudiez L. S. *Desire in Language*：*A Semiotic Approach to Literature and Art* ［M］. New York：Columbia University Press，1980：37.

③ 陈永国. 互文性［J］. 外国文学，2003（1）.

④ 徐盛桓. 幂姆与文学作品互文性研究［J］. 暨南大学华文学院学报，2005（1）.

是，论坛的版主或首位发帖者就某个话题提出一个观点，后面的跟帖者则参与其中展开讨论，是一种极富对话性与交互性的自媒体模式。

论坛的发展迅猛，从最初仅仅发布计算机技术话题，到现在的无所不包无所不论，大到国内外时事政治，小到居民生活的鸡毛蒜皮，几乎涵盖社会生活的各个方面，几乎每一个人都可以找到自己感兴趣或者想要了解、参与其中的论坛话题。而各类网站，综合性门户网站或者功能性专题网站也都热衷于开设自己的论坛，以丰富网站的内容，增加互动，促进网友之间的交流。每天都有大量的网民在各大论坛的各类栏目里发布海量的发帖与跟帖。

（2）网络评论

互联网上每一秒钟都会有大量的新闻信息出现，而每一篇新闻或实时消息末尾都设置一个反馈窗口："我要评论""我来说两句""我要发言"等，这是供阅读者对该新闻或消息进行反馈互动的专门平台，任何一位网民只要在该网站简单注册成为网站用户（有些甚至不需注册，即可进行匿名评论），就可以在某一平台上就某一话题表达个人观点与看法。大部分情况下网民发布的意见观点都与该篇新闻内容相关，但也有少数网民故意借助平台发布一些风马牛不相及的信息。无论哪种情况，网络评论无疑为广大网民提供了一个表达和传播个人意志的广阔交流平台，每天在这类平台上生产的自媒体信息构成了互联网海量信息中最具大众意见的组成部分。

（3）手机短信

手机短信传递是中国人进行自媒体生产起步最早、延续时间最长、全民参与度最高的一种语言活动形式。从 2000 年 5 月中国移动借助 PC 发出国内第一条手机短信到今天，已有 20 多年历史。虽然近些年，随着微博、微信的相继出现，短信的热潮逐渐被这二者取代，但中国人对这种媒体的情结依然存在，比如逢年过节，仍然会有不少人通过普通短信的方式向亲朋好友传递祝福与情意。在 21 世纪的头十几年里，手机短信为中国国民经济创造了大量的财富，借助这一方便快捷而又经济的独特平台，中国人生产了数以亿计的各类信息，从时事政治、国计民生、文化生活、社会万象到个人观点、逗乐笑话、节假日问候，五花八门。国人用手机短信记录当下的社会生活，表达个人的意识形态，传递交流人际感情，形成了独具中国特色的"手机短信媒体"，① 为反映那段时期中国的社会生活书写了浓墨重彩的一笔。

---

① 郑庆君. 手机短信中的语言学 ［M］. 长沙：湖南大学出版社，2008.

（4）博客日志

博客，来自英语的 Blog 或 Weblog，又译为网络日志、部落格或部落阁等，是一种通常由个人管理、不定期张贴新的文章，发布自己的心得，传播个人思想，带有知识集合链接的网络发布方式。博客上的文章通常根据张贴时间，以倒序方式由新到旧排列。大部分的博客内容以文字为主，但也有一些博客专注艺术、摄影、视频、音乐、播客等各种主题，形成独具个性的综合性平台。由于不受到内容、字数等方面的限制，可以充分展示自己的意志与思想，博客无疑成为表达个人意志与思想观点的最为酣畅的平台，被称为网络时代的个人"读者文摘""个人报纸"。中国国内的主要网站一般都开辟有自己的博客专栏，许多还专辟有"名人博客""专家博客""特色博客"等子栏目，成为网络文章的主要来源之一。博主每天在互联网上生产的个人思想与信息都以海量计算。

（5）个人微博

微博，即微博客（MicroBlog）的简称，是一个基于用户关系的信息分享、传播和获取平台，用新媒体研究学者陈永东的话说，微博是"一种通过关注机制分享简短实时信息的广播式的社交网络平台"，一开始以不超过 140 字的文字更新信息，并实现即时分享；随后又出现长微博，可以不受 140 字的限制。

微博的出现弥补了手机短信与博客的不足：相对于编排、版面以及内容、逻辑要求较高的博客来说，只需要只言片语，一个闪念、一点心得、一句笑话、一幅图片，马上成就一条微博，门槛要求低，出品速度快。既满足了人们要说话、要表达的愿望，又不给人们添加太多负担，真正让人们做到想说就说、想写就写。相对于传播范围有限，需要定点，通常只在熟知的朋友中传播的手机短信来说，微博的接受用户可以无限扩张，粉丝群是一个开放窗口。在微博上，一个人很可能因为一句话一夜之间走红，从默默无闻的草根一跃变成知名"大 V"或各类"网红"。因此，微博一出现，便显示出其强大的号召力，"玩微博"成为众多年轻人的时代标志。

（6）微信平台

微信是腾讯公司于 2011 年推出的一款聊天软件，由于能支持语音、图片、视频、文字等全方位的信息发布，近年已成为全民钟爱的自媒体传播工具，使用人口已超过十亿，遍布全球各地。微信传播主要通过两种模式：微信群和朋友圈。微信群是多人聊天交流的一个平台，群人数最大限度为 500 人，众人聚集在群里可以分享各自的信息，也可以用"@＋群成员名称"的方式随意地与群内特定人员进行交流。朋友圈则是微信的另一个社交功能，朋友圈的成员是跟自己加为"朋友"的人（微信"通讯录"

里的人），每个用户可以通过朋友圈发表文字和图片（最多 9 张），同时也可通过转发链接等方式将文章或者音乐以及小视频（一般不超过 15 秒）分享到朋友圈，让朋友对自己发布的信息进行点赞或评论；也可以对朋友的照片或文字等进行评论或点赞。此外，个人微信公众号也越来越受到关注，逐渐被爱好文字或以文字写作等为职业的人使用，类似个人博客，用户可以通过这个平台发布自己的文章、图片、视频等各种信息；他人在关注这个公众号之后就可以看到里面的各项内容。

此外，电子邮件、QQ 聊天等也具有自媒体特质。但是，电子邮件主要是一对一、一对多的性质，仅具备小群体特征，且交流信息往往缺乏同步性，而 QQ 聊天虽仍为大众使用，但目前更多地用于教学或职场，如传输大容量文件、视频等，其传播即时信息的作用逐渐被微信取代。

四、互文性机制下的汉语新媒体

高科技的出现促进了信息技术的飞跃，而信息技术的飞跃又引发了媒体生态的革命，在全球化、世界一体化的概念之下，在人人是媒体，随时可以向全世界发布信息的语境之中，互联网成为人类社群聚合的大舞台与交际场。在这个舞台与交际场中，人类自觉或不自觉、主动或被动地将自己与整个社会"黏合"在一起，将每个个体与群体"捆绑"在一起，从而"卷入"了一个巨大的超文本的互文性结构网络之中。这可以从以下两个方面来理解：

一是从宏观层面来看。互联网把世界各国紧紧地绑在一起，使整个人类社会在此意义上成了一个真正的地球村。地球上每一个地方每时每刻发生的大大小小的事情，立刻"被通知"到世界的各个角落：西半球一个炸弹爆炸，东半球立刻受伤；南半球打个喷嚏，北半球马上感冒。互联网就如同一个永无止境、不知疲倦的超能量巨神日夜运转，生产各种新奇无比的催化剂、促动剂、万能剂，以融汇、交合的互文性体制，把人类社会纳入一个庞大无比的对话机制之中，使整个世界变成了一个巨大的对话群，随时随处产生对话。这些对话内容：大到国家与国家、政府与机构、群体与群体，小到个体与社会、个体与自然、个体与个体；远到现实与过去、当下与未来，近到人与人、我和你、你和他、他和她，使一对一、一对多、多对多等多种形式的对话局面最终形成。在这对话机制之中，历史与现实、东方与西方、个人与群体、文本与社会、大语境和小语境，相互交织、相互融合，汇聚成一个巨大无比的交互性网络、一个超级大文本结构。

二是从微观层面来看。从信息储存与运用角度来说，作为一个超大级别的资源库，互联网储存着无限量的信息资源，从远古洪荒到科幻未来，从历史政治到军事经济，从科学技术到文化教育，从衣食住行到动物植物，上下古今、东方西方，包罗万象。而强大的各类搜索引擎，以方便快捷、无限量地复制与粘贴等方式，为人们获取各类信息提供了种种便利条件，从而使得大量信息随时可以轻而易举地为我所获、为我所用。于是互联网平台的这些信息，日日夜夜、时时刻刻被人们借鉴、支取、引用、传递、交流、运用。就文本层面来说，文本与文本之间、你的文本与我的文本之间、我的文本与他的文本之间、甲文本与乙文本之间，相互碰撞、相互交融、嫁接中和、引用混搭、拼贴借鉴，以及语域与体裁之间交织渗透、不同语码之间随意互换、无穷无尽的网络文体恶搞等一顿顿"话语狂欢"大餐，自然而然地成为时代风情画，使得互联网时代的人们置身于互文性的巨大网络之中，你中含我、我中带你。

如果前者属于大互文性、宏观互文性的语境，也即时代互文性的语境，那么后者则多表现为小互文性、微观互文性的语境，也即文本互文性语境。本书聚焦的话题与研究对象主要在于后者，即在言语表现上可见可知的文本与文本之间的网络交织与中和，所考察的文本包括多种新媒体语篇的形式。

第四章　新媒体语篇互文性的结构形态

上一章的讨论证明，新媒体的话语结构皆是以一定的语篇形态来呈现的，而这些形形色色的语篇结构中，又充满了各种各样、大大小小、或显或隐、或强或弱的互文性结构特征。这些特征，反映在语言形式层面，会表现出不同的语言结构类型。根据语言材料的不同，我们观察到，新媒体文本中的互文性结构通常以三种类型呈现，也即表现为三种不同的结构形态，这便是"成分性互文""语篇性互文""体裁性互文"。

所谓"成分性互文"指互文的特征是词句性质的，在文本中的表现往往呈言语片段性质，或是一个或多个词语，或是一两个句子或少量的语段或话段（utterance）。"语篇性互文"指互文的特征具有篇章性质，以大大小小的语篇形态呈现在文本之中。"体裁性互文"则指互文的特征涉及语类、语域、语体等问题，文本与文本之间的关系呈现跨域，如语域、认知域，或跨类、跨体裁等方面的特征。以下将分别对这三种类型加以阐释和列举。

一、成分性互文

成分性互文，是指形成互文的语言结构单位为成分性质，多数以单个字词、短语、小句等形式出现，也可称字词或小句式互文。这类的文本是在主文本中"引进"其他文本内容的字词、短语或少量语句，多以词句嫁接、镶嵌、谐音、双关、仿拟、语码转换以及少量仿句、引用、比兴烘托等形式出现。在手机短信、微博一类的自媒体中十分常见，看以下例证：

①删除昨天的烦恼，确定今天的快乐，设置明天的幸福，存储永远的爱心，取消世间的仇恨，粘贴美丽的心情，复制醉人的风景，打印你的笑容！

②雪冬好景怡心醉，共诉人情酒一杯。道上一声祝愿语，蜡梅生色星光璀。道路平稳无阻碍，心境安宁不伤悲。

③××出版社祝您及家人新春佳节：吃得"书"服，过得

"书"适，身体"书"坦，心情"书"畅，"书书"服服过大年！

④10% 想念 + 10% 吃醋 + 10% 疑心 + 10% 甜蜜 + 10% 心疼 + 10% 执着 + 10% 幸福 + 10% 嫉妒 + 10% 脸红 + 10% 撒娇 = 100% 爱情！

⑤三只老鼠在吹牛，一只老鼠说："我跳进酒缸里喝多少都不会醉。"另一只说："那算啥，遍地都是夹子我照样蹦迪。"最后一只抬起手看看表说："失陪了，我该去泡猫了！"

例①短信的内容是日常生活的话题，却插进行业性质的"删除、存储、粘贴、复制"等专业术语成分，形成一种"甲语体文本融汇或掺进乙语体特殊用语"的语篇形态。例②每个小句的第三个字组合起来便是"好人一生平安"，显然是另一文本的话语内容。但语篇并非以整篇迁移的形式插入文本，而是采取"拆词"的方式，将要表达的话语化整为零，以字、词的形式分别镶入每个小句之中（一般是某个固定位置），与主文本的其他词句组成有意义的话语，明显带有"两个文本"的痕迹。例③根据语境需要，在现成词语"舒服、舒适、舒坦、舒畅"的比照下，利用谐音原理，更换源文本词语固有的"舒"语素，临时仿出"书"服、"书"适、"书"坦、"书"畅等新造成分，使得文本同时获得"舒服—书服""舒适—书适""舒坦—书坦""舒畅—书畅"等双重解读。例④则是将两种不同的语码成分组合在一个语篇中，形成汉字与数字及数学符号的夹杂与交错，凸显出文字符号的拼盘色彩。例⑤"泡猫"是对流行语"泡妞"的仿拟。"泡猫"以仿体的形式进入互文本。此处，源文本与被仿体、互文本与仿体之间的对应关系跃然纸上。以上各例仿语均以字、词的形式出现，再看句子形式的：

⑥天苍苍，野茫茫。立秋之时风儿凉；云淡淡稻香香，秋雨如丝好凉爽；风轻轻叶黄黄，一片相思刻心上。亲爱的朋友，立秋到了，多多保重，一定健康！

⑦冰冻三尺非一日之寒，口水三尺非一日之馋。

"天苍苍，野茫茫。立秋之时风儿凉"是仿拟《敕勒歌》中"天苍苍，野茫茫。风吹草低见牛羊"而成；"口水三尺非一日之馋"仿上句"冰冻三尺非一日之寒"而得。除了这类仿句形式，简单引用、比兴烘托也可以归入成分性互文的结构类型，如：

⑧在那个月黑风高的晚上，你化身为名不见经传的忍者，威风凛凛站在紫禁之巅，忽见你侧身回首，抽出一柄寒光宝刀，仰天吼道：磨剪子咧锵菜刀！

⑨万里长城永不倒，向你问声中秋好。春风已过玉门关，祝你工资翻几番。每逢佳节倍思亲，天天快乐足一斤。桂林山水甲天下，运气都在枕头下。

例⑧"磨剪子咧锵菜刀"是某行业的现成套话，编码者将这类特殊行业的现成用语或套话，引进普通行文，形成一种"道不同不相为谋"的格局，从而制造一种"拟误"式①互文的幽默效果。例⑨中的"万里长城永不倒""春风已过玉门关""每逢佳节倍思亲""桂林山水甲天下"分别来自四个不同的文本，在这里被引进语篇，并非为了意义的需要，而仅仅是为语篇烘托气氛，营造特定的音韵效果，与例⑧相比，只是一种烘托式、比兴式的形式引用。

二、语篇性互文

语篇性互文，也称"篇式互文"，是指源文本和互文本套叠在一起，文本之中有文本，仿拟中的仿篇性互文是这一类型的典型代表，如下列手机短信：

⑩春眠不觉晓，处处蚊子咬。夜里一翻身，压死知多少！

⑪北国气温，千里清蒸，万里红烧。望城里城外，热浪涛涛；各个街道，基本烧焦。屋内桑拿，汗水洗澡，躺下更是铁板烧。上大街，看吊带短裙，分外妖娆。气温如此之高，引无数妹妹竞露腰。各写字楼，中央空调；我的周边，风扇乱摇。烈日炎炎，一边干活，一边直呼受不了。哎哟喂，数地球气温，这里最高。

例⑩是仿唐代诗人孟浩然的《春晓》而作，例⑪则由毛泽东《沁园春·雪》仿改而成。两例的互文之处达及全篇，是典型的篇式互文，这类互文性结构语篇通常是对源语篇进行大量改写而成。下面看一例长篇"语

---

① 郑庆君．"拟误"格短信的功能语篇分析与语篇模型［J］．语言科学，2006（1）．

篇性互文"佳作，是一位署名"新上海人"的网民发表在东方财富网的一篇帖子：[①]

⑫这几天心里颇不宁静。傍晚在院子里坐着乘凉，忽然想起前些天买进的股票，在这崩盘的世界里，总该另有一番样子吧。CPI渐渐地升高了，证券交易大厅内股民们的欢笑，已经听不见了；妻在屋里看着行情，迷迷糊糊地选着黑马。我悄悄地打开电脑，分析着行情。

沿着屏幕，是一条曲折的K线走势。这是一只幽僻的股票，牛市里也涨不上去，熊市里就更加惨烈。贴吧里面，挤了许多股民，蓊蓊郁郁的。那骂街的，是些一直深套着的和一些不知道名字的刚被套的股民。没有利好的晚上，这大盘阴森森的，有些怕人。今晚却很好，虽然股票也还是套得死死的。

网上只我一个人，光看不说话。深市和沪市好像都是为我开的；我也像超出了平常的自己，到了另一世界里。我爱暴涨，也爱反弹；爱追高，也爱抄底。像今晚上，一个人在这迷茫的走势下，什么都可以买，什么都可以不买，便觉是个自由的人。牛市里一定要买的股，一定要跟的风，现在都可不理。这是熊市的妙处，我且受用这深不见底的蹦极好了。

曲曲折折的均线上面，堆砌的是厚厚的票子。票子出手很快，像亭亭的淑女的裙。密密的绿色中间，零星地点缀着些红光，有逆市涨停的，有止跌反弹的；正如一粒粒红宝石，又如碧天里的星星，又如刚出浴的美人。阴风过处，送来点点安慰，仿佛远处高楼上渺茫的歌声似的，总之全不是你持仓的那几只。这时候权重股与指数也有一丝的颤动，像闪电般，霎时便被阴风吞没过去了。跌停股本是肩并肩密密地挨着，这便宛然有了一道凝碧的波痕。跌停股底下是急速缩水的资本，遮住了，不能见一丝红色；而绿色却更见风致了。

资本如流水一般，静静地消逝在这一片绿色的海洋上。极度的恐慌蔓延在股市里。股价和指数仿佛在胆汁中洗过一样；又像笼着轻纱的梦。虽然是噩梦，前方却有一团看似触手可及的希

---

① 该帖发表时间为2008年3月31日，查找原创，发现有几篇早于这一时间，可见该帖只是转发。目前查到最早时间的帖子发表在2008年3年25日同花顺社区网，署名"gybxlt"，详见http://bbs.10jqka.com.cn/ths,5422,14001,1。

望，所以不愿醒来；但我以为这恰是到了好处——赚钱固不可少，赔钱也别有风味的。消息都是提前透出来的，高台跳水的×××，落下参差的斑驳的黑影，峭楞楞如鬼一般；悲观的报表的陡直的阴线，却又像是落在梦里。各股的振幅并不均匀；但起与伏有着的旋律，如梵婀玲上奏着的名曲。

贴吧里面，熙熙攘攘，密密麻麻都是股民，而赔钱的最多。这些股民将一个贴吧重重围住；只在凌晨小憩，漏着几段空隙，像是特为庄家留下的。股民的脸色一例是阴阴的，乍看像一团烟雾；但庄家的丰姿，便在烟雾里也辨得出。图形上看隐隐约约的像是要反弹，只有些大意罢了。小道消息里也漏着一两点要涨的意向，没精打采的，是套得发绿的眼。这时候最热闹的，要数报纸上的理论家与网上的股评家；但热闹是他们的，我什么也没有。

忽然想起新股发行的事情来了。新股是众人追抢的焦点，似乎很早就有，而×××时最盛，从诗歌里可以约略知道。申购新股的是冲动的少年，他们是开着小车，哼着小曲去的。申购新股的人不用说很多，还有那些没申购上的。那是一个热闹的季节，也是一个疯狂的季节。梁元帝《新股赋》里说得好：于是痴男怨女，狂砸猛取；股指徐回，盈不抵亏；汝未买而涨停，待欲卖已蒙灰。

可见当时申购新股的光景了。这真是烧钱的事，可惜我们现在早已无钱消受了。

于是又记起《庄家曲》里的句子：做庄靡市秋，价压过人头；低头看股市，股民急如猴。

今晚若有做庄人，这时的股价也算得"过人头"了；只不见一些反弹的影子，是不行的。这令我到底惦着牛市了。——这样想着，猛一抬头，不觉已是深夜时分；轻轻地关上电脑，屋里什么声息也没有，妻已绝望好久了。

对照朱自清的散文名篇《荷塘月色》原文，这已经算得上一篇经典的篇式互文作品了，通篇字词，不仅撩起读者对国民小散户炒股悲欢的深切感受，又能唤起对原作的种种记忆，呼吸到原作者朱自清先生笔下美妙月色的荷塘气息。

三、体裁性互文

体裁性互文，也叫"体式性互文"，是指不同风格、不同文体、不同语类的文本内容交织一体，形成一种"混搭"结构，你中有我，我中有你；或是形式与内容反串，有意造成内容与形式的整体错位。辛斌在《体裁互文性与主体位置的语用分析》一文中首次用到"体裁互文性"这一中文术语，并从批评话语分析视角对其表现进行探讨。辛斌认为，体裁互文性是语篇的一个普遍特征，指的是在一个语篇中不同体裁、语域或风格特征的混合交融。每一种体裁都有自己独特的意义潜势，适合表达不同社会机构和社会群体的意识形态。①

就我们的观察，体裁性互文在新媒体语篇中多通过仿体、仿调等修辞方式实现，常见的有仿拟新闻、广告、天气预报、通知公告、法律文本、菜谱、说明书、电影对白、台词及法庭判词等。先看以下一组手机短信：

⑬明日天气预报：夜间大面积地区会下人民币，西北方向有时会有支票，局部地区还会有金块！气象部门提醒市民备好大麻袋，准备发财！祝你圣诞快乐！××气象台。

⑭中秋节管理局通知：凡是家里还有月饼的，一律上缴国库，不上缴国库缴到我家也行：违者今后一律不准晒月亮，晒嫦娥，晒吴刚。

⑮尊敬的用户：您好！您的手机已欠费，请您在近日内卖鞋卖衣卖大米，卖房卖车卖电器，把手机费交上，谢谢合作！

⑯根据新年特别法，判你快乐无期徒刑，剥夺郁闷权利终身，并处没收全部疾病烦恼。本判为终审判决，立即执行！快乐到永远！退庭！新年好！

⑰时间：一生一世；舞台：手机屏幕；人物：我和你；主题：天知地知；场景：华灯初上，想远方的你，拇指轻轻按键——思念已发出，请接收。

这几则短信通过仿拟天气预报、用户通知、台词判词等表达格式创编而成，这种"语体移用"的仿体式互文语篇，通常连同源文本的语调、语气一起仿用。创作者通过借用甲语篇的体式或语调套入乙语体的内容，故

---

① 辛斌. 体裁互文性与主体位置的语用分析［J］. 外语教学与研究，2001（5）.

意创造一种形式与内容的错位，从而达到意想不到的效果，一定程度上形成一种双体裁或多体裁、双语类或多语类（multi - style）的互文模式。

一种体裁通常有自己特定的形式与内容，当这种形式与内容被打破，就会发生体裁或语体的错位，形成交融或混合体裁型的互文语篇。看下列两则体裁互文型语篇：

⑱2011 年工作总结版情书①

冬去春来，百花盛开。在领导的关心下，我们的感情正沿着健康的道路蓬勃发展。在这美好的季节里，首先借此表达我对妞的真挚感情；其次是为了总结过去，展望未来，进一步加快我俩恋爱工作的步伐，总结一下我们在 2011 年的进展情况。具体如下：

一、多方支持

在我们交往的日子里，我们收到了来自多方的支持，其中，包括：①在我们约会的时候，我们双方的领导痛快地给咱们批假。②在我们约会需要场地的时候，我的家人一般不会出现。③在餐厅约会的时候，服务员从来不打扰。

二、投入的增加

我们相识以来，你教会了我该怎么去生活：在淘宝上购物；选购品牌服饰增加我的气质；一起去喝喝咖啡等。虽然很多时候都是你在买单，但是我的大男子主义也没有作怪。

三、成果显著

通过一年的交往，我俩共同取得了以下成绩：一是强化了对单身生活和二人世界的认识；二是我们共同规划了未来的道路，使我有了更大的动力；三是提高了生活质量。

成绩显著，未来可期。在成绩面前不能盲目乐观，我们之间仍然存在以下不足：一是进展不平衡，有时你对我热情似火，有时又爱理不理；二是认识不平衡，主要表现在有时你想到的事情我想不到；三是我的经济基础较薄弱。这些问题有待解决。为此，我提出三点意见共勉：

要围绕一个"爱"字，要狠抓一个"亲"字，要落实一个"合"字。

让我们弘扬团结拼搏的精神，共同振兴我们的爱情，争取达到一个新的高度，迈上一个新台阶。本着"我们的婚事我们办，办好婚事为我们"的精神，共创美好生活。

---

① "我爱香草冰激凌"推荐［EB/OL］.（2008 - 11 - 23）. http：//news. xinhuanet. com/forum/2008 - 11/23/content_10396412. htm.

⑲2011 年度个人相亲报告①

折腾完年度材料，个个成了材料控，前晚加班后在单位楼下阿旺家吃散伙饭，众人集思广益，为我的终身大事出谋划策，头脑风暴火花四溅中迅猛口拟相亲材料体，现纪要概述如下：

一、2011 年相亲回顾

1. 量收完成情况：本年累计完成相亲数 18 户，同比增长 6%，其中有效相亲数为 0，见面后零次户达 10 户，数据结构极不理想。

2. 成效与亮点：无。

3. 存在问题：眼高手低，吹毛求疵，不切实际，又骄又躁，适婚客户群市场份额急剧下降，前景形势严峻。

二、2012 年相亲思路

快狠准抢抓机遇，推动规模拓展渠道，确保完成订婚任务，力争完成结婚目标，如突破性完成升级计划，奖励自己境外游一次。

1. 规模：积极应对市场竞争，扩大规模，放眼全球，遍地撒网，根据实际情况无限放宽客户群范围。

2. 渠道：有效拓展各类渠道，通过亲友、同学、同事等人脉相传，积极借助相亲大会、婚介所等民间组织力量，同时在《非诚勿扰》、百合网等平台基础上，积极拓展微博、论坛等平台。

3. 创新……

4. 服务……

以下加密，应对相亲业恶意竞争……

类似工作报告型求婚信、年终报告式情书、夫妻录用考试题、商品产品式人物说明书等网络语篇在互联网上大行其道，网友创编这类语篇或为搞笑解压，或为施展个人奇思妙想，不一而足。

以上是从互文性的语言结构形态，对新媒体互文性文本所做的分类。在实际出现的语篇中，三者的分别并不总是这么清晰纯粹的，一个语篇里，经常既有成分性互文，也有语篇性互文，还有体裁性互文。三者常常交织在一起，相互包含。

---

① 浙江一女孩网上发年度个人相亲报告引网友关注［EB/OL］.（2012 - 01 - 18）. http：// news. sohu. com/20120118/n332547270. shtml.

第五章　新媒体语篇互文性的呈现方式

作为语篇结构的基本特征之一，互文性在文本中频频"露脸"是十分正常且自然的事情，这对传统文本来说早已不足为奇；而对于当今科技手段下的各类电子语篇而言，互文性"现身""显摆"的现象与机会则显得更为突出鲜明，因为借助强大的搜索引擎、利用方便快捷的复制粘贴技术，人们更容易外借话语进行交流表达，可以随时借取他人言语来表达自己的观点，可以随意"调用"外界的说法来呈现自己的思想。而且借用他言他语、剪辑跨域的话语来组织语篇似更显得时尚、新奇、有创意。这一点，在手机短信的创编上尤为突出。这一章，我们就以手机短信这类语篇作为一个窗口，来观察互文性现象如何作用于汉语的新媒体语篇，解剖并探讨互文性特征的各种表达程式。

一、手机短信的互文性特质

选取汉语的手机短信作为一个窗口，是基于短信所具有的诸多语篇条件。从内容看，根据我们对手机短信多年的观察，汉语的手机短信种类繁多、时间跨度大，展示的内容丰富多彩，可以用"麻雀虽小，五脏俱全"来概括；从语言角度论，作为一种小型语篇，汉语的手机短信浓缩了汉语表达的多种体裁、多种文本形式以及多种修辞方式，如诗歌式、小说式、议论说明式，独白对话、歌曲唱词等应有尽有；融入了语音的、词汇的、修辞的、语义的、语法的、语用的等多种成分，尤其在凸显互文性特征方面简直可以形容为"百花盛开，大放异彩"。

二、互文性在短信中的呈现模式

"引用、暗示、参考、仿作、戏拟、剽窃、各式各样的照搬照用，互文性的具体方式不胜枚举。"① 尽管理论上，一切的话语都具有互文性质，但我们仍然把"互文性"现象放在相对狭义的层面进行讨论，即文本中交织或渗透一般人常识中能够感知辨认的其他文本的言语现象或言语表达形式。由于篇幅短小，手机短信中的互文现象不少表现为词句性的、成分性的引用、吸纳、模拟，整体语篇借用搬用的情形相对较少。

依据这一标准，汉语中的互文性短信，就我们所收集的类型有十余种。从互文的要素来看，有语音的、词汇的、语法的；从语言单位的层面来看，涉及词语、短语、句子结构以及语篇形态，以下是我们观察到的主要类型，这些类型也可以归结为互文性在汉语新媒体语篇中的表达程式，基本涵盖了汉语新媒体语篇互文性的各种表达模式。

1. 嫁接式

①感情欠费；爱情停机；诺言空号；信任关机；关怀无法接通；美好不在服务区；一切暂停使用；生活彻底死机。

②我点击整个冬天，看到了你的笑颜；我复制你的笑脸，粘贴在我的心间；我下载我的思念，把它另存为永远；打开我的手机，给你最美好的祝愿：元旦快乐！

"欠费、停机、服务区、死机"和"点击、复制、粘贴、下载"等均属于行业用语，如同果木嫁接一样，被引进日常生活的话题，形成一种"甲语体行文融汇乙语体专门用语"的双/多语体语篇模式，体现出不同的语体色彩。在乙语体的用语中，往往以电脑、通信行业的术语为多。汉语修辞学中，有人将这种手法视作"词语换位""易色"等辞格。

2. 标签式

③祝您百事可乐，万事芬达，心情雪碧，工作红牛，生活茹梦，爱情鲜橙多，天天娃哈哈，月月乐百氏，年年高乐高，永远都醒目！

④祝愿你致富踏上万宝路，事业登上红塔山，恋人赛过阿诗玛，财源遍布大中华。

---

① 蒂费纳·萨莫瓦约. 互文性研究［M］. 邵炜，译. 天津：天津人民出版社，2002：F2.

"百事可乐、芬达、雪碧、红牛……高乐高、醒目"以及"万宝路、红塔山、阿诗玛、大中华"都是商品的名称，语篇的创作者取其字面意义（有的甚至是取其谐音及意义），巧妙地将这些产品名称"粘贴"到日常话语之中，形成一种"贴标签"的语篇模式，使语篇具有"一箭双雕"之功效。

3. 镶嵌式

⑤新年辞旧岁，春光无限好。快乐常伴你，乐是笑声高。恭贺如雪片，喜容上眉梢。发达万事顺，财源滚滚到！

⑥一线情缘牵白头，日日思念排忧愁，不要怪我痴情种，见你常在梦境中。如果你我本有缘，隔山离水一线牵，三月桃花正旺盛，秋后果实最香甜。

这两则短信，从表面看，分别是一首优美的祝福诗和爱情诗，如果再仔细观察，就会发现各自都藏有"奥秘"在其中，这就是短信所要表达的另一层意思：如果我们把例⑤每个小句的首字和例⑥每个小句的首字组合起来，分别就可以读出"新春快乐，恭喜发财"，"一日不见，如隔三秋"这两句话。语篇编码者采取"拆词"的方式，将要表达的话语化整为零，分别镶入每个句子或小句之中（一般是某个固定位置），与其他成分组成有意义的话语。从表面上看，传递的信息是整个语篇内容，实际上只有"嵌入"的这些字眼才是编码者真正要传递的信息。整个语篇像是谜面，而镶嵌的话语则是谜底。所嵌入的话语一般是普通人熟知的一些现成语句，以歌曲、唱词见得较多。

4. 语码转换式

⑦你是那树上最绿的苹果 jiu 酸的；你是那桌上最浓的咖啡 gua 苦的；你是那坛里的腌白菜 jin 咸的；你是那锅里最无味的汤 pia 淡的，但是我喜欢。

⑧以前我的心是☆，现在有了你，我的心是★，不要再?了，让我给你一串!!!。

这一类型中，至少有两种不同的语码形式组合在一个语篇中，或汉语与英文词语，或汉字与拼音符号，或汉字与数学公式，或汉字与数字表情符号等，形成文字与符号的夹杂与交错，尤显文字符号的拼盘色彩。这种在一个文本中使用多种不同类别的语码形式，一会儿用甲种语码的表达方式，一会儿用乙种语码的表达方式，语言学界把它叫作"语码转换"（code-switching）。

5. 引用式

⑨深夜皇帝看见一名刺客站在自己床前披头散发，皇帝大惊说："你好大胆，敢夜闯皇宫！"刺客甩甩齐胸的胡子，阴森地答道："飘柔，就是这样自信！"

⑩虎对鸡说：不能没有你。鸡说：你的柔情我永远不懂。虎杀鸡吓猴，对鸡说：不是我不小心。对猴说：明明白白我的心。鸡说：为什么受伤的总是我？

"飘柔，就是这样自信！"原本是洗发产品的广告用语，短信的创编人却故意将这句广告语引进非广告文本，形成一种"道不同不相为谋"的格局；虎和鸡的对话内容全是歌曲名称，这些本该属于其他行业或特殊场合的现成用语或套话，被借用过来，有意识地"安插"在人物的日常对话或叙述当中，让一个原本统一的语篇里出现另一种不同声音，造成一种语体形式的不和谐，从而制造一种"拟误"式的幽默效果。

广义上说，任何互文都是一种引用，引词、引短语、引句子，甚至更长的言语片段。其方式可以有"明引、暗引，正引、反引，变引、节引"①等多种形式。但这里的引用适用于狭义范畴，主要指为一般人所熟悉的现成广告用语、行业套话、名人名言语录等，语义上，所引话语和整个语篇有密切关系；结构上，一般呈现"问/说—答"语篇模式。

6. 仿拟式

⑪悄悄的我走了，正如我悄悄的来。我撞一撞大楼，不留下一片瓦块……

⑫你是我的小呀小细胞儿，有丝分裂我的骄傲，相同的基因均分新的细胞，这招数实在是高高高高高。你是我的小呀小细胞儿，减数分裂繁衍的需要，生殖细胞里有精彩妙招，间期复制准备就好。

---

① 王希杰．汉语修辞学［M］．修订本．北京：商务印书馆，2004：416－419．

此二例完全按照原作结构，只更改某些词、短语或者小句，前者仿徐志摩的诗《再别康桥》，后者是郑州两位生物老师根据流行歌曲仿编的生物版《小苹果》。仿拟的本质，是套用现成的模式（词语、句式、篇目），在字词句上进行或大或小、或多或少的更改，在原作的基础上进行再创造活动。相对于完全的"新编"创作，创作仿拟的作品要容易得多，因此，仿拟型的短信往往深得写手青睐，通常是以幽默、滑稽的内容来套用名作名言、诗词、歌曲等成品，所仿原作一般为大众所熟悉。由于品种甚多，仿拟短信构成了手机短信中的一个较大的类别。

7. 用典式

⑬在这个月圆夜，嫦娥对我说：她准备要下去找你，给你做美容，让你恢复原来的美丽！你准备好了吗？猪，别看短信了，问你话呢！

⑭瘸子与瞎子同骑一车外出，瞎子骑，瘸子看路。突然瘸子发现前方有一深沟，急呼："沟，沟，沟！"瞎子回唱道："噢勒，噢勒，噢勒！"二人一起掉入沟中。

例⑬暗含着天蓬元帅与嫦娥的典故——天蓬元帅在瑶池蟠桃宴上醉酒调戏嫦娥，被玉帝罚下人间，后因错投了猪胎，变成了猪脸人身的猪八戒；例⑭瘸子和瞎子同骑一车掉入沟中，是因为受到"沟，沟，沟"语音的影响。理解这一短信需要了解前提背景，那就是熟悉由美国歌手瑞奇·马丁演唱，一度风靡世界的1998年法国世界杯主题曲《生命之杯》，其中有两句歌词"Go, go, go"（前进、前进、前进）和"Ale, ale, ale"（感叹词），二者与汉语拼音"gou, gou, gou"和"a le, a le, a le"的发音完全相同，因此，当瘸子急呼"沟，沟，沟"的时候，瞎子"条件反射"地听成了歌曲中的"Go, go, go"，并昂扬地回应"噢勒，噢勒，噢勒"，结果自然可想而知了。两个典故对于解读短信的趣味起着重要作用。

8. 烘托式

⑮春江潮水连海平，海上明月共潮生，花好月圆人团聚，祝福声声伴您行。祝您中秋快乐，阖家吉祥！

⑯夫妻闹离婚，找到村主任。妻子：下定决心，坚决离婚。

丈夫：排除万难，将就两年。主任：抓革命，促生产，你俩的闲事我不管。

此类互文往往引用名诗名篇中的某一两句或几句，或是为语篇中要表达的中心语句烘托气氛，或是为营造特定的语音效果（如押韵），或是为建构或匹配所需的特定句式（如字数相等）；形式上多呈格式整齐、和谐押韵的语篇模式。如例⑮中的"春江潮水连海平，海上明月共潮生"两句引自唐诗《春江花月夜》，例⑯中的"下定决心""排除万难""抓革命，促生产"均取自《毛主席语录》。

中国诗歌中有一种传统手法，叫作"比兴"，即是"先言他物，以引起所咏之词"，在说正题之前，先言一点别的事物，从而铺垫某种气氛，"托物起兴"。烘托式的短信正是对汉语这一传统手法的继承与发展。

与引用式不同的是，烘托式虽也是引用完整的话语，但所引内容并无实际语义价值，有的甚至与正文没有明显的语义关联，主要是起到烘托气氛，起引子、铺垫的作用；而引用式通常有实际语义价值，如例⑨、⑩两例，对语篇内容起着举足轻重的作用，否则语篇内容便不完整。

9. 错位式

⑰天气预报：今夜到明天上午有点想你，预计下午转为持续想你，受此低落情绪影响，傍晚将转为大到暴想，心情降低五度，预计此类天气将持续到见你为止。

⑱如感到心里拔凉拔凉的，请拨打俺的手机号！谈工作请按1，谈感情请按2，谈人生请按3，给俺介绍对象请按#，请俺吃饭请直接说，找俺借钱请挂机！

例⑰、⑱整个语篇的体式是应用文体裁，但叙述的内容完全出自另一体裁，即用甲体裁语式装进乙体裁的内容，故意创造一种形式与内容的错位。与第一类嫁接式不同的是，错位式是形式与内容的整体"错位"，是"甲瓶装乙酒"，而嫁接式则是个别词语的移用，是"甲酒掺乙酒"。

10. 形貌式

⑲
```
人人人人人人人
人人人人人人人
人人人人人人人
人人人猪人人人
人人人人人人人
人人人人人人人
人人人人人人人
```
在茫茫的人海中
我是这样一眼就
认出你的

⑳
```
        *
      * 圣 *
    * * 诞 * *
  * * * 快 * * *
* * * * 乐 * * * *
        !
```

㉑
```
      / ( e
      / _ ; )
      / ( e
```
新年将至，送个笑脸给你，祝你顺利，
将手机顺时针旋转90度，你的生活就会
如同笑脸，快乐每一天！

　　作为一种超越纯文字符号的手机短信，例⑲利用汉字的特殊编排制造一种特别效果，例⑳运用汉字和符号组成一棵圣诞树，例㉑用符号编出一张笑脸。广义来说，这样的手机短信也可以算是一种互文，是一种图文式互文模式。不同于语码转换的是，这样的形貌式互文往往很形象，在手机短信中时常出现，比纯文字短信增添了更多的视觉趣味。

　　以上10种分类，主要是就互文的表达程式也即结构模式而论的，分类的视角可能有一定的交叉性，所使用的分类名称也是为称说的方便而采取的易懂说法。从语言单位与结构类型来看，嫁接式、标签式、镶嵌式、语码转换式四种一般是词语性质，属于成分性互文；而引用式、仿拟式、用典式、烘托式这四种则通常是句式性的、整体语篇模式的，属于语篇性互文；而体裁性互文则主要体现在错位式模式上面。

在我们考察的类型中，仿拟式、错位式、引用式、嫁接式这几种互文性短信语篇，在数量上占据较大比重，这与短信创编的难易程度、更新速度等直接相关。

三、互文手机短信的语篇机制

无论是仿拟、引用，还是嫁接或者语码转换，互文短信结构上的基本特征是拼贴与加合。让这种拼贴、加合得以实现，让众多不同的角色、声音，不同的语式、体裁，不同语码形式，在同一语篇的语境之中"狂欢"，必然有其相应的机制。这可以从两方面来探索，一是语义机制——互文语篇得以形成并合理地被人接受的内在原因，二是语形机制——互文语篇得以实现的外在条件。

1. 互文短信的语义机制

从前述所举来看，无论互文短信如何品种繁多，花样百出，它们均具备一个共同的大前提：每一个互文的语篇都受制于一个统一的话题框架，有一个统一的论题结构或逻辑结构，语句之间有一定的逻辑联系，是特定语境中的交际产物，如以下例证：

> ㉒唐僧赶走孙悟空后又遭不测，生死关头念起紧箍咒来，良久空中传来温柔女声：对不起，您呼叫的用户不在服务区。
> ㉓有个阿拉伯，去爬新加坡，看见一罗马，头长好望角，跑进名古屋，赶紧关澳门。

例㉒在古典故事的讲述中引用现代女声的电信用语，看上去有些风马牛不相及，但短信的语义内容是相关联的：唐僧寻找孙悟空，以念咒语的形式表示"寻求"（demanding），女声提及的"用户"恰是唐僧寻找的对象，二者通过"换名"指代，在语义上形成照应（reference）关系，女声的电信用语正是对唐僧呼唤徒弟的一种确切提供（giving）；例㉓所提地名，孤立地看，相互并不配搭，但在整体的框架下，编码者运用"拆词"

"断取"等修辞手法，舍弃"拉""新加""罗""好望""名古""澳"等语素，只取"伯""坡""马""角""屋""门"等语言成分，组成"阿伯—爬坡—看见马—头长角—跑进屋—关门"的系列动作，使语篇产生了上下文关联。整体语篇上，由于"阿伯"在自然语序原则下发生连续性的动作行为，因此，这仍是一个连贯的整体，形成的是一个完整的语篇。

互文短信的内容能得以连贯，有赖于相应的语义机制，而机制形成，又依靠两大条件：一是事物间内在的各种关系，二是语言符号的多义性质。物理世界中，万事万物处于各种关系之中，不同的特征使得事物相互区别，相同相似特征又使得事物产生联系。相似性原理、类比特征是人类认识事物的重要法宝，可以让人们在甲物与乙物之间建立联系，使人类由认识甲物而类及乙物，由具体而感知抽象。看以下例证：

㉔亲爱的，帮帮我，我的大脑终端遭遇相思病毒感染，感情扇区被格式化，所有文件被更名为"我爱你.exe"。

㉕新年天气预报：元旦前后大面积会下钞票，东北华北美元，西北卢布，华中华南英镑，东南部分地区有支票，局部地区有金条。祝你元旦快乐！

例㉔中，人的大脑就像一台电脑仪器，内部由多个装置组成，人脑遭遇问题正如电脑感染病毒，因此大脑很自然也会被"格式化""文件更名"；例㉕中，各种各样的钞票，数量之多、出现之易，在世人的希冀式联想之中，化成大自然天气中的雨、雪，可以任意、随时从天而降。

认知科学的产生和发展，使我们认识到，比喻、类比、借代等作为人们惯常使用的语言表达手段，既是一种语言表达效果的特殊方式，更是我们认识世界、获得知识的一种认知手段和思维方式。依靠比喻，人类得以了解整个世界，隐喻是人类赖以生存的基本方法。[①] 人类依靠隐喻、类比的方法，把深奥的知识变得浅显，化抽象为具体，把陌生的事物变得熟悉。这为我们给不同类的事物之间"牵线搭桥"，为本不相干的言语形式建立联系，使不同语言符号或表达形式顺利互文提供了强有力的物质基础。

另外，语言符号的多义性/多重性是互文语义机制得以实现的另一大条件，看以下例证：

---

① 乔治·莱考夫，马克·约翰逊. 我们赖以生存的隐喻［M］. 何文忠，译. 杭州：浙江大学出版社，2015.

㉖别看我今天心太软，你就任逍遥，等我一过火，把你打得很受伤，让你伤心太平洋！

㉗祝愿你：家庭顺治，生活康熙，人品雍正，事业乾隆，万事嘉庆，前途道光，财富咸丰，内外同治，旺年光绪，两岸宣统！新年快乐！

例㉖"心太软""任逍遥""过火""很受伤""伤心太平洋"，全是歌曲名称，这些歌名除了具有"招牌"作用外，还有汉语词句本身的特定含义。同样，例㉗中的"顺治、康熙、雍正……光绪、宣统"一方面是清朝年号，借指皇帝；另一方面又有这些汉字本身的字面意义，编码者故意取其非人名的字面义，粘贴于祝福语，运用双关手法的语言技巧，使得前后语句顺利互文，实现了语言符号"一石二鸟"的功效。

2. 互文短信的语形机制

所谓语形机制，是指语篇生成的外在条件、有形网络，即互文短信赖以组成连贯整体的衔接机制。观察众多例证，就语言要素的层面来说，互文短信的衔接手段有语音的、词汇的、结构形式的、修辞格式的等多种类型，各种手段相互间并不矛盾，多数时候，多重手段是结合使用的。

就语音的手段来说，主要以押韵、谐音的情形为多，例如：

㉘万水千山总是情，回个短信行不行？走遍神州都是爱，10条短信才一块。

㉙说什么也 so late，我们的爱已 go away，就在这个伤心的 today，让我对你 say：分手吧！

前例通过"换韵"（ing—ai）、后例通过"排韵"（ei）的方式，利用相同的韵脚，将语篇各小句组成了一个和谐悦耳的整体。不少的时候，语音形式与结构形式是同步的，如下例既有语音的谐韵，又有结构的统一：

㉚想你想得都不行了；穿衣裳也没有造型了；跟谁也整不出感情了；走到哪也不受欢迎了；想问题也赶不上列宁了；心脏没事也偷停了。

就词汇的手段来说，主要以反复、搭配、类义词排列、上下词语照应为多，如：

㉛一表人才，一鸣惊人，一呼百应，一举两得，一马平川，一鼓作气，一锤定音，一本万利，一帆风顺，一飞冲天：十一快乐！

㉜新的 1 年，愿你好事接 2 连 3，心情 4 季如春，生活 5 颜 6 色，7 彩缤纷。事业兴旺 8 达，一切烦恼抛到 9 霄云外，请接受我 10 全 10 意的祝福！

㉝天气预报：2005 年您将会遇到金钱雨、幸运风、友情雾、爱情露、健康霞、幸福云、顺利霜、美满雷、安全雹、开心闪。请注意它们将会缠绕你一整年。

例㉛以带"一"的成语不断重复，形成一致的话题链（cohesive chain），前分后总；例㉜由数词 1~10 的前后配搭形成一个数字连贯序列（continuum）；例㉝则由"雨、风、雾、露、霞……"表示天气状况的类义词语的连续排列构成一个语义场（lexical field），使语篇一气呵成。

就结构手段来说，排比、层递、对联以及改造套用的形式占据较大比重。

在修辞手法上，互文短信涉及诸如比喻、借代、双关、排比、仿拟、引用、易色、镶嵌等多种修辞格式，上述所举，已见一斑，这里不再详论。

语义机制和语形机制互为依托，既相互联系、相互统一，又相互作用、相互制约。就我们观察，大部分情况下，这类短信既在语义上相互连贯，又在语形上上下衔接，二者各有其所，"表里如一"；个别时候，内容与形式产生冲突，比如有些"烘托式""语码转换式"，语义上看，上下文常常显得不甚紧密，但因为有语形的制约，整个语篇统一于特定的格式、特定的音韵等格局，产生了形式上的和谐，因此仍然是一个完好的整体。其情形，往往是语形制约着语义。

除了语义机制和语形机制，语用机制也对互文语篇产生一定的作用，这包括心理因素、文化因素、场景因素等多个方面。

四、互文手机短信的语域特征

语域（register）是系统功能语言学的重要理论之一，决定语域特征的有三个语境因素，也可称三个变量：语场（field）、语旨（tenor，又称

"基调")、语式（mode，又称"方式"）。① 语域特征与语篇体裁有着紧密的关系，不同的语篇反映不同的语域特点，不同的语域特征则显示出不同的语篇类型。

1. 语场上的特征

所谓"语场"，是指实际语境中所发生的事情、所进行的社会活动，包括语言所谈及或描述的话题、内容。从互文短信所表现的内容来看，这类语篇在话题范畴上体现出的总特征是，一般是日常生活相关的话题，主要包括祝福、问候、逗乐、游戏等几大方面。例如：

　　㉞羊年1号洋财风今天零时登陆，中心最大财力十级，大雨大洋大￥大＄狂泻不止，请君即刻迎风而上多发洋财，与时俱进大富起来！

　　㉟您好！这里是警察局。您有一张罚单未缴，名目是：新年快乐。金额为：红包数个。请于马年缴清！谢谢！

一定程度上，交际意图决定交际内容，编码者要表达美好愿望，传递轻松心情，自然要选择轻松题旨作为话题内容，再通过轻松愉快的表达方式，让人在轻松的气氛中获得快乐。因此祝福性、逗乐性往往是互文短信在语场方面的特点。

2. 语旨上的特征

所谓"语旨"，是指和参与者有关的内容，指参与者之间的关系，包括参与者的社会地位以及相互之间的角色关系，比如谈论的是关于"谁"的话题，话题在谁与谁之间进行，相互关系的远近、疏密程度，所使用语词的互动性特征等。就互文短信的本质特征来说，是一方传递给另一方的娱乐信息，无论短信内容本身怎样，也不论双方之间的社会地位如何，就传递者和接受者的人际而言，双方一般是熟知的关系，其人际感情相对较近。从内容来看，有些短信直接关涉交际双方，有相应的"我—你"外在表现形式，体现某种互动性特征或效果；有些则不直接涉及双方或对方，内容上如同给对方讲故事，但隐形的"你"仍然是直接的受话人，例如：

　　㊱今天既不过年，也不过节，很奇怪我为什么给你发短信

---

① 韩礼德，哈桑. 英语的衔接［M］. 张德禄，导读. 北京：外语教学与研究出版社，2001：22.

吧。想知道原因吗？其实答案很简单。对着手机喊一声“茄子”。看见什么了？哈哈，祝你天天笑口常开。慢点慢点，笑不露齿，节约点哟。

㊲上课瞌睡过度，眼皮打架无数，实在忍不住，误入梦境深处，呼噜呼噜，吓坏同学全部！

例㊱有“你”的参与，有形的“我—你”产生了一种“互动”（interaction）；例㊲话题内容虽不直接涉及受话人本身，但因为与发话人的关系，受话人与话题本身形成了一定的角色关系。因此，“亲近性”“互动性”是互文短信表现在语旨方面的特点。

3. 语式上的特征

所谓“语式”，是指用语言进行交际的渠道或媒介，如是说的还是写的，是即兴的还是有准备的，以及交际中的各种修辞方式、风格特征等。由于互文短信是以文字传输的形式作为载体，因此如果以文字和声音作为分界书面语和口头语的标准的话，那么毫无疑问，任何互文短信都是一种书面语言，体现明确的书卷色彩。但事实上，从短信的表达内容、表现形式、风格特征等多方面的特点看，互文短信的划类，并不如此简单。从前举的数例可以看出，这些短信语篇的双重特征是很明显的。有些篇目或者篇目中的部分小句，呈现出浓郁的书卷色彩，显得很正式；而另有些篇目或结构，则完全是交谈中的大白话，显示出明显的口语色彩，具有鲜明的电子语篇的特点。① 综合而论，大部分的短信恐怕只能归属于短信语言所特有的通用语体或叫混合语体的类型。

考察互文短信的语式特征，有几个突出特点是不能忽略的，就是互文短信的风格多样性、体裁融合性、结构拼贴性，而这三大特征往往是相互联系、相互作用的，例如：

㊳爱你每餐价钱：早餐￥330（想想你）；午饭￥380（想抱你）；晚餐￥370（想亲你）；消夜￥1314520（一生一世我爱你）。

㊴寻人启事：一身破烂，二目无光，三餐未进，四肢无力，五音不全，六神无主，七窍生烟，八卦非常，九霄云外，十分像你。

---

① 黄国文．电子语篇的特点［J］．外语与外语教学，2005（12）．

一个是价目表，一个是寻人启事，从语体上看，都属公文语体，但装进的内容全是生活话题。体裁上，这是甲体式与乙体式的融合；从结构来看，前者把三种不同的语码黏合在一起，后者为了凑足 10 个数字，硬把不相干的成语或非固定短语组合起来，在异样中出奇效；风格上，两例都既显繁丰，又不失简约。

物质世界，物以类聚，万事万物各有类属，但物理世界又绝不是纯而又纯的，多元化、异质性是大千世界的存在形态。事物与事物之间，尤其是经过人类"加工"之后，常常是"你中有我，我中有你"，语言也不例外。

"偏离"① 的本质是变异。"像雾像雨又像风"的互文短信正是要通过某种反常规的手法，通过对语言符号实行变异，达到某种特殊的效果。如果说"偏离性"是互文短信内在的本质特点的话，那么多元化、异质性则可视为互文语篇体现在语言层面的标记特征。

以上三章，我们分别从新媒体语篇互文性的承载类型（如手机短信、微博博客、网络帖子、新闻评论等各种网络语篇）、结构形态（主要有成分性互文、语篇性互文、体裁性互文三大类型），以及呈现方式（分为嫁接式、镶嵌式等十种模式）三个部分探讨了新媒体语篇互文性的结构问题，是对新媒体语篇互文性"表象"的一个总体考察；为深入解析这类语篇的内部肌理，以下三章我们将聚焦最具新媒体语篇互文性特征的三个类型，分别以个案的形式进行专题性的分析与研究。

（本章的相关研究，可参看《"互文"型手机短信及其语篇特征探析》一文，载《语言教学与研究》2007 年第 5 期）

---

① 　王希杰. 修辞学通论［M］. 南京：南京大学出版社，1996：199 –211.

第六章　新媒体语篇修辞格的互文性分析：引用

　　作为人类话语形成和文本表达的共有现象，互文性不仅是西方结构主义、后结构主义思潮和现代文论中的一个重要理论，而且对于语言研究也有重要的理论价值，对于解释语篇的生成有其独特的语言学意义。正因为如此，互文性理论在西方兴起以后，不仅在文学、文艺理论方面有着深刻的影响，而且在翻译学、语言学方面也受到越来越多的重视。对于语篇研究而言，互文性理论带来了两个方面的启示，一是揭示了语篇的生成道理：任何语篇都不是完全"自给自足"的一个个独立存在，"任何文本都是由马赛克似的引文拼嵌而成，每个文本都是对其他文本的吸收和转发"①。一个语篇的形成通常受到其他语篇的影响，有前人写作的帮助，有左右文本的参与。那种"前不见古人，后不见来者"的独行式语篇是不存在的。"一个作者在写作自己的语篇时，会通过对另一（些）语篇的重复、模拟、借用、暗仿等，有意识地让其他语篇对本语篇产生扩散性的影响。"② 二是互文性理论的出现打破封闭局限，将语篇研究纳入了一个开放性的视野，使研究者不再单单局限于文本内容，还会关注文本之外的巨大文化空间，将文本置于更广阔的文化背景中加以审视，从而更有效地揭示语篇生成的内外成因与动机。从读者方面看，互文性理论也改变了人们对语言的线性阅读习惯与模式，将读者从单一的阅读语境中解放出来，使阅读变成一种多维的、立体的结构空间。

一、互文性理论对汉语修辞学的启示

　　互文性理论在二十世纪八九十年代传入我国后，对我国的文学、文艺批评以及翻译学产生了很大的影响。语言学上的影响则相对滞后，其成果

---

　　① Kristeva J. Word, Dialogue and Novel ［A］. In Moi T. *The Kristeva Reader* ［M］. New York： Columbia University Press，1986.

　　② 徐盛桓. 幂姆与文学作品互文性研究 ［J］. 暨南大学华文学院学报，2005（1）.

主要体现在批评语篇分析。进入 21 世纪后，尤其是最近一些年，研究者将这一理论拓展得较为广泛，将互文性的理论运用到新闻媒体、英汉对比、广告语篇以及语用学、认知语言学等多方面的研究上，并取得了可观的研究成果。

互文性理论关注的是文本的生成，关注一个语篇在形成的过程中，以何种方式，从哪些方面受到了其他语篇的影响。作为人类话语表达的普遍现象，互文性的理论对于解释语篇生成具有普遍性的意义，但不同语言反映出的具体特征则会有所不同。汉语作为意合型特征鲜明的语言，其表意文字的体系特征、不注重形态的语法特点以及汉语句法结构的自由灵活，在客观上为文本之间的互涉提供了极大的方便与可能；而信息时代的到来和网络技术的产生，如无限量的复制、粘贴，方便快捷的搜索、引用，更加催化了汉语文本间的互动与互涉，使得互文特征原本就很鲜明的汉语语篇，在当今网络时代变得更加鲜明突出，而且复杂多样。以是观之，汉语话语表达中的诸多现象，汉语的许多修辞格式，从表达角度看，均体现出鲜明的互文性特征，与互文性理论有着密切的关系。因此，运用互文性理论来观察汉语文本生成，尤其是观察网络时代的新媒体语篇，考察互文性与修辞格的关系，便有其独特的类型意义。

上一章我们以网络媒体中的手机短信为例，通过考察汉语短信语篇在话语层面的互文性特征，总结了十种互文型短信的表达模式，其中大部分模式呈现出汉语的修辞格特点，在传统的汉语话语分析中，多被当作修辞手法进行解释。换句话说，这些互文型的话语表现模式其实就是汉语修辞格的种种表现。基于这个前提认识，本章及随后两章，将聚焦互文性理论与汉语修辞格的关系，分别以引用、仿拟、谐音三大修辞格为例，来专题考察二者之间的关系及其理论价值，解读互文性特征如何作用于汉语的修辞格模式。

二、互文性理论与汉语修辞格的关系假设

在讨论互文性特征与汉语修辞格的关系之前，有必要陈述以下几点认识，这也是我们建立互文性特征与汉语修辞格关系假设的前提基点。由于可以从不同视角观察互文性特征，我们认为，互文性应具有以下三种不同层面的含义：

第一，根据范围大小的不同，互文性可以有广义与狭义之分。广义的互文性着眼于文本与外部世界的关系，承认一个理论前提：所有的语篇都

具有互文性质。互文性不单单包括可考据的其他文本的内容，也应当包括与社会文化、各种知识代码之间的关联与关系。狭义的互文性则主要着眼于微观上的篇际特征，强调文本与文本之间的各种牵连与互涉，认为互文性"是指一个具体文本与其他具体文本之间的关系，尤其是一些有本可依的引用、套用、映射、抄袭、重写等关系"①。

第二，根据语言材料的不同，互文性可以有不同的结构类型。按照第四章的考察，主要有三种类型：成分性互文、语篇性互文、体裁性互文。

第三，根据隐现状况的不同，互文性具有不同的表现形态。可分为显性互文与隐性互文。显性互文是指互文的成分在语言表层反映出来，主文本与互文本共现在语言层面并为一般读者所熟知，常常很容易看出。隐性互文则不同，其互文的成分通常不在表层出现，只是潜藏在表层背后，但通过解析文本，或者以知识背景为前提，往往可以意会出来。而这些潜藏着的互文成分恰恰常是文本的关键，否则对文本的解读将是不全面的、有偏差的，甚至是错误的。

三个前提成立，以下观点便有了良好的基石。在此基础上，我们提出以下两个假设：

假设1：汉语中有不少的修辞格式正是互文性的原理所在，两者是从不同的视角来观察语言的使用问题。

假设2：互文性在语言层面的特征是一个连续统，互文性的典型特征与互文性的非典型特征是连续统的两极，中间是大大小小的过渡地带。就汉语部分辞格的对应特征来看，也呈现出某种相同的结构系统：典型性的互文辞格与非典型性的互文辞格互为两端。二者的对应关系，如图1所示：

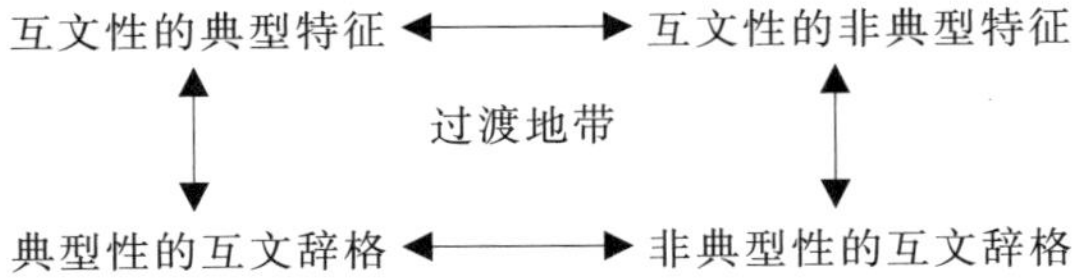

图1　互文性的特征表现与汉语修辞格的对应关系

从反映的特征来看，狭义互文性多对应于典型性互文，包括显性的、隐性的，而广义互文性则多对应于非典型性互文，以及某些过渡地带。

根据对大量互文型短信的观察，我们认为，在汉语的修辞格中，具有典型性互文特征的辞格主要有引用、用典、仿拟、镶嵌、谐音、双关、藏

---

① 秦海鹰. 互文性理论的缘起与流变［J］. 外国文学评论，2004（3）.

词等，具有非典型性互文特征的辞格主要有拼贴、移就、易色、降用、拈连、比喻、比拟、互文见义等，依据其互文特征的强弱有其程度的差异。本章，我们先来考察"引用"修辞格。

三、汉语引用修辞格的互文性分析

1. 引用的传统及其特征界定

引用，也叫"援引""援用""借用"，就是"为了提高表达效果，在自己的话语中插入现成话或故事等"① 的一种语言现象。在汉语界，引用通常被作为一种修辞现象进行讨论。

作为传统方法，引用有着数千年的悠久历史，是历代文人十分青睐的一种写作手法。先秦时期，古人已经开始大量使用这一手法；而最早论及这一现象的则是先秦的庄子，他将此称作"重言"。②《庄子·寓言》中说道："重言十七，所以已言也，是为耆艾。"意思是说，引述前辈圣哲的言论十句有七句让人相信，是因为传告的是前辈的论述，而这些人都是年事已高的长者。刘勰的《文心雕龙》更是开辟专章讨论引用的问题，如第三十八章"事类"中，刘勰认为："事类者，盖文章之外，据事以类义，援古以证今者也。"所谓"事类"，是指文章在抒情达意之外，援用事例来表达文义，引用古话来证明今义。随后刘勰进一步说道："然则明理引乎成辞，征义举乎人事，乃圣贤之鸿谟，经籍之通矩也。《大畜》之象，'君子以多识前言往行'，亦有包于文矣。"刘勰认为，要说明某一个道理，引用现成的话，为证明某一个意义，引用有关的事例，是圣贤们做大文章、写经书的通用规范。正如《易经·大畜卦》的象辞所说的，君子要多记住从前人的言论行事，这句话也包括文辞的写作。③ 现代修辞学的奠基之作《修辞学发凡》则对引用给予了这样的定义："文中夹插先前的成语或故事的部分，名叫引用辞。"④

无论作为写作方法还是修辞格式，引用在汉语中的定位都没有异议，但我们认为，引用应该与一般的对话转述区分开来。单纯对话、单纯转述或记录他人言语，不应视作引用。引用必须是为了某个特定的目的，为增

---

①　王希杰．汉语修辞学［M］．修订本．北京：商务印书馆，2004：416.

②　宗廷虎，陈光磊．中国修辞史：中［M］．长春：吉林教育出版社，2007：857.

③　刘勰．文心雕龙［M］．北京：燕山出版社，2001：373 – 374.

④　陈望道．修辞学发凡［M］．上海：上海人民出版社，1976：103.

强语言的某种表达效果而有意识地加入来自其他文本或话语的言语行为，形成的是文本与文本的中和，体现的正是文本之间的互文语用价值。因此，引用必须具备三个基本特征：①为了特定目的，是一种有意识的言语行为；②所引之言须是现成的话语，或有源文本可以追溯；③达到了某种表达效果，如增强语意语势、增强文章说服力，或烘托文本的话语气氛，或满足文本结构需求，或实现了幽默、讽刺、繁丰、简约等特定的修辞目的。

2. 引用的时代特征及其互文性原理

（1）新媒体时代的引用及其特征表现

古人对引用手法论述颇多，但基本目的只有一个：增强语意语势和增加文章的分量，而且表现手法也相对单一，较少具有"玩文字"的特征。相比古人对于引用的认识以及对引用手法的使用，当今时代的引用却具备了多元化的时代特征，体现出浓烈的现代气息。科技的飞速发展将人们带进了五彩缤纷的多媒体时代，电视、电脑、互联网、手机、博客、微博的产生，方便强大的搜索引擎，无限量的复制、粘贴功能，为人们行文写作时借用他人言辞用语提供了强有力的物质基础与科技支撑；而经济生活对社会市场的强大冲击，诸如广告语、各种商品推销用语、流行歌曲、经典电影电视台词、网络流行语录无处不在，从四面八方冲击人们的视觉和听觉，又为人们提供了巨大的引用之源。于是我们看到，三岁的孩子随口就能背出几句耳熟能详的广告用语，七八十岁的老人也可能随时说出一段流行歌词。"再也不相信爱情了""元芳，你怎么看"等网络语的流行引来无数跟帖的全民造句活动。此外，领导人在出访、参观、接待等各类发言、讲演中总爱引用几句古文诗句或名人言辞，甚至引用网络用语，也给广大百姓做出示范，使得引用古文诗句、名人言辞、网络用语成为一种时尚。

"问渠哪得清如许，为有源头活水来。"因为活水的源源不断与激情翻涌，引用在现代人的生活中几乎成为一个不可或缺的言语行为，甚至成了现代社会舆情的重要话语力量。

（2）引用的互文性原理

文本的生成，离不开前人话语或事例，或多或少会受到其他文本的影响。那种"前不见古人，后不见来者"的绝对独创语篇是不存在的。任何语篇的形成在理论上都具有互文性质。"文本是众多文本的排列和置换，具有一种互文性质：在一个文本的空间里，取自其他文本的陈述相互交织、相互中和。"① "任何文本都是互文本，前文本、文化文本、可见不可见的文本，无意识或自动的引文，都在互文本中出现，在互文本中再分配。"②

至于如何再分配、如何再现前文本，刘勰早已做过详尽的论述。刘勰指出，引用方法有多种表现，有讲述古事，却不采用原文的："观夫屈宋属篇，号依诗人，虽引古事，而莫取旧辞"；有直引前人说法的："唯贾谊《鵩赋》，始用鹖冠之说，相如《上林》，撮引李斯之书，此万分之一也"；还有引用多种古书的："及扬雄《百官箴》，颇酌于《诗》《书》，刘歆《遂初赋》，历叙于纪传，渐渐综采矣"；更有博采经史中的话，把文章写得花团锦簇，并且成为后来人的榜样的："至于崔班张蔡，遂揩摭经史，华实布濩，因书立功，皆后人之范式也。"③

刘勰所言其实正揭示了文本生成的重要问题：引用对于语篇形成具有"生成"作用，引用对于文本生成产生了"互文"价值。引用是在自己的话语或文本之间插进其他文本或话语内容，因此，本质上，互文性理论的最原始或最典型特质就是引用。而从互文性与汉语修辞格的对应关系来看，引用作为一种互文手法，有其典型意义，是典型性的互文辞格的突出代表，④ 因此，考察引用的结构类型与运作模式，对于解剖互文辞格，进一步研究互文性理论与汉语修辞格的关系，具有良好的类型意义。

以下，我们即在互文性视野下讨论引用的表现类型与结构模式（语料未标明出处的则为手机短信）。

3. 引用的表现类型与特征

对于引用，不同的视角会有不同的分类。王希杰《汉语修辞学》（修订本）将引用分作明引、暗引、正引、反引、变引、节引等多种形式。《中国修辞史》则从三个角度对引用作了更多分类：从形式角度分，有明引、暗引；从意义角度分，有正用、反用、化用、夸用、借用、别用等；从引用数量分，有单引、双引、博引。⑤

从简单原则出发，引用的分类应该具备更强的概括特征。因此我们主

---

① Kristeva J. The Bounded Text [A]. In Roudiez L. S. *Desire in Language*: *A Semiotic Approach to Literature and Art* [M]. New York: Columbia University Press, 1980: 37.

② 陈永国. 互文性 [J]. 外国文学, 2003 (1).

③ 刘勰. 文心雕龙 [M]. 北京: 燕山出版社, 2001: 374.

④ 郑庆君. 互文性理论与汉语修辞格的关系探析: 以汉语仿拟修辞格为例 [J]. 当代修辞学, 2011 (3).

⑤ 宗廷虎, 陈光磊. 中国修辞史: 中 [M]. 长春: 吉林教育出版社, 2007: 858 – 859.

张从被引材料的出现要素以及有无标记特征出发，首先把引用分为直接引用与间接引用两个大类，然后依据被引材料的隐现特点，分成两种类型：显性引用与隐性引用。这样我们便得到四种引用类型，如表1所示：

表1　引用的表现类型与特征

引用形式	引用类别	
	直接引用	间接引用
显性引用	引用原话；有标记；识别度高	借引他人之语，引中有变；有标记；识别度较高
隐性引用	引用原话；无标记；识别度低	化用主题、基调、形式；无标记；不易识别

（1）显性直接引用

显性直接引用，也可称为"直接引用的显性形式"，其特征是引用原话，而且有一定的标记特征，如引号、冒号、逗号、"××说/道/笑道"等。例如：

①一老鼠碰到一猫，鼠说："我是不是该安静地走开？"猫说："你不知道我在等你吗？"鼠说："为什么受伤的总是我？"猫说："牵挂你的人是我！"哈哈，情人节快乐！

②星期一：走向深渊；星期二：夜茫茫；星期三：路漫漫；星期四：今夜星光灿烂；星期五：黎明前的黑暗；星期六：胜利大逃亡；星期日：今天我休息，快乐的单身汉。

例①中，"鼠说：""猫说："后面的话都是引自流行歌词。例②冒号后面的话全部是电影名称。

（2）隐性直接引用

隐性直接引用，即"直接引用的隐性形式"，其特征仍然是引用原文，但形式上看不出任何标记，当前文本与所引文本即主文本与互文本融为一体。例如：

③别看我今天心太软，你就任逍遥，等我一过火，把你打得很受伤，让你伤心太平洋！

④……让平安伴您乘上开往春天的地铁，让快乐与您不见不

散，让健康与富有一个都不能少，让幸福与甜美没完没了。

例③中的"心太软""任逍遥""过火""很受伤""伤心太平洋"全部是歌曲名称，例④"开往春天的地铁""不见不散""一个都不能少""没完没了"皆为电影名，但形式和语意上均与说话人的话语融成一体，没有书名号、引号等标记显示，如不熟悉这些曲名影名，很难识别其中"奥妙"。

（3）显性间接引用

显性间接引用，也称"间接引用的显性形式"，其特征是所引文本不完全是源文本话语，通常会有一定的改变；但形式上仍然体现出明显的标记特征，如引号、冒号、"××说/道"等。看下列短信：

⑤阿基米德说："给我一个支点，我可以撬动你的心。"爱迪生说："爱情是99%的长相，加1%的感觉。"莎士比亚说："爱你，还是更爱你，这是一个值得思考的问题。"

"阿基米德说""爱迪生说"等后面的话语都有强势标记引号，形式上是明显的引文，但所引话语内容却在源文本上作了修改。许多的仿拟在一定程度上其实就属于这类引用类型，可称作"仿引"。

（4）隐性间接引用

隐性间接引用，即"间接引用的隐性形式"，其特点是没有明确的标记特征，很少引用原话。即使引用，也不具备原话语完整性，多以只言片语的形式呈现，呈一种"用典"性质，甚至只是化用源文本主题、基调。例如：

⑥沙和尚说我有18变，八戒说我有36变，孙悟空说我有72变。唐僧大怒，西去的路上也没见你们变个电话，看人家妖怪都拿着手机看短信呢。

⑦五条禁令：禁止假装工作忙不理我，禁止发财忘了我，禁止有难不帮我，禁止吃巧克力不叫我！禁止闲时不想我！望认真贯彻，春节快乐！

例⑥借自《西游记》的故事，内中没有一句完整的引文话语，但"沙和尚、八戒、孙悟空、唐僧"四个人名，以及"72变、西去的路上、妖怪"等只言片语，却明确地显露出这部古典小说的历史痕迹，属于刘勰所说的"虽引古事，而莫取旧辞"的化用方式。例⑦"五条禁令"本是公安部出台的对枪、酒、车、赌等的"禁令"，原文为"严禁违反枪支管理使用规定、严禁携带枪支饮酒、严禁酒后驾驶机动车、严禁在工作时间饮酒、严禁参与赌博，违者……"但引文只是借用了这一话题框架，内容完全新造，实际上是对源文本主题概念的一种"盗用"。

4. 引用的结构模式与特征

无论简单还是复杂，不管是直接引用还是间接引用，也不管以显性形式还是隐性形式出现，引用在文本中出现时都会呈现出具体的结构模式。依据我们的观察，在新媒体的语篇中，根据引用元素出现的位置，引用的语篇结构通常表现为三大类型五种模式。

（1）加引型

加引型是在一个主文本中加入一个引文本，二者形成前后接续的关系。依据引文本的出现位置，表现为前引式与后引式两种模式。

前引式也叫"前加式"，表现为引文本在前，分别以字母 A、B、C、D 代替，主文本在后，以数字"0"表示，其结构格式为：A/B/C/D… +0。

⑧"想想长长的路，擦擦脚下的鞋"——珠三角用工荒彻底调查：他们为什么来，为什么走？（《南方都市报》，2010 年 1 月 19 日）

⑨春江潮水连海平，海上明月共潮生，花好月圆人团聚，祝福声声伴您行。提前祝您中秋快乐，阖家吉祥！

例⑧"想想长长的路，擦擦脚下的鞋"来自流行歌曲歌词，例⑨"春江潮水连海平，海上明月共潮生"引自唐诗《春江花月夜》，与随后文本中的说话人话语"0"组合成为新的文本。这种前加式引用在手机短信中有许多都表现为对后文的起兴或烘托，或者为形成完足的语篇结构，表意的作用并不大。

后引式也叫"后加式"，表现为主文本在前，引文本在后，其结构格式为：0 + A/B/C/D…。

⑩林中落英缤纷，天边夕阳若虹。我屈膝而坐，轻抚瑶琴，你静立一旁，凝神聆听。你是我唯一的听众和知音。你我成就了一段流传千古的佳话：对牛弹琴。

⑪如果楼价真能大跌，工薪阶层都买得起，你会点哪首歌？
1. 张震岳：《放屁》；2. 梁咏琪：《未来的未来》；3. 林俊杰：《一千年以后》；4. 周华健：《别傻了》；5. 韩红：《美丽的神话》；6. 李正：《猪都笑了》；7. 张学友：《我等到花儿也谢了》。

例⑩引用成语"对牛弹琴"；例⑪的选项1～7全部引自歌手及其所唱歌曲的歌名。从参与文本内容度来看，与前加式不同的是，后加式引文多是为表意需要，有表意的作用，而非形式或语气上的烘托或起兴。

（2）夹引型

夹引型也即错综型，是在主文本之中插入引文本，形成主文本与引文本的交合。依据引文出现的特点，也表现为两种模式：有规律式与无规律式。

有规律式表现为引文本通常呈规律性出现，典型格式为：A + 0 + B + 0 + C + 0 + D + 0…/0 + A + 0 + B + 0 + C + 0 + D…。

⑫万里长城永不倒，向你问声中秋好。春风已过玉门关，祝你工资翻几番。每逢佳节倍思亲，天天快乐足一斤。桂林山水甲天下，运气都在枕头下。

⑬结婚前常说：月亮代表我的心！结婚后：都是月亮惹的祸！离婚后成了：月朦朦，情朦朦！

例⑫的"万里长城永不倒""春风已过玉门关""每逢佳节倍思亲""桂林山水甲天下"均来自其他文本；例⑬冒号后面全是歌曲名。这种模式在对话型语篇中表现更为明显，例如2006年2月22日发表在新华网发展论坛的《用古诗词演绎的婚前婚后》之"婚前篇"：

⑭女：你原先有过女朋友？
男：十年生死两茫茫，不思量，自难忘。
女：死了？怎么死的？
男：山无棱，江水为竭，冬雷震震，夏雨雪。
女：喔，是天灾。那这些年你怎么过来的？
男：满面尘灰烟火色，两手苍苍十指黑。
女：唉，不容易。那么你看见我的第一感觉是什么？
男：忽如一夜春风来，千树万树梨花开。
女：（红着脸）有那么好？

男：糟粕所传非粹美，丹青难写是精神。

女：马屁精——你有理想吗？

男：他年若遂凌云志，敢笑黄巢不丈夫。

女：你……对爱情的看法呢？

男：只在此山中，云深不知处。

女：那你喜欢读书吗？

男：军书十二卷，卷卷有爷名！

女：这牛吹大了吧？你那么大才华，怎么还独身？

男：小姑未嫁身如寄，莲子心多苦自知。

女：（笑）假如，我是说假如，我答应嫁给你，你打算怎样
待我？

男：一片冰心在玉壶！

女：你保证不会对别的女人动心？

男：波澜誓不起，妾心古井水。

女：暂且信你一回，不过，我正打算去美国念书，你能等
我吗？

男：宁饮建业水，不食武昌鱼，宁还建业死，不止武昌居。

女：不过……

男：独自凭栏，无限江山，别时容易见时难！

女：但是……

男：望夫处，江悠悠，化为石，不回头！

女：好了好了，怕了你……

夹引型的无规律式也称"随意式"，可随处引用现成文本或话语，多少不等，随意性很强，难有固定的结构模式。例如网民"梅在海角"的《别了，我心中的〈岳阳楼记〉》的开头三段：

⑮初识《岳阳楼记》，是因为小时候写作文总摆脱不掉与生俱来的伤春悲秋习惯，老妈怒其不争恨铁不成钢，责令我一个小时背诵出这篇充满着"先天下之忧而忧，后天下之乐而乐"的悲天悯人、修身齐家治国平天下情怀的佳作，否则再罚写两篇文章。

在规定时间内和着眼泪鼻涕把文章背熟之后，我的小资情结果然在少年时期（如今称为九年义务教育阶段）就被折磨得所剩无几。……

　　如今忽然想起这"洞庭天下水，岳阳天下楼"的千古名篇，是因为网络媒体上"洪湖水不再浪打浪，洞庭湖成为大草原"的颇为耸人听闻的传言。上网一瞧，果然"天苍苍，野茫茫，风吹草低见牛羊"了，噢，还能看到在草丛中，或是零星的水域里，停靠着搁浅的渔船。……

　　这种模式一般在博客、网帖等一类散体式语篇中较为多见，所引文本话语在语篇中不时出现，但出现的具体频率与位置随语篇内容与作者个人习惯而定，没有特定的结构模式。

　　（3）合并型

　　合并型引用是将所引的文本或者话语剪贴在一起，形成一种新的组合，呈现出"混搭"的效果。整个文本是由引文组成，这些原文或话语通常来自不同文本，类似古代的"集句"。其典型格式为：A＋B＋C＋D…。

　　如网帖《818那些莫名其妙乱搭在一起却意外和谐的诗句》，由网名为"奕奕小千"的作者发起，2009年11月21日中午12点发表，到2011年6月25日仍有人在跟帖，帖子长达40页，点击量为32万多，跟帖数达4 000帖。例如：

　　⑯明月楼高休独倚，江枫渔火对愁眠。／人生自古谁无死，不如自挂东南枝。／老夫聊发少年狂，青春作伴好还乡。／天苍苍，野茫茫，一树梨花压海棠。／月落乌啼霜满天，夫妻双双把家还。／春宵一刻值千金，不及汪伦送我情。／天涯何处无芳草，一枝红杏出墙来。／只要功夫下得深，一日夫妻百日恩。……

　　更有所谓的"百搭句"，如"自挂东南枝"：

　　⑰北方有佳人，自挂东南枝。／举头望明月，自挂东南枝。／空山不见人，自挂东南枝。／举杯邀明月，自挂东南枝。／欲穷千里目，自挂东南枝。／国破山河在，自挂东南枝。／但愿人长久，自挂东南枝。／斩草不除根，自挂东南枝。／采菊东篱下，自挂东南枝。／一朝被蛇咬，自挂东南枝。／听君一席话，自挂东南枝。／月上柳梢头，自挂东南枝……

　　类似诗句几乎可以无穷无尽地组合下去，形成网络特有的"引用狂欢"，凸显出互联网条件下的语言游戏特征。

不少"恶搞流行语"的所谓造句活动，在网络上铺天盖地蔓延，形成民间语录大集合，也常常采用这种模式，如网民对"你品，你细品"等流行语的引用：

⑱总有一种人诋毁你，又想成为你，你品，你细品。/你希望我心里有你，又怕我心里有你，你品，你细品。/你男朋友爱国能发朋友圈，爱你却不发，你品，你细品。/人前做人，人后做人，你品，你细品。/是酒不好喝，还是烟不好抽，你品，你细品。/找个你爱的，不如找个爱你的，你品，你细品。/爱都隐藏在细节里，你品，你细细地品……

该流行语出自网络搞笑视频，男主角不想老婆买包，他让老婆在买包和买房两者间思考，于是对老婆说："你品，你细品。"此语在网络上被泛化使用，没有逻辑、不讲因果，任何事情都可以和"你品，你细品"挂上钩，这种无厘头的引用拼凑折射出了部分网民的戏谑游戏心态。

综上所述，引用的历史十分悠久，汉语中有不少的成语，诸如引经据典、旁征博引、信手拈来、引诗为证、古为今用、无一字无来历等，足以证明"引用"这一手法在汉语中的地位和作用。随着时代发展与科技的进步，汉语的引用在传统表现手法的基础上，又体现出了当今社会鲜明的时代特征，呈现出多元化的表达色彩。就表现方式看，引用呈现出四种类型：显性直接引用、隐性直接引用、显性间接引用、隐性间接引用。就结构模式而论，引用有三大结构：加引型（前引式与后引式）、夹引型（有规律式与无规律式）和合并型。

引用是在一个主文本中插进其他文本的话语内容，形成文本与文本的加合，实现不同文本之间有机组合的"互文"价值。因此，作为最具典型互文性特征的修辞格式，引用这一手法体现了最本质的互文性原理。从目的论出发，所有的引用都是为特定的目的服务，目的不同、方式不同，引用所达到的效能也会不一样。

（本章的相关研究，可参看《引用：互文手法的时代"风情画"——新媒体语篇中的引用类型与模式》一文，载《求索》2011 年第 12 期）

第七章　新媒体语篇修辞格的
互文性分析：仿拟

仿拟，也叫作"套用"，① 简言之，就是"根据交际的需要，模仿现有的格式，临时新创一种说法"的修辞手法。② 作为一种传统辞格，仿拟因其历史悠久、运用广泛、形式多样而广为民众所喜爱，在民间有着广泛的群众基础，在中国文人的创作中也有着深厚的渊源。互文性作为一直处在发展之中、意义与范围并未完全确定的一个概念，尽管其含义十分丰富，但从狭义的角度理解，从互文性典型特征的表现来看，其核心实质仍是聚焦文本与文本之间的各种交织关系。这样，仿拟便当仁不让地成了具有典型互文性特征的汉语修辞格代表之一。这一章，我们就来专题讨论仿拟修辞格的互文性特征及其原理。

一、仿拟的类型及其互文性特征

作为汉语的传统辞格，仿拟的历史悠久；随着网络的普及，仿拟不仅没有失去传统的地位，反而借助互联网焕发出新的生命力，无论仿拟的方式还是仿拟文本的数量，在当下国民网络语言生活中的表现都可圈可点，而且鲜活多样。关于这一点，本章的最后一节将会有所涉及。为保证讨论问题的纯粹性，本章前面的部分主要聚焦以手机短信或微博段子为代表的仿拟新媒体形式。

根据仿作的语言成分或形式的不同，仿拟一般可以分为仿词、仿句、仿篇、仿体裁风格等多种类型。如以下几例：

　　①错过股市期市，不要再错过碳市。抢购碳市，你就会成为时代的富翁。
　　②天长地久有时尽，只有师恩无绝期。

① 郑远汉. 辞格辨异［M］. 武汉：湖北人民出版社，1982：124.
② 王希杰. 汉语修辞学［M］. 修订本. 北京：商务印书馆，2004：413.

③床前明月光，人影一双双。唯我独徘徊，心里憋着慌。

④我俩关系上涨很难形成实质性突破，目前震荡盘整，但不必看空，只要投资有成交量支持，将有无限的涨升空间。

例①中的"碳市"是一个生造的词语，显然是模仿前文的"股市""期市"而来，这是仿词的形式。例②中的"只有师恩无绝期"，是模仿了白居易的《长恨歌》"此恨绵绵无绝期"，这是仿句的形式。例③是一个仿篇，是模仿李白的《静夜思》而新创的一首短诗，格式与旧作相同，内容却发生了改变。例④则是一则借用财经体裁而作的情感短信，风趣幽默。其中的"上涨""震荡""盘整""看空""投资""成交量""涨升"等术语多为股市所用。

四种仿拟形式中，仿词的形式最为常见，也最为容易，在传统的辞格分类上曾长期占有重要地位，被学者研究很多。然从互文性特征来看，仿拟格的形式中，发生文本互涉的仿拟主要是除仿词外的三种类型，尤其是仿篇的形式。因此以下我们主要聚焦仿拟中的仿篇类型展开讨论。例如：

⑤萨肆病毒何时了，患者知多少？小楼昨夜又被封，京城不堪回首月明中。粮油蛋菜应犹在，只是不好买。问君还有几多愁？只盼一壶烧酒醉心头。

看到这条短信，读者会不由自主地想到它的前文本，即源文本——南唐后主李煜的《虞美人》：

春花秋月何时了，往事知多少？小楼昨夜又东风，故国不堪回首月明中。雕栏玉砌应犹在，只是朱颜改。问君能有几多愁，恰似一江春水向东流。

在这里，作者利用旧有文本的结构模式——《虞美人》的语篇框架，装进了新的语义内容，通过对前文本《虞美人》的借鉴、模仿、改写，使历史文本发生了语义内容的变更，在前文本与当前文本之间建立起某种意义联系和对话关系，形成源文本与目标文本的交织与对接。读者在阅读这一当前文本的时候，不自觉地会唤起对源文本的记忆与回顾，从而建立起前后文本同时解读的"双轨影像"机制，两者交融，难以分割。而正是这种"交融""难分"体现了互文性的原理和特征。

二、仿拟的基本要素及其相互关系

仿拟的基本特征是，利用已有的模式创造新的语义内容，在旧与新之间建立对话关系，因此仿拟的生成，必须具备几个基本要素，这也是仿拟存在的必要条件。

仿拟的第一要素是需有一个被仿的对象，可称作"本体"，这就是源文本，其中又包括两个方面：语义内容和形式结构。第二要素则是需有一个仿拟的对象，可叫作"拟体"，这就是模仿源文本而出现的目标文本，也包括语义内容和形式结构两个方面。第三要素则是本体与拟体在形式结构上的"同一性"或"相似性"，它是让本体和拟体建立联系与对话关系，产生互涉作用的桥梁基础。如图 1 所示：

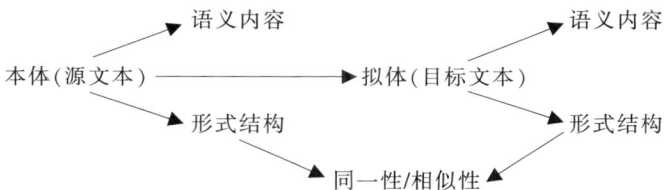

图 1　仿拟的基本要素及其相互关系

三个要素可以归结为：本体（源文本）、拟体（目标文本）、形式结构的同一性/相似性，但三个要素在语言表层的隐现情况是不一样的。通常情况下，读者看到的只有拟体，即目标文本，而本体即源文本是不出现的，即使部分出现，也被目标文本借用，与目标文本形成了重合。这正是仿篇的特点所在，与仿拟中的仿词或仿句是不相同的。后两者，尤其是仿词是以同时出现本体为常态的。

形式结构的要素是可现的，也是至为重要的。这一要素实际具有双重性质，既是本体源文本的载体形式，也是拟体目标文本的载体形式，二者在语言表层上形成了一种重合与统一。而这种重合与统一，最全面的反映会表现在三个层面：一是音节字数的相等或相近，二是句法结构的相同或相近，三是音韵结构的相同或相近。例如下面仿孟浩然《春晓》的手机短信：

⑥源文本：春眠不觉晓，处处闻啼鸟。夜来风雨声，花落知多少。

目标文本 1：春眠不觉晓，处处蚊子咬。梦里巴掌声，打死知多少。

目标文本 2：春眠不觉晓，处处蚊子咬。夜里一翻身，压死知多少。

目标文本 3：春眠不觉晓，处处闻胡了（liǎo）。一夜麻将声，输赢知多少。

正是借助音节字数、句法结构、音韵结构这三个层面的相同或相近，源文本和目标文本产生了紧密的联系，其互涉与交融的程度几乎是"难舍难分"。读者在解读目标文本的时候，会情不自禁地联想到孟浩然的原作，受到原作的强烈干扰。而这一干扰通常是在阅读目标文本的同时发生的，所带来的作用往往是对当前文本的"两层影像"，以及对文本内涵的某种"增量"解读。

三个要素之外，其实还有一个"第四要素"，便是本体与拟体在语义内容上的"异质性"。由于这一要素正是本体与拟体之所以成为两个要素的本质所在，可以分归于本体与拟体所处的要素之中，因此我们并不把它当作一个独立的要素加以看待。

三、仿拟的生成过程与模式

有了物质条件，仿拟的出现还需经历生成的过程。由于仿拟是在源文本的基础上生成新的文本，因此，在从旧到新的形成过程中需要经历一系列转换活动：作者先根据目标文本所需及个人喜好选择源文本，然后依据个人对源文本的理解展开联想，有选择性地提取源文本的某些语义与结构要素，再与目标文本的内容进行重组，最后得到仿拟的新的文本。其生成过程大致如图 2 所示：

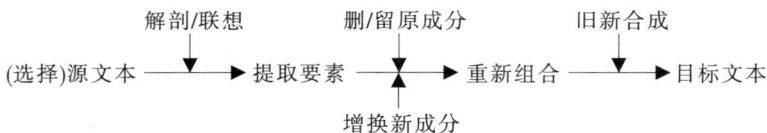

图 2　仿拟文本的生成过程

例如：

　　⑦干部不怕吃饭难，万盏千杯只等闲，鸳鸯火锅腾细浪，生猛海鲜走鱼丸。

　　这是一则讽刺官员大吃大喝的手机短信。作者首先根据一定的目的选择了毛泽东的《七律·长征》作为源文本，对这个选择的文本进行解剖并展开联想；然后根据目标文本内容对源文本进行整改，保留有用成分"不怕……难""万……千……只等闲"等要素，删除与新内容相冲突的"红军""远征""水""山"等成分，添加新内容的"干部""吃饭""盏""杯"等成分；最后将新增内容与保留成分重新整合，新旧合一得到目标文本。

　　在从旧到新的生成过程中，一般呈现出两种模式：第一种是"部分仿拟"，删减源文本的部分语句或成分，保留另一些语句或成分，如下列短信：

　　⑧风萧萧兮股市寒，钞票一去兮不复还。
　　⑨满纸废号码，一把辛酸泪。都云彩民痴，谁解其中味？
　　⑩红色牌牌，脾气铸就，危难之处没身手，没身手。为了老板的微笑，为了大家的丰收，保级岁月，何惧假球！

　　例⑧仿司马迁《史记·刺客列传》中的"风萧萧兮易水寒，壮士一去兮不复还"，两个小句换成全新内容。例⑨仿《红楼梦》中的开篇词之一，其中第二、第四小句与原文相同，第一、第三小句有所更换。两例都是保留了源文本部分语句。例⑩是仿电视剧《便衣警察》主题曲的歌词，每个小句都有删有留，根据新增内容重新合成。比较源文本与目标文本，可以看出这些删留的成分与框架：

　　源文本：金色盾牌，热血铸就，危难之处显身手，显身手。为了母亲的微笑，为了大地的丰收，峥嵘岁月，何惧风流！
　　目标文本：红色牌牌，脾气铸就，危难之处没身手，没身手。为了老板的微笑，为了大家的丰收，保级岁月，何惧假球！

　　在提取源文本要素的过程中，究竟删减哪些成分、保留哪些成分、增添哪些成分，以及删多少留多少仿多少，既有一定的规则技巧，如提取结构性元素，去掉与语义相冲突的成分，又有较高的灵活特征，往往与作者对源文本的理解以及对目标文本要达到的意图直接相关。目标文本对源文本的字数、音节以及形式结构的模仿也并不是绝对一致、一成不变的。如下列短信：

⑪目标文本：横眉冷对秋波，俯首甘为光棍。横批：没有情人的情人节

源文本：横眉冷对千夫指，俯首甘为孺子牛。

在这里，目标文本对源文本的仿拟在音节字数以及音韵结构上都有所改动。

第二种模式则是完全仿拟，删除源文本的全部语义内容，或保留极少数原有成分，重新填进新的语义内容。这实质是只保留源文本的形式骨架，血肉部分完全新创。看以下两例：

⑫飞机、坦克、装甲，泪水、欧元、鲜花，枯洞、孤村、老萨；夕阳西下，美国兵在巴格达。

⑬上课瞌睡过度，眼皮打架无数，实在忍不住，误入梦境深处，呼噜呼噜，吓坏同学全部！

例⑫描写"9·11"事件后美国攻打伊拉克的战地景象，仿马致远的《天净沙·秋思》而作，源文本中除了"夕阳西下""在"两个成分保留，其余都更换；例⑬刻画学生在课堂上打瞌睡的情形，是仿李清照《如梦令·常记溪亭日暮》而作，除了"误入""深处"两词语与源文本相同，其余全为新换内容。

尽管内容已经大部分更新，但对于熟知源文本的读者，源文本的痕迹依旧可见，在解读目标文本的时候依旧会联想到源文本的内容，其新旧文本间的互涉度与关联度并不比部分仿拟的类型低，原因是目标文本这瓶"新酒"依然是装在源文本这个"旧瓶"之中，源文本与目标文本借助相同的形式结构"捆绑"在了一起。

相比而言，就我们对众多仿篇文本的观察，两种模式之中，完全仿拟型相对较少，更多的则是部分仿拟型，因为后者操作起来的难度比前者要低得多。

四、仿拟生成的制约因素

一个仿拟文本成功与否，首先在于能否唤起读者对其源文本的"记忆"认知，读者在解读目标文本的同时能否联想到曾经的历史文本。这一目标的实现依赖于读者对于源文本的相应认知背景。而要达到这一目标，作者在选择本体即源文本时，必须考虑并了解大众对它的认知程度，应选择尽可能为大众所熟知的言语成品作为蓝本。源文本被人熟知程度越高，仿拟成功的概率就越大。徐国珍认为，"人们在生成仿拟时，所选择的本体往往是一些为人们所习见或通用的言语现象，如或是人们平时经常使用的词语，或是人们喜闻乐见的成语、格言，或是一些为人所熟悉的古代名篇名句、时代流行语等，而正是这一切，构成了仿拟格本体习见性的特点"①。因此，选择源文本时，考虑是否具备习见性、熟知性、广泛性等方面的集中特征，是创造一个仿拟成功与否的重要条件。例如：

⑭我在仰望，月薪之上，有多少工资可以自由地上涨。昨天已忘，风干了钱囊，和你重逢在，发薪的路上。睡着呼唤，工资快涨。涨钱的渴望像白云在飘荡。

⑮好久没见，但你的格言我始终谨记在心：馒头诚可贵，包子价更高，若有烧排骨，二者皆可抛。

例⑭是仿凤凰传奇的歌曲《月亮之上》的歌词，例⑮是仿诗歌《自由与爱情》，对于熟知源文本的读者来说，在解读这一仿拟语篇时，除了体味到目标文本本身的乐趣，还能自然地调动起对于源文本内容、风格等方面的认知背景与记忆联想，体味到互文性作用于文本的风格特征；但是，对于根本不知道这类流行歌曲或诗歌的读者，能体会到的恐怕就仅仅只有文本本身的幽默与逗乐，其互文性的风格特征与价值则得不到有效的彰显与感知。

其次，成功的仿拟之所以一眼就被人识出，皆是因为坚守了原作的形式结构。这也正是仿拟成为具有典型互文特征的辞格之一的重要原因。如前面的例⑫：

---

① 徐国珍. 仿拟研究［M］. 南昌：江西人民出版社，2003：15.

飞机、坦克、装甲，泪水、欧元、鲜花，枯洞、孤村、老萨；夕阳西下，美国兵在巴格达。

在这里，即便我们把与原作相同的成分"夕阳西下"改换成其他内容，哪怕语义与原作风马牛不相及，例如：

a. 飞机、坦克、装甲，泪水、欧元、鲜花，枯洞、孤村、老萨；梦里妈妈，美国兵在巴格达。
b. 飞机、坦克、装甲，泪水、欧元、鲜花，枯洞、孤村、老萨；归去来兮，美国兵在巴格达。

读者仍旧能够清晰地唤起对《天净沙·秋思》的同步联想，原因就是，仿作最大限度地保留了原作的形式结构，依赖这一形式结构，目标文本与源文本产生了无法割裂的互涉关系。

以上讨论证明，仿拟修辞格与互文性原理有着密切关系，无论在结构要素还是生成模式上，仿拟都表现出鲜明的互文性特征，一定程度上，仿拟的修辞手法就是互文性原理在语言层面的体现，二者从不同的视角观察解释语言的使用问题。从源文本到目标文本形成，仿拟经历了"选择—删增—重组"一系列的文本互动过程，并最终在目标文本身上留下了源文本的深深烙印。而这正是仿拟之于互文性，成为具有典型互文性特征辞格之一的核心原因所在。

余论：五彩缤纷的互联网谐仿时代

文本离不开传统，离不开文献，离不开前人思想，而这些传统与创新、新与旧的交互关系通常又是多层次、多形式的，有时直白，有时隐晦。每一个单独的文本都不是独立的创造，绝对的"原创"是不存在的，文本和文本之间往往相互参照，彼此牵连，形成一个潜力无限的开放网络。任何文本都与其他文本有关联，一定程度上是对前有文本的模仿、改写、转换、引用与拼接。

伴随信息技术与传媒影响的不断发展，文本之间的相互影响变得更加突出，于是，以续写前文、改换旧作、套用成品、戏仿经典等为代表的现代网络仿拟便开始走红吃香，成为部分当代人的时尚特征，也使越来越多的网民加入网络互文性这一庞大阵营，或亲自参"战"，或呐喊助威。这其中，最为突出的代表莫过于每年以几十上百出现的各类网络流行文体。

网络上，若一个文本开始流行，就会引来大量网民的跟帖模仿，一夜之间，同类仿文爆发式增长，引来网络一片哗然与叫好。这样的网络戏仿通常有两大类型：一是篡改旧版，二是新编文本。第一类是通过改编已有的诗词、歌曲、名篇，创作出众多版式一致、内容不同的新的作品，如以下模仿刘禹锡《陋室铭》，刻画或描写一些正面社会生活的当代系列"陋室铭"：

⑯原版：山不在高，有仙则名。水不在深，有龙则灵。斯是陋室，惟吾德馨。苔痕上阶绿，草色入帘青。谈笑有鸿儒，往来无白丁。可以调素琴，阅金经。无丝竹之乱耳，无案牍之劳形。南阳诸葛庐，西蜀子云亭。孔子云：何陋之有？

微信铭：路不怕远，有网则近。友不悲疏，有言则亲。斯是微信，任君纵横。消息走千里，杂帖转万群。欢聚无饮宴，畅叙有幽情。可以传语音，通视频。无欠费之愁苦，无延时之揪心。彩屏装世界，锦袖藏乾坤。尚书云：何微之有？

交友铭：友不在多，知心就行。貌不在美，心仁则灵。斯是好友，惟吾真情。遭难舍身救，遇福共分享。彼此存信任，处事有默契。可以同生死，共患难。无争吵之乱耳，无猜忌之劳形。战国廉蔺交，盛唐李孟情。好友云：君交如水。

老人铭：年不在低，没病就行。子不在多，孝字先行。斯是陋室，诗画书琴。夕阳无限好，霞光暖人心。说学逗唱叹，样样我都行。可以浇浇花，散散心。无纷争之乱耳，无病痛之劳形。别人声声叹，我却笑吟吟。旁人云：童心未泯。

写作铭：写不在多，有字则灵。词不在好，能用则行。斯是作文，惟吾真心。段落巧安排，构思有创新。叙写中外事，感慨古今情。可以用记叙，抒真情。无文体之规范，无语法之束缚。议论说明文，叙事抒情篇。学子云：好文妙文。

家庭铭：房不在大，能住就行。人不在多，热闹则行。家虽简单，却很温馨。走进小书房，书本如眼睛。听首流行歌，看部好电影。可以聊聊天，谈谈心。没有痛苦哀愁，只有快乐开心。天天笑嘻嘻，年年喜盈盈。众人云：欢乐家庭。

攀登铭：路不在远，能走就行。年不在高，有志则灵。千难万险，惟吾树旌。春来万山翠，谁知寸草心。参天有大树，试触九霄云。人生拼搏路，逞豪情。无真险之阻耳，恐自身之惧心。学海无涯路，书山攀登径。屈子云：何惧之有？

教室铭：智若不高，勤奋则行。知识不多，爱拼则赢。虽是苦事，唯吾甘心。知识本无限，要学趁年轻。作业堆如山，考试经常行。可以赏名著，阅诗经。无噪音之乱耳，唯书桌之常形。学中寻开心，切记不要停。鄙人云：何苦之有？

学霸铭：习以为尖，认真从心。虽非天才，但有决心。案头上铅字，墨香入胸襟。谈笑有地利，来往论政经。可以议历史，诵名篇。无丝竹之乱耳，无案牍之劳形。北京清华园，上海复旦府。学霸云：舍我其谁？

舞台铭：身不在高，能扭就行。人不在酷，能舞就行。斯是舞台，唯我独尊。机械做得好，漫步我最行。地板做不好，轧舞我不行。可以后空翻，做风车。无摇滚之乱耳，无狂舞之劳形。虽非职业手，却能受欢迎。菜鸟云：大虾何有？

第二类为新创作品，由于走红而被模仿。通常是因为有人就某个社会事件发表意见或看法，甚至就是其中的一句言语，便唤起"好事"网民的关注与热情，于是乎有网民发布一个帖子或博文，由于正中要害，立刻引起网络反响，很快其他网友成群结队跟上，大量仿文出现，最终形成一种网络流行文体。如"我不要你觉得，我要我觉得"，出自2019年暑期热播的综艺节目《中餐厅》。该语入选了《咬文嚼字》2019年十大流行语，与节目中其他类似的"霸道总裁式"的语言，如"这事不需要讨论""听我的，我说了算""你们都不要闹了，都听我的，就这样，听我的"等，经过网友的模仿迅速走红。

⑰原版：节目嘉宾受伤了，店长要求嘉宾一定要去医院看病。嘉宾说："其实，我觉得买个药膏就可以了。"店长说："我不要你觉得，我要我觉得，你觉得不管用，我觉得管用，好吗？"

餐厅版：服务员："你要吃点什么？"顾客："来碗面吧。"服务员："哎，小姐，我觉得……"顾客："你不要说话，都听我的，就这样！"服务员："但是我们这是……"顾客："这是你的问题，你必须解决。"服务员："我觉得你走错了！"顾客："我不要你觉得，我要我觉得。"服务员："我们这是甜品店。"

夫妻版：女："都这么晚了，别玩游戏了。"男："听我的。"女："那就玩最后一把。"男："这个问题不需要商量，都听我的。"女："我觉得玩这么晚，明天会起不来。"男："我不要你觉得，我要我觉得。"女："你明天起不来，我叫不醒你啊。"男：

"那是你的问题，你必须解决。"

广告版：当你的男朋友觉得你的衣服不好看时，男朋友："我不要你觉得，我要我觉得。我说好看就是好看，都听我的。"

校园际语版：我觉得六校联考非常重要。我不要你觉得，我要我觉得。你们不要闹了，都听我的。

班级版：班长："这周我们班去哪儿聚会？"同学 1："去唱歌。"同学 2："去看电影。"班长："都听我的，去烧烤。"同学 1："天气太热，吃烧烤我觉得……"班长："我不要你觉得，我要我觉得，都听我的。"

公司版：主管："小蒋，修改后的主题图半个小时后给我。"小蒋："修改主题图要不要找大家讨论下？"主管："不用，都听我的。"小蒋："可是，我觉得……"主管："我不要你觉得，我要我觉得。"

理发版：顾客："酷叔，我想剪个头发。"酷叔："我觉得不行。"顾客："啊？可是我头发很长了。"酷叔："那是你的问题，你必须解决。"顾客："我就是来找你解决啊。"酷叔："听我的，染发吧。"顾客："可是我觉得我染发不好看。"酷叔："我不要你觉得，我要我觉得。"

师生版：老师："我觉得我最多能给你 59 分。"学生："我不要你觉得，我要我觉得，听我的，给我 80 分。"

大学城版：当你反映学校食堂的饭菜不好吃。食堂员工："我不要你觉得好吃，我要我觉得好吃。"

当你打电话对妈妈说生活费不够。妈妈说："我不要你觉得，我要我觉得。"

当你反映天气很热，大学城校区的同学们还是没能立马享受到空调。物业人员："我不要你觉得（需要开），我要我觉得（需要开）。"

公告版：更新说明：小伙伴们，2020 年陌声变得不一样了！聊天交友更快了！恋爱约会更爽了！我不要你觉得，我要我觉得，听我的没有错！我一个人说了算，这个事情不需要讨论，赶紧去更新吧！

恋人版：女："我们分手吧。"男："为什么？我不管，我一定要一个理由。"女："能有什么理由？我觉得咱俩不合适。"男："你在糊弄我。我不要你觉得，我要我觉得！我觉得我俩就是天生一对，必须在一起。"

正是这样一个又一个层出不穷的谐仿案例引来了中国互联网一次次的网络狂欢，形成了当代国人语言生活的诸多奇特景象，蔚为壮观，在世界语言生活史上留下了一个个十分独特的"语言景观"。（关于此话题，详细可参见本书专项调查部分）

（本章的相关研究，可参看《互文性理论与汉语修辞格的关系探析：以汉语仿拟修辞格为例》一文，载《当代修辞学》2011 年第 3 期）

第八章 新媒体语篇修辞格的 互文性分析：谐音

谐音是汉语语音的重要特征之一。由于同音现象的异常突出，汉语的谐音已经从一种语言现象变成一种文化现象与思维现象，具有很高的平民化特征和普遍意义，正如孟昭泉所言："谐音文化，对于中国人来说，绝不仅仅具有一种修辞价值，而是作为我们民族的传统习惯，早已渗透到中国人的血液之中，并镌铸着中国人深层的心理积淀。"①

传统修辞学认为，谐音的主要作用是构成谐音双关或产生其他辞格，如谐音飞白、谐音仿拟、谐音析字等。我们认为，双关、飞白等只是谐音产生的表达效果之一；作为一种话语手段，谐音在辞格之外，其实还有着"谋篇布局"的重要作用，体现出不同文本或话语的交织与呼应的互文性价值。作为一种谋篇布局的语音手段，谐音利用互文性机制的原理，对于建构语篇模式起着十分重要的"构架"作用，成为语篇生成的一种"语音机制"。② 谐音在此方面的作用更值得我们注意。

一、谐音研究的历史传统

对谐音问题的讨论，汉语界有很多研究成果，但主要限于两大方面：一是谐音与修辞。绝大部分的现代修辞学著作，谈语音修辞时都会涉及谐音问题，把谐音看作一种表达技巧，有学者甚至提出应专门设立一个"谐音格"③。二是谐音与民俗文化。赵金铭从民俗文化角度把谐音分作九类：言谈中的谐音，诙谐语中的谐音，民风、民俗及绘画中的谐音，地名、姓名中的谐音，音译外来词中的谐音，跟汉语方言有关的谐音，诗歌、谐音语中的谐音，误听中的谐音，避忌语中的谐音，④ 可看作探讨谐音与文化

---

① 孟昭泉. 汉文化的语音精灵：谐音 [J]. 台州学院学报，2003（1）：21 – 25.
② 郑庆君. 手机短信中的语言学 [M]. 长沙：湖南大学出版社，2008：188.
③ 李华. 应该设立"谐音"修辞格 [J]. 修辞学习，1999（4）：49 – 50.
④ 赵金铭. 谐音与文化 [J]. 语言教学与研究，1987（1）：40 – 56.

较早的代表。此外，有少数学者从形式着眼，注意到了谐音的结构问题。李世之从谐音字的出现与否，把汉语中的谐音字分为"明谐"与"隐谐"两种形式。① 李胜梅指出，谐音所涉及的要素在篇章内外的联系，实际上也是很重要的语音衔接手段之一。② 李胜梅意识到了谐音对于语篇结构的作用，并且对谐音的结构成分与类型进行了较为详尽的分析，但研究的落脚点主要不在语篇的生成问题。

　　随着网络生活的日益丰富，大众对谐音现象的开发越来越丰富多彩。我们在对手机短信语言的多年观察中发现，谐音不仅是一种传统的修辞手法，更是一种"造句组篇"的语音衔接手段和运作机制，但谐音的这种作用，几乎完全被人们忽略了，这与学界历来对语音问题重视不够，导致语篇的语音研究薄弱有着直接关系。在以往语篇分析的研究中，学者们对词汇手段、语法手段研究很多，唯独对语音手段关注甚少。胡壮麟在研究语篇的衔接与连贯问题时，特别提到语音模式，指出"我个人认为语音模式一旦跨越句子的界限，这种手段就应认为具有衔接功能"③，是学界关注语音模式问题少有的代表之一。尽管如此，胡壮麟也只是讨论了汉语中的韵律、平仄模式，而没有注意到汉语的谐音对于语篇建构的作用和影响。

　　因此，将汉语的谐音修辞格和互文性理论结合起来，从语篇生成角度审视谐音问题，考察其互文性特征与原理，既是对谐音修辞手法研究的一种拓展，也是对汉语语篇语音研究不足的一种补缺。同时，谐音现象本身具有广泛的社会基础与现实价值，考察谐音问题的互文性组篇机理，也是对语言民俗文化的一种展现与挖掘。本章我们将以新媒体语篇中的手机短信为考察对象，探讨汉语谐音的语篇机理及其互文性问题。

二、谐音语篇的构成与结构成分

　　所谓谐音，是指在特定的语言环境中，利用两个语言成分（包括字、词、短语、句子）在语音形式上的相同或相近，让两个不同的事物或者原本毫无关联的事物关联起来，从而产生特定的上下文联系。由于谐音的主要作用是让两个不相干的事物产生关联，而这两个事物常常来自不同的语

---

① 李世之. 试论汉语中的谐音字 [J]. 语言教学与研究，1995（2）：122 – 132.

② 李胜梅. 修辞结构成分与语篇结构类型 [M]. 北京：文化艺术出版社，中国社会科学出版社，2006：356.

③ 胡壮麟. 语篇的衔接与连贯 [M]. 王宗炎，审订. 上海：上海外语教育出版社，1994：168 – 169.

域或语类，来自不同的文本，因而它们在谋篇上具有一种纽带作用与文本的交互价值，成为汉语话语构篇的一种语音手段。

单物不能"谐"，谐音要成立，首先得有两种事物：甲事物和乙事物。前者是被谐物，通常是话语基点，也是谐音生成的起点，我们称作"本原体"，是主文本要素；后者是相谐物，是与本原体产生关联的另一个事物，是话语要谐指的目标，也是谐音生成的终点，我们称作"目标体"，为互文本要素。例如：

①最近还好吗，我在音乐电台为你点了一首歌叫"好想好想"，希望你能够喜欢。收听的方法是：将电饭锅扣在你头上，然后用大铁锤狠敲锅底，你就会听到……好响好响了。

以中国香港歌手古巨基演唱的歌曲《好想好想》作为话语基点，是谐音的起点，是被谐物，为语篇的本原体；电饭锅发出的声音"好响好响"，是相谐物，是说话人要谐指的目标，也是谐音生成的终点，为语篇的目标体。两个语音形式"好想"与"好响"本无任何意义联系，常规意义上分属不同的话语文本内容，但借助同一语音形式"hǎoxiǎng"，通过相似的语音联想，两个不同语域、本无关联的被谐物与相谐物便有了相通之处，语篇由此获得了成立的基础，二者前呼后应型的互文价值也得到凸显。

本原体与目标体是谐音语篇获得成立的两个基本要素，也是首要要素，但是这两个要素不一定同时出现，例如：

②老师家访，问学生："你们家幸福吗？"学生骄傲地答道："幸福！"父亲过来纠正道："小子，谁让你改姓的！"

老师问学生答的"幸福"是语篇的被谐物，是话语本原体，父亲所听解的同一语音形式的"xìngfú"（姓伏/符）是相谐物，是话语的目标体，是互文本要素，但这个互文本要素的目标体在语言表层上并没有出现，而是听读者从后文"改姓"的语义中意会出来的。虽然没有出现，是隐性的互文本要素，但目标体在听话人父亲的解读中是明确存在的，否则，语篇的创编便失去意义，也失去了根基。因此，本原体与目标体是所有谐音语篇必不可少的两个元素，也是两个必要条件，无论其是否出现在语言表层。

另外，让本原体和目标体产生关联，还需有一个过渡成分，可称为"过渡体"，如例①中的过渡体"希望你能够喜欢。收听的方法是：将电饭锅扣在你头上，然后用大铁锤狠敲锅底，你就会听到……"例②中的"父亲过来纠正道：'小子，谁让你改姓的！'"这个过渡体通常是一种话语组织，以话段的形式出现，为语篇的整体文义牵线搭桥，本原体与目标体便在这一"搭桥"之下产生关联，顺利互文，从而获得语篇意义。

根据语义的渐变或是突变，过渡成分可以有两种表现形态：顺过渡和逆过渡。如例①：

最近还好吗，我在音乐电台为你点了一首歌叫"好想好想"，希望你能够喜欢。收听的方法是：将电饭锅扣在你头上，然后用大铁锤狠敲锅底，你就会听到……好响好响了。

下划线的部分"希望你能够喜欢。收听的方法是"承接上文"我在音乐电台为你点了一首歌叫……"，语义衔接顺畅自然，合乎逻辑，但是看到方框部分"将电饭锅……狠敲锅底"时，读者会发现，好像有点驴唇不对马嘴，这时语义发生流变，突然变道，产生了偏离，当最后听到"你就会听到……好响好响了"的时候，才发现中了埋伏，所谓点歌原来是说话人向听话人开的一个拟误式的玩笑。① 在整个短信语篇的发展中，从顺连到流变这一互文过程是逐渐发生的，仿佛是顺理成章，因此其语义的演变是一种渐进式的顺式过渡。再如：

③我想送你秋波，于是跑遍市场，最后发现季节不对，买不到秋天的菠菜，我太对不起你了。

从本原体"秋波"跳跃到目标体"秋菠"（"秋天的菠菜"临时简缩），不是一蹴而就的，中间需要一个过程，这一过程就是"于是跑遍市场，最后发现季节不对，买不到……"，但这一过程在语义上不是"顺意而为"，"送秋波"与紧接着的"跑市场"在语义上缺乏逻辑关联，衔接突兀，直到后文出现"买不到秋天的菠菜"才让人恍然大悟，明白整个语篇的真正用意。也就是说，语篇从主文本要素"秋波"后的第一句开始，就产生了偏离，直接跳跃到了目标体的互文本内容，直至语篇结束，互文本关键词"秋菠"出现，便证实了这一跳跃或偏离的直接。因此这一过渡成分语义突然，是一种突变型或跳跃型的逆式互文。

---

① 郑庆君．"拟误"格短信的功能语篇分析与语篇模型［J］．语言科学，2006（1）．

三、谐音语篇常见的结构模式

如上所论，一个完整的谐音语篇，通常应具备三个基本要素：本原体（主文本要素）、目标体（互文本要素）、过渡体（语义衔接话段）。过渡体的位置不固定，可前可后，随着本原体和/或目标体的位置不同而产生变化；语言形式可长可短，有的甚至涉及全篇。三个要素是否都出现在语言表层，那是话语模式的差异问题，正因为如此，形成了不同的谐音结构模式与类型。以下分别来阐述。

1. 模式一：本原体和目标体同现

这一模式的谐音语篇是在语言层面能见到三个要素：本原体、目标体、过渡体，其结构的典型模式为："本原体（A）—过渡体—目标体（A_x）"，A 本原体是主文本要素，A_x 是 A 的同音变量形式，均属互文本要素，在具体话语中表现为 A_1，A_2 或 A_3，A_4……，例如：

④鸡年来到，鸡情欢笑，鸡运多多，不要错过：发展大契机，聪明逢天机，聚财获商机，晋升占先机，爱情添生机，成功遇良机。

鸡年只是一个生肖的年份，客观上与机遇、时机没有语义关联，但由于"鸡"和"机"语音形式相同，在趋吉的心理作用下，人们由本原体的"鸡"（A）联想到"同音场"中的目标体"机"（A_1），以此延伸出众多含"机"语素的褒义词，从而建构了一个祝福语篇，获得主文本和互文本内容的顺利互文。例④中，本原体"鸡"和目标体"机"分别反复出现，对二者之间产生关联有一定的呼应作用，但"鸡运多多，不要错过"以及标点冒号"："的运用，则成为更重要的语义过渡成分。

⑤股市连涨数日，某日大跌，张三很是郁闷。收盘回到家中，碰巧儿子放学回家，推门叫了声"爹"，张三勃然大怒："不能叫跌，要叫加涨。"晚上吃饭，张三的兄弟张四来串门，进门叫了声"哥"，张三拉长了脸："不能叫割，要叫凶涨。"

儿子所称的"爹"被张三衍生成"跌"，兄弟所呼的"哥"被张三解读为"割",是因为张三受到心理作用的驱使,进而产生"误听"所造成。其中,"爹""哥"为本原体(A),"跌""割"为目标体(A_1),"勃然大怒""拉长脸"为语义过渡成分,而这一过渡的获得是由张三的郁闷心理驱动的。这种"$A \rightarrow A_x$"的语义流变形式有点像逻辑中的偷换概念,在日常的交际误听中颇有典型意义,或无意所致,或有意而为。

利用本族语和外来语、共同语与方言或者阿拉伯数字与汉字读音的相同或相近,让本无关联的本原体和目标体产生关联,同现于语言表层,是模式一的又一大类型。例如:

⑥小时候把 English 读成"应给利息"的同学成了银行行长;读成"阴沟里洗"的同学成了小菜贩子;读成"因果联系"的同学成了哲学家;读成"英国里去"的同学成了海外华侨;而读成"应该累死"的同学则成了中学教员。

"English"为本原体,借助"语际翻译"性的语音联想,在过渡成分"读成"的帮助下,异想天开出众多的对应目标物"应给利息、阴沟里洗、因果联系、英国里去、应该累死",形成了"A—过渡—$A_1 A_2 A_3 A_4 A_5$"的结构模式。这种语际的谐音形式在新媒体的短信中频频出现,往往依赖不同语码之间的转换得以实现,属于较为典型的语际或语码式谐音的互文型模式。

⑦军训的时候,教练用带方音的普通话说:"一队杀鸡,二队偷蛋,三队我给你们做稀饭。"学生面面相觑,一听懂的学生连忙解释道:"一队射击,二队投弹,三队教练做示范。"

⑧某人买车,牌号为:00544,意为"动动我试试",大喜,行车于市,忽被撞,大怒,然下车细看,顿觉哑口无言,对方车号为:44944——试试就试试!

例⑦原本的"射击、投弹、做示范"分别被学生听成了"杀鸡、偷蛋、做稀饭",其语义的过渡是利用了方音与普通话读音的相近而产生误听获得。例⑧阿拉伯数字的00544、44944用汉语读出来就有了"动动我试试"以及"试试就试试"的谐义,这种利用数字读音去对应汉字意义的戏谐法在当今网络语言中颇有市场,深得年轻网民的青睐,最终形成了十分广阔的"数字谐音"市场,诸如全国人民钟爱的"520"(谐音"吾爱您")、"168"(谐音"一路发")等众多的谐音都被商家用来赚取丰厚的经济利润。

2. 模式二：本原体出现，目标体隐匿

这一模式的谐音语篇是在语言层面能看到两个要素：本原体和过渡体，而这过渡成分其实就是对本原体的叙述或阐释，典型的结构模式为："本原体（A）—阐释/叙述/延伸"。表层上与普通的话语一样，其目标体隐匿在人们的知识背景中，通常可以通过意会领悟。

⑨某人骑车上街，过一路口，撒把前行。交警看见，惊呼："手掌好！"某人高兴，立即挥手作答："同志们辛苦了！"

交警惊呼的"手掌好"为本原体（A），让潇洒的某人听来却成了同音形式的目标体"首长好"（A_1），但这一目标体并未出现，而是隐含在后者的作答"同志们辛苦了"之中，取自国人皆知的阅兵式问候语"首长好""同志们辛苦了"。语言表层上，我们只能看到本原体A，以及对A的后续阐释性话语，即过渡性话语。

⑩你带了5个朋友去餐厅吃饭，落座后你对服务员说："5位，茶！"服务员没领会，就开始查人数："123456。"你觉得好笑，于是解释道："倒茶！"服务员倒着查："654321。"你大怒："你数啥呢！"服务员害羞地说："俺属兔。"

这一例也是交际中"误听"以达互文的典型代表。本原体是"茶""倒茶""数"，在服务员耳中产生了同音形式的目标体分别是"查""倒查""属（相）"。这种通过谐音以达互文的方式在日常交际中颇有典型意义，有的是有意曲听，有的是无意使然，是谐音短信中常见的类型之一，是一种隐性互文。

故意利用语际的语音近似，借助语码转换的互文方法，以一种语言来谐译另一种语言，是模式二的另一种形式。但表层只能看到本原体的形式，目标体同样依赖背景知识或由基本常识获得，如：

⑪我鼓起勇气和你打招呼：嗨！你却回答：哑！于是我说你：牛！你得意地喊：耶！我气得打嗝：儿！于是这两天便流行起咱们的问候：嗨哑牛耶儿！

⑫88：8179，7954。76229，8406，9405。7918934，1.91817。

例⑪由5个小句"嗨—呸—牛—耶—儿"连接起来，得出最后的"嗨呸牛耶儿"的本原体（A），目的是谐取这几个汉字的读音，以对应英语问候语"Happy New Year"目标体（A_1）的发音，但语篇中这一目标体（A_1）并没有出现，需要读者依靠背景知识意会出来。例⑫是一条劝人不要喝酒的短信。表层来看，句子由一连串的数字构成，我们须通过谐音的方式来解读，主要语义为："爸爸，不要吃酒，吃酒误事。吃了二两酒，不是动怒，就是动武。吃酒要被酒杀死，一点酒也不要吃。"

这种谐音类型在不少教材或论著中都被看作双关，如例⑪，有的学者认为其本原体"嗨呸牛耶儿"是表层义，内层义则是未出现的目标体"Happy New Year"，是一种语音双关。我们认为这样的谐音不宜视为双关，因为本原体形式"嗨呸牛耶儿"是语篇为满足要表达的"Happy New Year"的语音内容，而采取声东击西的手法有意"杜撰"出来的一种临时组合，而非语言中的固有形式，也无特别含义。读者看到的主要是忽略了这表层语义的内层义；换句话说，表层的"嗨呸牛耶儿"并无实际语篇意义。例⑫表层是一连串无语篇含义的数字，人们理解到的只是这一形式所谐指的目标意义。真正的双关应该是表里两面都有特定话语含义，且语言形式一般为语言中所固有，或者是能形成某个特定组合，具有某种特定含义的表达形式，如下文中的例⑮、⑯。

3. 模式三：目标体出现，本原体隐匿

与模式二不同，这一模式在语言层面出现的两个要素是：过渡体和目标体。而过渡体与目标体在语义配搭上往往是一种变异式的超常用法，凭借社会知识与一般常识，人们可以意会出隐藏的本原体形式，其结构模式为"过渡体—A_x"或者"A_x—过渡体"，A_x和过渡性话语融为一体。例如：

⑬别太累啦！抽空爬爬新加坡，听听墨西歌，打打内蒙鼓，吃吃刚果，品品菲律冰。天已耶路撒冷了，要多穿喜玛拉雅衫，晚上睡觉垫上巴基斯毯。祝圣诞快乐！

新加坡—"新加坡"、墨西哥—"墨西歌"、内蒙古—"内蒙鼓"、刚果—"刚果"、菲律宾—"菲律冰"、耶路撒冷—"耶路撒冷"、喜玛拉雅山—"喜玛拉雅衫"、巴基斯坦—"巴基斯毯"，每一组的前者是地名，是语言中的固有成分，是本原体（A），但隐匿未现，后者是临时谐出的同音形式 A_1（包括同形同音），与语篇的过渡成分配搭在一起，形成一种超常

与变异。语篇利用"断取"①，也有人叫作"偏取"手法，② 形成了两条话语链。一条是地名结构："新加坡—墨西哥—内蒙古—刚果—菲律宾—耶路撒冷—喜玛拉雅山—巴基斯坦"；另一条为健康祝福结构："爬坡—听歌—打鼓—吃果—品冰—天冷—穿衫—垫毯"，使语篇呈现出双重信息结构，话语意义大于句子结构意义，从而凸显了文本的互文性价值。又如：

⑭祝你在狗年的日子里，"钱"程似锦，"富"如东海，"瘦"比南山，"性"福美满，"薪"春快乐！

本原体（A）是"前程似锦、福如东海、寿比南山……"是主文本要素，但语篇并未出现，取而代之的是目标体（A_1）"'钱'程似锦、'富'如东海、'瘦'比南山"等互文本要素，与过渡语义成分组合，形成一种搭配的超常。从修辞手法的角度看，这实际上是一种语音仿拟，根据某个固有形式，改换其中的部分语素，以形成一种新意组合。这样的谐音仿拟模式在新时期的广告语言中大有市场，诸如"趁早下'斑'，请勿'痘'留——某化妆产品""默默无'蚊'的奉献——某牌电热灭蚊器""某某证券，'惠'人不倦""某汉字系统，百闻不如一'键'"等，深得广告商的青睐。

作为互文性的谐音语篇，模式二与模式三虽然只出现主文本要素的本原体，未出现互文本要素的目标体，或者相反，但读者在解读语篇时都能够比较顺利地解读出作者想要表达的另一个文本内容，因而这种隐性的互文性仍然应视作互文性语篇的特征之一，否则，语篇的创编就失去了意义和目的。

4. 模式四：本原体与目标体叠现

本原体与目标体在语言表层同时出现，二者形成了重合关系，其结构模式可以描写为：本原体（A）/目标体（A_x）—过渡体，或者是过渡体—本原体（A）/目标体（A_x），A/A_x与过渡性话语融为一体。例如：

⑮某食客有意刁难店家，点了个鸭蛋炒鸡蛋。只听小二冲厨房吆喝道：正看手机短信的那位客官，混蛋一个。

⑯平时大家朋友圈里晒包包，晒旅游，晒化妆品，晒美食，

---

①　谭永祥. 修辞新格［M］. 增订本. 广州：暨南大学出版社，2001：16.

②　王希杰. 汉语修辞学［M］. 修订本. 北京：商务印书馆，2004：340.

晒名牌衣服、名车名表，晒各种自拍……我只想默默地说一句："有本事你晒太阳啊！"

例⑮中，店小二所吆喝的"混蛋"有两层意思：一个是"鸡蛋＋鸭蛋"的"混合蛋"，指吃的食物，是说话人临时挖掘出的特定意义，这是表层义，也是语篇的本原体（A）的意义；另一个是骂人话的"混蛋"，是指人，这是里层义，是说话人实际要谐指的目标体（A₁）的意义。前一"混蛋"是短语，后一"混蛋"是词，两个"混蛋"语义上并没有联系（是同音而非多义），只是语音形式和书写形式均形成重合，因而同现在语言表层上。

同理，例⑯的"晒太阳"有两个含义：一个是该短语的常规意义，指人或物在太阳底下取暖或吸收阳光，可视为本原体；另一个意思则是沿袭前面众多"晒××"的语流义，顺势带出"炫耀"或"展示"的意义，即指"把太阳搬出来炫耀"，这是短信创编者故意加进去的意义，因上下文临时而得，为文本目标体。于是在上下文的篇章语境里，在前后文的对应之中，"晒太阳"这一语言形式的本原体和目标体双重含义，便十分明显地叠现于同一语言形式之中了，颇有一种巴赫金复调小说中的"复调"特征。

这种本原体与目标体同音同形，明确具有双重含义的"同构"模式，便是典型的谐音双关，其互文性的特质是文本与文本交合得水乳交融。

四、谐音的篇际特征与语篇机理

以往讨论谐音，多聚焦于产生谐音的语言成分，把谐音问题仅看作简单的词、句现象，忽略了谐音"组篇作用"的篇际性质与互文性特征。事实上，就我们对手机短信的观察，谐音通常具有语篇特征，是一种十分有效的语音"谋篇"手段，而这种"谋篇"的机理是依靠本原体（主文本）和目标体（互文本）的语音强制互涉与交合而形成的。例如：

⑰你是一颗晶莹的露珠，立在一片荷叶上轻轻地旋转起舞，那优美的身姿让我想起了莎士比亚的经典……朱丽叶。

⑱全猪送富送吉祥，奥运福娃来帮忙：贝贝送你谷满仓，晶晶送你亲满堂，欢欢送你事如意，迎迎送你身健康，妮妮送你福寿长！

例⑰由前 2 个小句的本原体"露珠—立—荷叶"，推出最后小句的谐指"朱丽叶"，目的是要谐指"'猪'立叶"的里层含义，但这一目标体隐匿未现。例⑱的"贝贝、晶晶、欢欢、迎迎、妮妮"五个福娃组合一体，便可形成本原体（A）"贝晶欢迎妮"，谐寓"北京欢迎你"的目标意义（A₁）。两者的语篇模式为：

> （露）珠＋立（荷）叶→珠立叶（朱丽叶）："猪"立叶
> 贝（贝）＋晶（晶）＋欢（欢）＋迎（迎）＋妮（妮）→
> 贝晶欢迎妮：北京欢迎你

用符号标记，可以描写为下列谐音结构形式：

$$A + B + C + D \rightarrow ABCD：A_x B_x C_x D_x$$

本原体为"ABCD"，目标体为 $A_x B_x C_x D_x$，x 代表相应符号的同音变体，因此，A_x 谐音 A，B_x 谐音 B，C_x、D_x 同理类推。在这里，每个小句都有谐音成分，前后搭配，共同形成了一个完整的谐音语篇，其谐音的篇际特征不言而喻，是典型的"篇式谐音"。再如：

> ⑲记得你我小时候两小无猜、青梅竹马，我喜欢唱歌，你喜欢跳舞，我能唱二百首歌你就会跳二百支舞，所以大家见到我都叫二百哥，见到你就叫二百舞。
> ⑳黑猩猩不小心踩到了长臂猿的大便，长臂猿温柔细心地帮其洗净后它们相爱了。别人问起它们是怎么走到一起的？黑猩猩感慨地说：猿粪！都是猿粪啊！

与前述两例不同，这两例的谐音成分似乎并未见于全篇。例⑲谐音成分落脚于句末的词语"二百舞"（谐指"二百五"）。"二百五"常用于口语调侃，指傻头傻脑而又倔强莽撞的人。例⑳的谐音成分则更少，只牵涉到一个词语："猿粪"（谐指"缘分"）。但事实上，这两则短信语篇能够成立，其主要机理还是在于谐音成分的主导作用。下面我们试着分析：

例⑲中，如果没有前期的话语条件，如"我喜欢唱歌，你喜欢跳舞，我能唱二百首歌你就会跳二百支舞"的铺垫，就不可能得出最后的本原体（A）"二百舞"的结果。例⑳是同样的道理，由于有了"黑猩猩不小心踩到了长臂猿的大便，长臂猿温柔细心地帮其洗净后它们相爱了"的前期话语，因而获得后续谐音点"猿粪"的结论。因此，其语篇模式仍然可以从它们的词汇链得到反映：

我—唱歌—二百首—二百哥；你—跳舞—二百支 → 二百舞：
二百五
黑猩猩—长臂猿—大便—温柔细心—洗净—相爱 → 猿粪：
缘分

前期铺垫与后期结论先后呼应，紧密配合，共同组成了一个完整的话语链。而"二百舞"和"猿粪"作为语篇的"谐音点"，分别成了短信的"篇核"，决定了整个语篇结构。全篇的话语都是围绕这个"篇核"来服务的，整个语篇的结构实际上都与这个谐音点密切相关，其谐音结构可以描述为：

$$A—B—C—D\cdots\rightarrow W：W_x$$

W 为语篇的本原体"谐音点"，是整个语篇的"篇核"，W_x 则是与 W 相谐的可变语音形式，但隐含未现，语言表层能见到的只有本原体形式（W）。A、B、C、D 等符号在这一模式里面不是谐音成分，而是与后面谐音点（W）直接相关的前期关键词句，是形成语篇必不可少的结构性成分。由于有了 A、B、C、D 等成分的作用，后期的谐音点便得以顺利推出。

因此，在这类句式谐音与词式谐音性的语篇中，其谐音成分，看似只涉及一个小句，甚至仅仅是一个词语，但谐音的篇际特征同样十分明显："W"作为语篇的"篇核"，决定着全篇话语的结构布局，勾连着 A、B、C、D 等成分，而反过来，A、B、C、D 等成分又如同"篇核"布局之下的各路"棋子"，分散在语篇各处，为"篇核"的形成提供着必不可少的前提条件，并且与"篇核"一道，共同组成了整个语篇的语义链条。而语篇的"互文"价值，就体现在来自两个或多个源头的语言成分、语言形式或文本话语，借助相同的语音联想或联系，被强制性地"顺耳"在同一个语篇之中，能让读者从同一个语音形式看到或感知到两个或多个本来风马牛不相及的话语内容，竟然和谐地交合一起成为一体。在这样的语篇里，我们至少可见或可知、可感双重的文本架构，如例⑲既有本原体的"我—唱歌—二百首—二百歌；你—跳舞—二百支：二百舞"，又有目标体的"我—唱歌—二百首—二百哥；你—跳舞—二百支：二百五"蕴含在其中。

综上研究，我们得到如下几点认识：

第一，谐音不仅是一种语言表达技巧，更是汉语谋篇的一种语音手段，凸显出文本交互与交合的互文性价值。从本原体到目标体，依据二者是否都出现在语言表层，谐音语篇的生成可分为四种模式：A—过渡体—A_x；A—过渡体，过渡体—A；A_x—过渡体，过渡体—A_x；A／A_x—过渡体，过渡体—A／A_x。

第二，谐音不是一个孤立的词、句现象。就我们的观察所见，所有的谐音短信，不论是篇式谐音，还是句式谐音，甚至词式谐音，都具有语篇性质。其语篇的生成，皆是依赖谐音成分作为"支架"或是"篇核"，全篇的话语皆是围绕着这些谐音点来构篇布局，具有十分明显的篇际特征。此外，谐音作为一种构篇手段，不仅对语篇的衔接起着"链条"的作用，而且体现着文本与文本的交互性质，其互文性特征同样显而易见。

第三，谐音是汉语语音中的突出现象，富有浓郁的汉语特色。作为修辞与文化现象，谐音得到很多关注；但作为谋篇机制和话语手段，谐音以及其互文性的特质机理却几乎被忽略。因此，从语篇生成的角度探讨谐音问题，将中国传统的谐音修辞手段与西方互文性理论结合起来探讨，既有助于我们发掘汉语谐音的本质特征，发掘谐音现象的互文性机理，同时也是加强对薄弱的汉语语篇语音问题研究的一种尝试。

（本章的相关研究，可参看《汉语谋篇的谐音机制及其语篇模式》一文，载《求索》2009 年第 10 期）

第九章　新媒体语篇互文性的功能分析

前面三章，我们从互文性原理出发，选取了汉语的引用、仿拟和谐音三种具有典型互文特征的新媒体语篇类型进行讨论，通过解析这三类修辞格，探讨了汉语修辞格与互文性理论之间的关系，以及互文性原理如何作用于汉语修辞格的层面，促成语篇的建构与生成，从而实现文本的结构意义。以上是以成分性互文和语篇性互文为案例，从修辞格的层面来观察汉语新媒体语篇的互文性机制，下面第九、第十这两章，我们将聚焦体裁性互文，选取两个体裁性互文的语篇作为案例，结合系统功能语言学的分析方法，从语体和风格层面来讨论新媒体语篇的互文性问题。

一、语体和文体

语体，也有人叫作"文体"，英语一律称作 style。实际上，二者并不是完全相同的一个概念。在汉语界，语体一般被纳入修辞学、风格学的研究范畴；而文体，通常是指文章的体裁，属于文章学的研究对象。给"语体"明确下定义，汉语界自 20 世纪 50 年代以来已有过许多尝试，归纳起来，其基本含义不外乎如："所谓语体，就是适应不同的交际领域、目的、对象和方式需要，运用全民语言而形成的言语特点的综合体。"① 袁晖、李熙宗主编的《汉语语体概论》将语体的含义概括为"运用民族共同语的功能变体，是适应不同交际领域的需要所形成的语言运用特点的体系"②。

无疑，语体是言语风格特点的集合，是一类语言风格所独有的与其他类相互区别的个性特征。决定语体形成的，有语言的因素，也有非语言的因素。而在某种程度上，非语言的因素更为重要。人们进行社会交际活动的范围是非常广泛的，从政治思想到科学技术，从文化艺术到日常生活，牵涉到社会生活的各个领域。在这样广阔的领域里进行交际，个人的交际目的和意图千差万别，交际的内容、对象、条件、方式也是多种多样。这

---

① 黎运汉. 黎运汉修辞·语体·风格论文选 [M]. 广州：暨南大学出版社，2004：125.
② 袁晖，李熙宗. 汉语语体概论 [M]. 北京：商务印书馆，2005：3.

些非语言因素对语言材料和修辞方式的选择有着极大的制约作用，构成了
制约语言运用的系统，是语体赖以形成的外部因素或客观条件。因此，交
际目的、内容、对象、条件、方式等因素不同，交际者在选择语言材料和
语言手段上就会出现差异，从而表现出不同的语言特点系列，形成不同类
型的语体。

二、语体和语篇之间的关系

语体和语篇之间有着密不可分的关系。语体通过语篇的方式得到体
现，语篇则是表现语体特征的具体形式。作为特定的交际环境制约下运用
全民语言而形成的言语特点的综合体，语体呈现的是运用语言各因素所形
成的特点系列，因此，用以表现这些特点系列的载体，通常不可能是单个
的、孤立的言语形式，至少也要依赖单个句子以上的连串话语形式来得以
实现。孤立的语句无法形成语体，脱离语篇形式的语体是不存在的。

而语篇又体现在具体的言语成品之中，每一个具体的言语成品都是一
个独立的、完整的实体，其语体特点从整体上说是不可分割、相互依存
的，有着内在的统一性。这种不可分割、相互依存的内在统一性，正是语
篇得以形成的重要基础。因此，语篇的形成恰好证明了语体在风格上的集
合特征。"每一种语篇倾向于对某种意义或几种意义的选择。虽然，对意
义类型的选择并不十分严格，但对意义类型选择的倾向性还是存在的。"
"如果所选择的意义与原语类的意义选择范围不符合，语篇就会不连贯，
除非是在特定的情景语境中，用以取得某些特殊效果。"①

在系统功能学派看来，一个语段是否可以称为语篇，主要看该语段是
否是一个有意义的连贯的整体，而这又取决于两点，一是其衔接（cohe-
sion）问题，二是其语域（register）问题。② 而语域问题，就是看语段在语
域上是否具有一致性，也即语体风格的一致性问题。

客观物质世界中，同类事物往往具有一致性，相互之间是统一的、相
互联系的；而与不同类的事物之间，则具有相互的排斥性质。因此一般来
说，作为同一个语篇，其语体和风格特征应该具有一致性，否则就会出现
不连贯、不融洽、不和谐的局面。然而，客观事物同时又是相互交织、彼

① 张德禄，刘汝山. 语篇连贯与衔接理论的发展及应用［M］. 上海：上海外语教育出版
社，2003：48 – 49.

② 韩礼德，哈桑. 英语的衔接［M］. 张德禄，导读. 北京：外语教学与研究出版社，2001：22.

此渗透的，不同类的事物之间同时又具有一定的交叉性、渗透性，因此，不同语体风格的组合特征出现在同一语篇之中也不是不可能的。如果说，具有一致性语体特征的语篇是一种"零度"① 形式，那么打破这种零度规则，当不同的语体特征出现在同一个语篇之中时，就会出现"偏离"② 的形式。而这种偏离的形式呈现的局面又将有两种可能：一种是出现"负"的偏离，出现诸如前言不搭后语甚至风马牛不相及的格局，产生破碎残缺或不连贯的语篇，难以为交际对象接受理解；另一种则出现"正"的偏离，产生出其不意的表达效果，成为非常成功的、具有独特的艺术魅力和修辞价值的语篇。

黎运汉对语体交叉的现象曾经作过三种分类：第一种类型是"渗透式"，即在甲语体中渗进乙语体的个别或部分组成要素，而又不改变甲语体的言语特征。其中包括词语渗透和语段渗透两种形式：前者是在甲语体的表述中加进乙语体的个别词语；后者是在甲语体中加进整段的乙语体形式。二者的不同在于前者的交叉点是一点一线，而后者是一个局部的交叉面。第二种类型是"移植式"，即甲语体不用自己的体式来表达，而将乙语体的体式移植到自身，采用乙语体的体式来替代。比如用书信的形式来做广告，用说明书的形式来写小说等。第三种类型则是"融合式"，是甲、乙两种语体紧密结合在一起，语体的交叉不是一点一线或一个局部的交叉面，而是两种语体的组成要素纵横交错，像织布机上的纵横线交织在一起，形成一种新的语体结构。如汉语中比较典型的文学政论语体和文学科学语体。③ 黎运汉这里所说的"渗透式"大致包含本书分类中的成分性互文和语篇性互文，"移植式"则类同于体裁性互文，而黎氏的第三类，即"融合式"，既可能属于语篇性互文，也可能属于体裁性互文，是一种动态性的互文方式。然而，无论是渗透式还是移植式或者融合式，其基本的原理都不外乎是互文性的机制在发挥作用。

下面，我们就来分析一则新媒体语篇，这是笔者 2003 年在南京大学读博期间在校园小百合网的 Joke 版看到的一则笑话，该语篇明显打破了常规语体的特点，出现了我们上面说的"偏离"现象。但具体如何偏离，偏离的效果属于哪一种，待我们讨论分析之后，再做出相应评判。

---

① 王希杰. 修辞学通论［M］. 南京：南京大学出版社，1996：184.
② 王希杰. 修辞学通论［M］. 南京：南京大学出版社，1996：184.
③ 黎运汉. 黎运汉修辞·语体·风格论文选［M］. 广州：暨南大学出版社，2004：225－231.

三、《高科技》语篇的结构模式和语体体式

1. 《高科技》语篇的文本内容

一日，去逛电脑城，突然觉得一阵腹痛。不好，要如厕。

急匆匆来到厕所前，抬头见门口上方一电子牌，上写：

"最新 Win2000 Server WC。"

不禁赞叹：果然是 IT，高科技！

好急，快进去，怎么门推不开？抬头一看，电子板上显示：

"用户名不存在或密码错误，请找管理员。"

给看门老头交了两毛钱，拿了个密码，急忙入内，冲向马桶，可是马桶盖怎么也打不开。实在忍不住了，用力一拉，墙上弹出一块牌子：

"！系统提示：您没有这个马桶的访问权限。"

好在我知道一个超级用户密码，这时起了作用，在控制面板中输入后，马桶盖终于打开了……长舒了一口气……

完事，伸手去拿手纸，手纸却又没法从盒子里抽出来。不会吧，难道……

一转头，果然，又弹出一块牌子：

"此纸盒已加密！"

正在急不可耐时，旁边蹲位有人伸过来一只手：

"你第一次用 Win2000 WC 吧，没关系，我们手纸共享好了。"

"谢谢！谢谢！"边道谢，边提好裤子。一冲马桶，又弹出一牌子：

"病毒已清除！"

刚走两步，只听"砰"的一声，马桶盖大力地关上了，牌子上道：

"连接超时，请刷新！"

好险！！！

显然，这是一则日常生活的笑话。语篇给人们讲述的是一则真实感甚强的杜撰经历，说话人以一种叙事的表达形式，依照自然时间的顺序展开

111

话题，讲述了自己在一个电脑城上厕所通过高科技来"解决问题"的过程。语篇是一种较为典型的时序型叙事模式，我们可明显地看到，语篇里有两套结构体式：一套是普通的日常生活行文，包括用词、用语和组句，可视为主文本；另一套是科技应用文行文，表现为出现大量的科技语词和句式，可视为互文本。两套文本结构既形成一种体式错位，又紧密交织在一起。

2. 语篇的结构模式

从结构模式来看，语篇走的是一种纵横交替结合的道路，分别从事件的"发展过程"和人物的"心理动态及场景显示"两个方面展开话题。纵式为叙事，呈现整个事件的发展经过，这反映在一系列小句的铺排上：逛电脑城—觉得腹痛—来到厕所前—抬头见电子牌—赞叹—快进去—门推不开—抬头看—电子板显示—给看门老头交钱—拿密码—入内—冲向马桶—马桶盖打不开—用力拉—墙上弹出牌子—输入密码—马桶盖打开—长舒一口气—伸手拿手纸—抽不出手纸—转头—又弹出一块牌子—旁边人伸手—道谢—提裤子—冲马桶—又弹出一牌子—走两步—马桶盖自动关上—牌子显示。横式体现的是人物的心理活动和场景，依靠少数小句以及"电子牌、电子板、牌子、弹出、显示"等高频关键词所带的小句宾语来体现：（电子牌，上写）"最新 Win2000 Server WC"—（赞叹）"果然是 IT，高科技"—（电子板上显示）"用户名不存在或密码错误，请找管理员"—（弹出一块牌子）"！系统提示：您没有这个马桶的访问权限"—（又弹出一块牌子）"此纸盒已加密"—（伸过来一只手）"你第一次用 Win2000 WC 吧，没关系，我们手纸共享好了"—（又弹出一牌子）"病毒已清除"—（牌子上道）"连接超时，请刷新"。

整个语篇中，显然有两套语体系统在活动，从整个框架来看，甲语体是其中的主要语体，为主文本结构，属于日常生活的叙事语体，在语篇中起着构建框架的作用，整个事态的发展也主要依靠这一语体来完成；乙语体是语篇的次要语体，为互文本结构，属于科技应用语体，在语篇中起着"搭桥"或"牵引"的作用，由于它的参与，整个语篇的色彩被改变了，幽默与风趣也皆从这一语体体式中凸显出来。然而这两种语体又不是各自为政、互不相干的。二者以交错的形式，融会在一起，轮换出现，显得自然和谐，让人感觉不到接缝痕迹。这种结合有点像黎运汉分类中的第三种类型即"融合式"，但我们认为，它并没有生成一种新的语体体式，而只是一种临时性的"嫁接"与"错位"，是动态性的"语体跨类组合"或"语体错位组合"，而这正是体裁互文性结构的典型特征之一。因此，该语篇可视作体裁性的互文语篇。

四、《高科技》语篇的功能分析

韩礼德关于语言的三大纯理功能（经验功能、人际功能和语篇功能）的学说，因具有较强的实用性和可操作性，在我国外语学界的语篇分析中运用得十分广泛。正如韩礼德本人在 *An Introduction to Functional Grammar*（《功能语法导论》）一书中明确指出的，他建构功能语法是为语篇分析提供一个理论框架，这个框架可用来分析英语中任何口头语篇和书面语篇。下面，我们结合这一理论，采用"功能语篇分析"（functional discourse analysis）的方法，试着分析《高科技》这个互文性语篇。

1. 经验功能分析

系统功能语法中的经验功能（experiential function）是指语言对人们在现实世界中各种经历的表达，即用语言来反映主客观世界中所发生和经历的事情，所牵涉的人和物、时间、地点等因素，以及人们对世界的各种认识和看法，包括感情、思想等。及物性（transitivity）是经验功能中最重要的一个语义系统。这是一种对小句进行描写的系统，其作用在于把人们在现实世界中所发生或经历的各种事情和认识分成若干种"过程"（process），并指明各种过程中所牵涉的"参与者"（participant）和"环境成分"（circumstantial element）。及物性系统有六种过程，按照不同的过程类型配给不同的参与者：物质过程表示的是一种动作行为，涉及"动作者"一个参与者或"动作者"和"目标"两个参与者；心理过程表示的是情感、认知以及感觉类的非动作过程，一般涉及心理活动的主体"感知者"和被感知的客体"现象"两个参与者；关系过程指的是一个物体（包括人、物、事件、情形等）与另一个物体之间的关系，或者是指一个物体的性质、特征、情形等；言语过程指的是人们通过语言说话来交流的过程，一般涉及"讲话人""听话人""讲话内容"三个参与者；行为过程指表示人物行为的过程，一般只有一个参与者；存在过程指的是某物或人的存在情况，一般也只有"存在物"一个参与者。下面，我们就以列表的形式对语篇各小句的过程进行及物性分析，以考察组成语篇的小句过程的类型特征。

表1　《高科技》语篇的及物性系统

小句		过程类型	过程	参与者		环境成分
编号	例句			省略	出现	
（1）	……去逛电脑城	物质	去、逛	我	电脑城	一日
（2）	……觉得一阵腹痛	心理	觉得	我	腹痛	突然
（3）	不好，要如厕	心理	要	我	如厕	不好
（4）	……来到厕所前	物质	来到	我	厕所前	急匆匆
（5）	抬头见……电子牌	物质	抬头、见	我	电子牌	
（6）	上写：……	言语	写	电子牌	最新 Win2000……	
（7）	不禁赞叹：……	言语	赞叹	我	果然是 IT,高科技	不禁
（8）	好急	心理	（感到）	我	急	好
（9）	快进去	物质	进去	我		快
（10）	怎么门推不开	物质	推、不开		门	怎么
（11）	抬头一看	物质	抬、看	我	头	
（12）	电子板上显示：……	言语	显示		电子板、用户名……管理员	
（13）	给看门老头交了两毛钱	物质	交	我	两毛钱	给看门老头
（14）	拿了个密码	物质	拿	我	密码	
（15）	急忙入内	物质	入	我	内	急忙
（16）	冲向马桶	物质	冲	我	马桶	
（17）	马桶盖怎么也打不开	物质	打、不开		马桶盖	可是
（18）	实在忍不住了	心理	忍、不住	我		实在
（19）	用力一拉	物质	拉	我	（马桶盖）	用力

（续上表）

小句		过程类型	过程	参与者		环境成分
编号	例句			省略	出现	
（20）	墙上弹出一块牌子	物质、言语	弹出、（道）		牌子、！系统提示……	墙上
（21）	好在我知道……密码	心理	知道		我、超级用户密码	好在
（22）	这时起了作用	关系	起	密码	作用	这时
（23）	在控制面板中输入	物质	输入	我	（密码）	在控制面板中
（24）	马桶盖终于打开了	物质	打开		马桶盖	终于
（25）	长舒了一口气	行为	舒	我	一口气	长
（26）	完事	物质	完	我	事	
（27）	伸手去拿手纸	物质	伸、拿	我	手、手纸	
（28）	手纸却又没法……抽出来	物质	没法、抽		手纸	从盒子里
（29）	（我心想）不会吧，难道……	心理	（想）	我	不会吧，难道……	
（30）	一转头	物质	转	我	头	一
（31）	果然，又弹出一块牌子：……	物质、言语	弹出、（道）		一块牌子、此纸盒……	果然
（32）	有人伸过来一只手	物质、言语	伸、（说）		有人、手、你第一次……	正……时、旁边……
（33）	边道谢	言语	道谢	我	谢谢、谢谢	边
（34）	边提好裤子	物质	提好	我	裤子	边
（35）	一冲马桶	物质	冲	我	马桶	一
（36）	又弹出一牌子	物质、言语	弹出、（道）		一牌子、病毒已清除	又
（37）	刚走两步	物质	走	我	两步	刚

（续上表）

小句		过程类型	过程	参与者		环境成分
编号	例句			省略	出现	
（38）	只听"砰"的一声	行为	听	我	"砰"的一声	只
（39）	马桶盖大力地关上了	物质	关上		马桶盖	大力
（40）	牌子上道：……	言语	道		连接超时,请刷新	牌子上
（41）	好险	关系	好险	这/我		

　　表中共排列了41个小句。从动词过程来看，明显是物质过程最多，共有22个；其次是心理过程和言语过程，分别是6个和5个；再次是2个关系过程和2个行为过程；存在过程则没有。另有一种"物质＋言语"的综合形式，或叫兼有形式，即小句所使用的是动作性动词，但又包含一个带"讲话内容"（verbiage）的宾语，这实际是两个过程的一种"压缩"形式，如例（20）小句，完整的应该是："墙上弹出一块牌子（小句a）（牌子上写道）：'！系统提示：您没有……权限。'（小句b）"前一小句是物质过程，后一小句（省略了主语和谓语"牌子上写道"）是言语过程。这样的小句一共有4个，如果对它们分别加以计算的话，那么，物质过程应该是26个，言语过程则是9个。另有几个括号内容也表省略的成分。

　　语篇在小句过程类型上的这一特征，正好反映了语篇的语体类型——叙事性语篇的特征：主体小句都由表动作性质的过程动词来担任；这与语篇的结构模型——纵横互文式交错也恰相吻合：纵式显示故事的发展，由物质过程的小句来担任；横式描述每一个阶段的情状，由言语过程和心理过程的小句来担任——纵横交织，来自不同语域、不同文本的词句相互配合，非常完美地演绎了一曲高科技的生活协奏曲。

2. 人际功能分析

　　人际功能（interpersonal function）在功能语法中，表现在两个方面：一是语气；二是情态。人们使用语言的目的之一是建立或保持某种人际联系：或者是提供某种信息和服务，或者是向对方寻求某种所需，因此"给予"（giving）和"求取"（demanding）在功能语法看来，就成了交际中主要的两个言语角色（speech role）①。一般来说，执行"给予"性功能，句子多使用陈述语气；而"求取"则多使用祈使、疑问语气。由于语篇创作者的意图是要向听话人/读者提供某种娱乐信息，让人愉悦；加之语篇的叙事性特征，因此语篇在语气类型上的整体格局都比较一致：陈述型主流语气。全篇中，除了少数感叹语气型小句，如"好险"，祈使语气型小句，如"请找管理员""我们手纸共享好了""请刷新"，以及疑问语气型小句，如"怎么门推不开""难道""你第一次用Win2000 WC吧"等使用其他语气之外，整个语篇的小句基本上都是一种陈述语气。这充分证明了语篇的性质是一种"给予"，而不是"求取"。

语篇体现在"人际"上的另一个特征，是表现在小句的人称的使用上，这从各小句所使用的人称代词可见一斑。从列表中可以看出，各小句的分句，在人称代词的选用上比较一致，绝大部分是第一人称"我"，少数是出现了的，为显性的形式，如"我知道"等，而绝大部分则是省略的，为隐性的形式。虽然说话人是在与听话人进行交流，但由于是讲述自己所经历的故事，整个过程主要由说话人"我"的系列行为动作、感受以及发现的情状所组成，参与者主体只涉及说话者一方，因此语篇中并未出现交流的另一方；从人际称呼来看，交流的对方听话者，是静止的、未参与的，听话人便成了一个隐形的对象。这是一种"单向型""非动态"的人际类型。这从另一个方面证明了语篇的叙事特征。

3. 语篇功能分析

功能语法中的语篇功能（textual function）涉及三个方面：主位结构、信息结构和衔接方式。主位结构一般表现为"主位—述位"的结构模式；信息结构则往往呈现出"已知信息—新知信息"的结构形态；而衔接方式有词汇的、语法的或其他形式的，涉及照应、替代、省略、连接、词语重复等多种形式。一般情况下，主位往往是已知的旧信息，述位则是未知的新信息，《高科技》语篇基本属于这种规则型模式，各小句的主位大部分由已知的事件主体者"我"或者是表示物件的"墙、牌子、密码"等来充任。而这些表现已知信息的主位"我"或"牌子"等，有一个非常明显的强势特征：大量省略。这从列表中可以明显地看出来：整个语篇中，除了少数几个小句的主位是显性的，其余绝大部分是隐性的。也就是说，绝大部分情况下，小句只出现了述位形式，即新信息，而表示旧信息的主位一

---

① 韩礼德. 功能语法导论［M］. 3 版. 北京：外语教学与研究出版社，2008：68.

般省略了。这种大量省略主位的格局，一是由汉语本身的特点所致，① 二是与这一语篇主位结构和信息结构的一致性相关。主位结构相同，信息结构的一致性，使得整个语篇结构顺畅，铺排性强，读起来有种一泻千里的感觉。

衔接是一个语义概念，指的是语篇中语言成分之间的语义联系。当语篇中某个成分的解释依赖于另一个成分时，就出现了衔接关系。体现衔接关系可以通过语法的、词汇的、语音的或修辞方式的等有形手段，也可以依赖语篇本身语义上的连贯等无形网络。《高科技》语篇中，比较明显的衔接手段有两种：第一种是语义的，依靠语篇本身的逻辑关联，即各小句之间，依照自然时间的进展顺序来呈现连续性，以及众多表示物质过程的行为动词或情状形容词的上下接应来展示；第二种则是有形手段，主要分为两种形式：一是语法的，二是词汇的。语法的形式主要体现在"零形照应"（zero anaphora）上，这便是上面提到的大多数小句的主体者"我"的大量隐形。其中又有"下指"和"回指"两种形式；词汇的形式则主要依靠体现生活语体的系列生活语词和体现科技语体的系列科技语词，通过类比的方法配搭组句，成功描述事件的进展来实现的，前者诸如："腹痛、如厕、厕所、看门老头、入内、马桶、马桶盖、手纸、纸盒、蹲位、裤子、冲马桶"；后者如："电子牌、最新 Win2000 Server WC、IT、高科技、电子板、用户名、密码、管理员、系统提示、访问权限、超级用户、控制面板、加密、共享、病毒、连接超时、刷新"等。这两类来自不同语域、不同语体、不同体裁风格的词或短语借助人类的联想思维与隐喻方法非常和谐地出现在同一个文本之中，成了重要的语篇衔接手段，并且实现了语篇风趣的互文价值。相比语义和语法两种手段，语篇中的这个词汇衔接模式显得更加有效，组篇作用更加明显。

五、互文性语篇的风格特征及其产生成因

1. 语篇的形成条件与制约因素

如前所述，语体之间的相互关系既有排斥性的，也有渗透性的，不同语体之间既是对立的，又可以相互交涉、相互作用。一般来说，每种语体都有自己典型的、公认的构成因素，即语体因素。这些"体素"往往具有

---

① 郑庆君. 汉语话语研究新探：《骆驼祥子》的句际关系和话语结构研究 [M]. 长沙：湖南教育出版社，2003：245.

某种相对的稳定性，一般来说，典型的甲语体体素与乙语体体素是相互排斥的。如果不适当地跨类，就会形成语体色彩的不协调。语体对于语言风格也具有较强的制约性，不同语体的言语成品，语言风格往往也是有差异的。但世界上的事物又是相互关联的，甲语体体素与乙语体体素之间有可能具有某种相似性或相关性，这就为不同类的语体之间实现"互文"组合提供了客观上的可能。在日常语言的使用当中，甲类语体风格的词语、用语、句式被运用于乙类语体之中，并非罕见的现象。在一些文艺作品，诸如小说、相声、小品以及某些日常笑话、对话当中，我们常常能见到将两个表面上风马牛不相及的风格内容糅在一起的现象。但这种情状往往多是个别词语的、术语性的、简短的、片段式的，常以修辞格的方式出现。而类似《高科技》这种整篇使用跨类语体组篇的形式，并不多见。

这种跨类组篇的言语成品，正是互文语篇的形式之一，但并非任何语体都能实现，它通常具有一定的制约因素。由于这种错位式组合具有一定的随意性，一般情况下，只有日常生活或文学艺术类的语体作品，才会出现这样的形式。而相对比较正式、庄重语体类别的成品，基本上不可能出现这种整体错位的形式，比如正式的法律条文、外交文书、新闻报告、请战书、志愿书之类的语篇是不可能有这种集团式成建制的跨类组合存在的。因此，这种语体错位的体裁式互文语篇一般具有非正式性特点。

人们在使用语言时，往往自觉不自觉地进行着某种选择，而这些选择又是受制于交际的目的与动机的。自然语言具有变异性质，语言的运用可以是常规的，也可以是超常规的。尽管如此，转换、变异、打破常规，并不是一种随意的语言行为，而是说话人/作者为了实现特定的交际目的与意图而进行的一种选择，是一种文化、心理、社会、认知等多种因素作用的行为。在《高科技》语篇中，作者运用这种语体错位的语篇模式，虚构一个经历，通过赞扬电脑城的高科技之发达，嘲讽过度发达的高科技对现实生活的负面影响，从而制造一种幽默的特殊修辞效果。而这个幽默效果之所以能够产生或实现，正是因为打破语体常规的结构，利用互文性原理，实行了不同语体风格的故意错接。正如别林斯基所言"风趣的本质是矛盾"，正确的、常规的说话或言语形式往往平淡不惊；相反，错误的、反常的或超常的形式、出乎意料的某种结果多会让人产生意想不到的"笑果"。当我们突然发现并不统一的形式被"和谐"组装的时候，便产生了幽默。因此，这种将语体故意错位的体裁式互文语篇往往又带有幽默的性质。

2. 体裁性互文语篇产生的成因

关于这种跨类能够产生的原因，我们以为，依赖于两方面的基础。一是客观的物理基础；二是主观的心理基础。物质世界中，事物与事物之间具有各种各样的联系，有些是相似的，有些是相关的，这正是人类得以认识客观事物的重要前提：因为具有相似性，人们可以由认识甲物而推及乙物，由具体而感知抽象；因为具有相关性，人们能够在甲物和乙物之间建立起诸如条件、前提、原因、特征、结果等各种各样的联系。

认知科学的产生和发展，使我们认识到，作为人类语言常见表达手段的隐喻、类比、借代等，不仅仅是传统研究所认为的一种语言表达效果的特殊方式，更多的是我们认识世界、获得知识的一种认知手段与思维方式。人类依靠隐喻、类比的方法，把深奥的知识变得浅显，化抽象为具体，把陌生的事物变得熟悉。《高科技》语篇中，作者正是使用了给两种不同类事物"牵线搭桥"这一手段，使得语体的跨类互文得以实现。在电脑城这个高科技无处不在的场所里，一切都科技化、电脑化、程序化了。因此上厕所的人得有"用户名"和相关的"密码"——正确的身份；"看门老头"成了"管理员"；"两毛钱"等于一个"密码"；"打开马桶"要有相应的"访问权限"；"马桶盖"成了"控制面板"；"排泄物"被当成"病毒"；如厕的时间被控制为上网的"连接"……正是借助甲语体中这些日常普通用语和乙语体中这些科技用语之间的类比和隐喻的使用，作者顺利地构架了两个不同语体之间的"桥梁"，使这种语篇的体裁性互文得以顺利地实现。

从主观因素来看，语篇采用这种错位的组合，是具有相应的心理基础的，那就是说话人/作者的"求新、求异、求趣"的心理。人们使用语言具有各种各样的动机和目的，而选取什么样的手段又受制于特定的交际目的和交际心理。常规的言语表达形式给人带来的一般是"波澜不惊"，而翻新、特异的表达往往导致某种新奇、怪异之感，给人留下深刻的印象，达到某种特殊的修辞效果。作者正是出于要制造一种特殊的幽默效果的目的，因此选用了一种非常规的表达方式，来实现自己特定的交际目的，以期开发出语言的变异形式。

由以上分析看出，作为具有非正式性特征的幽默笑话，形式上，《高科技》对语体的偏离带来的是创新；表达效果上，实现了"幽默""讽刺"等"笑果"，无疑是一则成功的语篇，无论对语体还是语篇都是一种"正"的偏离，读者在阅读语篇的时候，尤其是在读完之后，通常会开心大笑，获得一种愉悦的心理感受。作者成功地实现了自己的交际意图。

　　形式和意义是任何一个言语成品不可或缺的两个方面，意义是具体内容，形式是外在表现。形式是为内容服务的，特定的形式往往表达特定的意义内容。形式是意义的体现！① 选取形式的同时，也就选取了意义。语言的创造是无限的，语言的神奇正是在于，它可以用有限的符号翻新出无穷无尽的表达方式。类似《高科技》这类故意错位语体或体裁的语篇不是第一个，也不会是最后一个"语体偏离"的语篇。随着人类对语言研究的不断深入以及语言使用者对语言表达手段的不断创新，新的表达形式还会不断出现，一如清代才子、幽默小说《何典》的作者张南庄在书后大结局中所言的四句顺口溜："文章自古无凭据，花样重新做出来。拾得篮中就是菜，得开怀处且开怀。"②

　　（本章的相关研究，可参看《语体跨类组合语篇及其语篇特征探析》一文，载《修辞学习》2006 年第 2 期）

---

①　黄国文．英语语言问题研究 ［M］．广州：中山大学出版社，1999：106.
②　郑庆君．近代幽默小说《何典》的修辞特色 ［J］．古汉语研究，2002（1）：53.

第十章　新媒体翻译语篇互文性的功能分析

　　随着电子科技的快速发展，互联网进入千家万户，成为现代社会人人触手可及的一大交流媒介。网络给现代人提供了一个言论自由、展示自我的平台：不管说话人的身份、社会地位如何，人人都可以通过网络来发表言论，参与社会动态、文化领域等多方面的探讨中，畅所欲言。正因为网络提供的言论自由性与便捷性，网民可以率性挥洒，将他们的想象力和创造力淋漓尽致地发挥，构谱出一波又一波的话语狂欢，从而形成新时代特有的网络语篇。网络语篇，作为新媒体语篇的交际形式之一，与传统纸质及广播电视媒介语篇比较而言，在线互动是其一大特色。乔布斯情书网络翻译浪潮便在这种背景下得以产生。

　　乔布斯情书是指乔布斯于结婚 20 周年写给妻子的一封情书，发表于《史蒂夫·乔布斯传》中，该传记全球同步上市之后，中信出版社出版的汉译文对乔布斯情书的翻译受到读者的广泛批评，网友普遍认为"原书翻译不够感性，太过平实"，不少人便自发动手翻译；继创新工场董事长兼首席执行官李开复在微博上转发了该情书中英文对照版之后，更是引发翻译狂潮，各种风格迥异、雅俗共赏的译作在网络上纷纷涌现。本章选取新浪微博平台上的乔布斯情书翻译作为语料，从功能语言学途径出发，探讨网络平台上翻译语篇如何与其源语篇、原译语篇以及网络翻译语篇发生互文关联，这些互文指涉如何体现语言的社会功能和意义等话题，换言之，本文将从功能语言学视角来解读网络翻译中的互文性现象。

一、翻译语篇互文性的功能语言学模式

　　韩礼德把语言看作社会意义符号的一种，从语篇和语境的相互关系角度谈论了互文性，"语篇和语境是一种对话关系，语篇可形成语境，语境同时又创造语篇，意义产生于两者的碰撞，一系列先前语篇构成特定语篇

的部分环境，而该语篇理所当然被视为共享该部分资源"①。在 Malinowski 和 Firth 的语境理论基础上，韩礼德构建了语域三要素与语言三大功能发生"自然"关联的语境模式，该模式强调语言成分与语境成分之间系统的体现关系：从语境角度看，不同的语场、语旨与语式的选择制约着概念、人际和语篇意义；从语言角度看，不同的概念、人际与语篇选择构建不同的语场、语旨和语式类型。② 基于此，Martin 进一步扩充了韩礼德的语境模式，提出在情景语境决定下的语域变量上增加由文化语境决定的语篇体裁，发展成语域—语篇体裁理论。在韩礼德的功能语言学观下，Lemke 从语言作为社会意义符号的角度出发，将互文性现象分为体裁（generic）互文性、结构（structural）互文性、主题或话题（thematic）互文性和功能（functional）互文性四种③。此后 Lemke 又进一步将韩礼德的语言元功能理论即概念元功能（主要是经验元功能）、人际元功能和语篇元功能纳入互文性分类探讨中，对应划分出三大类互文性：共题类（cothematic）、共向类（co-orientating）和共构类（coorganizational），由于语义体现的结构式样多样化，共构互文性又分为共类（cogeneric）互文和共为（coactional）互文，后者是前者的具体例示（instantiation），这与 Martin 的语境层次观有异曲同工之妙。④ Lemke 指出，言语行为的功能实质指向语义，我们能识别语篇之间的话题互文关系，源自这些语篇在识解同一话题时相应地享有语义相似的经验资源，对应语域理论中的语场，从而共题互文性又与语域关联。⑤ 在此基础上，杨汝福进一步拓展了语域理论、元功能理论和互文性的结合，提出共现互文性（copresentional intertextuality）、共向互文性（coorientational intertextuality）、共构互文性（coorganizational intertextuality）三重互文性模式，如表 1 所示：

———————————

　　① Halliday M. A. K. & Hansan R. *Language，Context，and Text：Aspects of Language in a Social-semiotic Perspective* ［M］. Oxford：Oxford University Press，1985：47.

　　② Martin J. R. & Seggin S. Genre and Registers of Discourse ［A］. In Wang Z. H. *Genre Studies* ［M］. Shanghai：Shanghai jiao Tong University Press，1997：161 – 186.

　　③ Lemke J. L. Ideology，Intertextuality，and the Notion of Register ［A］. In Jdbenson & Greaves W. S. *Systemic Perspectives on Discourse* ［M］. London：Ablexn，1985：275 – 294.

　　④ Lemke J. L. Intertextuality and Educational Research ［A］. In Shuart-Faris N. & Bloome D. *Uses of Intertextuality in Classroom and Educational Research* ［M］. Charlotte：Information Age Publishing，2004：3 – 16.

　　⑤ Lemke J. L. Intertextuality and Educational Research ［A］. In Shuart-Faris N. & Bloome D. *Uses of Intertextuality in Classroom and Educational Research* ［M］. Charlotte：Information Age Publishing，2004：3 – 16.

表 1　三重互文性模式及其体现关系和分类表①

三重 互文性模式	三重体现关系			分类
	语义资源	语域变量	符号形成	
共现互文性	概念元功能	语场	主题形成	共现互文性
共向互文性	人际元功能	语旨	价值形成	肯定/否定/倒置/相对互文性
共构互文性	语篇元功能	语式	修辞—语类形成	语际/媒际/共类/共为互文性

　　在翻译的语篇分析研究学派中，Hatim 和 Mason 将互文性与翻译结合，认为互文指涉有两种层次：一是各种独立的互文指涉，如引用（reference）、陈词滥调（cliché）、文学典故（literary allusion）、自我引用（self-quotation）、套语（conventionalism）、习语（proverb）和沉思录（meditation）；二是语篇与语篇之间的互文关系②，即 Lemke 划分的体裁互文性、结构互文性、主题或话题互文性和功能互文性。前者是指在某一语篇中存在明显可循的对其他语篇的引用、指涉等，典型地通过语篇的表层特征如引号来标示或暗示出，后者则指语篇产出过程中涉及的话语规范的组合。根据 Martin 的体裁和语域之间的层次体现关系，基于 Lemke 和杨汝福以及 Hatim 和 Mason 关于翻译语篇中的篇际互文关系，我们调整表述为共现互文性、共向互文性和共构互文性。从而，从功能语言学途径看，同一语言社团成员对互文本（intertexts）的识别与生产，实质是语境维度下语篇之间或其内部如何使用作为社会意义符号的语言来进行解码与编码。

二、互文性视角下源语篇的功能语篇分析

　　乔布斯情书属于文学体裁中的散文。张美芳指出，"在实际翻译中，译者既是原文的接受者又是译文的生产者。他在接受原文的过程中要进行语篇分析，在生产译文时同样要进行语篇分析，而且要将两次分析的结果进行比较，才能较好地完成翻译任务"③。接下来我们从互文性视角出发，对乔布斯情书这一源语篇进行功能途径下的语篇分析。

---

①　杨汝福. 互文性模式的功能语言学建构［J］. 外语教学，2008（6）：46.

②　哈蒂姆，梅森. 语篇与译者［M］. 上海：上海外语教育出版社，2001.

③　张美芳. 从语境分析看动态对等论的局限性［J］. 上海科技翻译，1999（4）：11.

We didn't know much about each other twenty years ago . We were guided
by our intuition; you swept me off my feet . It was snowing when we got married
at the Ahwahnee . Years passed, kids came, good times , hard times , but
never bad times . Our love and respect has endured and grown.
We've been through so much together and here we are right back where we
started 20 years ago -older and wiser-with wrinkles on our faces and hearts.
We now know many of life's joys, sufferings, secrets and wonders and
we're still here together . My feet have never returned to the ground. （Walter
Isaacson, *Steve Jobs*）

　　乔布斯情书写在一张卡片上，篇幅不长，从情书的叙事内容来看，依
据时间顺序发展，其语篇意义可以梳理出如下六个语步：初识心动（第1、
2句）；步入婚姻殿堂，回忆新婚场景（第3句）—婚后生活缩影：携手与
共，夫妻情深（第4、5句）—结婚纪念故地重游，此情此景（第6
句）—重述夫妻携手与共、鹣鲽情深（第7句）—表明心迹，首尾呼应
（第8句）。根据韩礼德所言，语篇是"语义流"的动态过程，如同小句的
主位结构和信息结构一样，语篇也存在类似的由强渐弱和由弱渐强运动方
式体现的结构①，Martin 将前者称为超级主位和超级述位，从而归纳出
"引言—正文—结论"的三明治式语篇结构②。据此，我们也可以将乔布斯
情书归纳为三个语步，即将上述六个语步中的第二、三、四、五语步合起
来，构成初识心动（第1、2句）—婚后携手与共（第3、4、5、6、7
句）—表明心迹（第8句）的语篇结构。我们进一步结合互文指涉角度来
看。互文指涉包括文内互文和文际互文。乔布斯情书语篇中呈现明显的文
内互文指涉，主要体现在词、词组和小句的自我引用或转写上：

---

　　① Halliday M. A. K. How is A Text Like A Clause? ［A］. In Allen S. *Text Processing*：*Text Analysis and Generation*，*Text Typology and Attribution* ［M］. Stockholm：Almqvist and Wiksell International，1982：209-247.

　　② Martin J. R. *English Text*：*System and Structure* ［M］. Amsterdam：John Benjamins Publishing Company，1992：437.

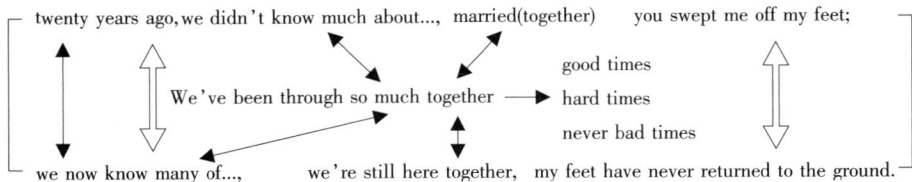

图 1　乔布斯情书三明治式语篇结构

根据图 1，结合文内互文角度分析，我们可将上述三明治式结构重新整理，即将第 7 句从正文部分剥离出来，与第 8 句合在一起构成结论部分，从而与开篇第 1、2 句的开头部分首尾照应，这样分析，可以避免头重尾轻。甚至依照上图文内互文角度分析，我们还可以依据时间短语"twenty years ago"的互文，简化为两个语步：忆往昔，二十年前我们心动，在一起，共同进退—看当下，历经种种，二十年后我们依然在一起。由此可见，源语篇作者乔布斯在情感抒发脉络上依循时间进行巧妙的安排，20 年前的心动携手相伴到 20 年相处心动依旧，感情由最初的直觉吸引到同甘共苦后的鹣鲽情深得到升华，看似平淡的措辞，前后照应的叙事，饱含乔布斯对妻子的深情及其婚姻天作之合之意；而对照和排比的修辞格的运用，也进一步说明乔布斯在遣词造句上的诗性。这可以通过文际互文指涉来进一步观察。源语篇中，文际互文指涉主要体现在习语"to be swept off one's feet"的互文，乔布斯调整成"you swept me off my feet"，用来描写他与妻子彼此倾心而使其感到快乐的感觉，语篇末尾再通过仿拟以"my feet have never returned to the ground"结束，再次抒发其心动依旧的情感，使整个语篇浑然一体。

三、乔布斯情书翻译语篇的互文性分析

接下来，我们分析网络翻译语篇的互文指涉，主要从文际互文性来谈，由于我们所观察的互文本属于翻译语篇，还包括网络翻译语篇与源语篇、原译语篇的互文。李开复在微博上转发网友的两篇翻译之后，网络上掀起翻译狂潮。我们共搜集到 113 篇微博平台上的译文。通过去噪，除去翻译不完整及评注性话语的语篇，我们共获取 81 篇，包括古代汉语译文 56 篇和现代汉语译文 25 篇。根据 Hatim 和 Mason 对翻译的互文指涉分类，从篇际互文指涉的角度看，网络上的乔布斯情书翻译呈现出明显的体裁互文性特征。从上文我们可以得知，乔布斯情书属于文学体裁中的散文体裁，从我们收集的语料分析，网络上翻译成散文体裁的有 34 篇，其中包括现代散文体 21 篇和古代散文体 13 篇，所占比例为 44.16%（不包含方言体和网络体译文 4 篇）；网络平台上的译文有采用散文体裁对应翻译的，如例①：

　　①20 年前，我们相遇，彼此陌生，但我们一见钟情坠入爱河。阿瓦尼的漫天雪花见证了我们的海誓山盟。岁月如梭，儿女长大，有过甜蜜，有过艰辛，却没有苦涩。我们的爱意历久弥新，携手与你相伴走过漫漫人生。20 年后，你我虽已苍老但更加睿智。任皱纹爬上面容，任沧桑布满心间，但我们的生活充满快乐欢欣与奇妙。我们结伴前行，你让我飞翔在爱的天空里，不愿落下。（李亦非）

　　源语篇是散文体裁，中信出版社出版的原译语篇同为散文体裁，例①译成散文体裁，三个语篇之间达成体裁互文。网络翻译语篇中一个突出的共构互文性特点是语类替代，大量的翻译语篇转换成诗歌体裁，共 43 篇，皆古诗歌体裁，包括四言诗、五言诗、七言诗和双阕词，占比为 55.84%（不包含方言体和网络体译文 4 篇），其中，七言诗体和四言诗体数量较多，分别占 23.38% 和 16.88%，词体占比 10.39%，五言诗体偏少，为 5.19%。如例②属于七言诗体，例③是仿苏轼的《江城子·乙卯正月二十日夜记梦》所作的词。

　　②二十年前初相识，一点灵犀为君痴。
　　　携子之手誓白头，飘飘雪落阿华尼。
　　　年华飞逝儿女来，美好艰难悉甘之。
　　　历久弥增爱与敬，同舟共济廿载时。
　　　重游故地知何异？心底沧桑额上丝。
　　　悲欢尝尽终不离，未改初心一片痴。（Uncle Sleepy）
　　③《江城子》版：浮生若梦二十春，缘自牵，人自迷。飞雪来贺，初嫁俏红妆。笑谈谁人不识君。儿绕膝，女缠颈。　　风起云落任凭他，情更深，爱弥坚。金风玉露，胜人间无数。千般风情与谁说，天不老，情难绝。（taoyouyou）

上述语类替代是发生于文学语类间的互文，还有发生于文学语类与非文学语类间的互文，如例④，译者增译出源语篇的目标读者和作者的姓名，仿拟成应用文语类中的书信体，而正文部分主要为四言诗句，而后小半段间或有散文风格。这一类较少，我们只发现以下一例：

④劳伦娜：

二十年前，你我陌路。爱有灵犀，一见倾情。结发之日，瑞雪为证。光阴荏苒，从无憾时：幸得儿女，同享欢愉，共克时艰。爱经锤炼，相敬如初。　　千帆过尽，重回原点：容颜愈老愈成熟，心智愈老愈聪慧。参透生命之喜乐苦忧、隐秘神奇，今朝你我，不离不弃。此生，我，为你倾情。

史蒂夫·乔布斯

VQ（VictoriaQI）译

由于我们考察的是翻译语篇，在翻译过程中，受限于源语篇内容表达、译者文学素养、语言知识及时间等各方面的因素，网络翻译语篇在诗词的韵律方面并无严格讲究，内容方面，出于格式考虑，译者有一定发挥，如例③"笑谈谁人不识君"，是译者对原作者乔布斯的一种阐述。与此同时，网络翻译语篇中有语类混合的现象，如例④和例⑤，整体上采用词的结构，但其上下两阕字数并不齐整，夹杂着四字诗句。对于这一类现象，我们在进行语类分类时，采用该语篇的主要语类特征来分类。

⑤二十年前，未相知时。然郎情妾意，梦绕魂牵。执子之手，白雪为鉴。弹指多年，添欢膝前。苦乐相倚，不离不变。爱若磐石，相敬相谦。　　今二十年历经种种，料年老心睿，情如初见，唯增两鬓如霜，尘色满面。患难欢喜与君共，万千真意一笑中。便人间天上，痴心常伴侬。（Echo 马潇筠）

除却语类替代，网络翻译语篇中还出现有语类置换的现象，即将某个作者的一个语篇或若干作者的若干语篇分解再碎片重装的转换。[①] 如例③，译者将苏轼的词《江城子·乙卯正月二十日夜记梦》打碎，仿其上下两阕及其各句字数结构，又取秦观的词《鹊桥仙》的表述"金风玉露一相逢，便胜却人间无数"以及其他习语表述如"浮生若梦""绕膝缠颈""风起云落"等。又如例⑥，以四字诗体而作，新墨行间无不体现前人作品痕

---

① 杨汝福. 互文性模式的功能语言学建构 [J]. 外语教学，2008（6）：43-46，60.

迹，如《诗经·国风·郑风·子衿》"青青子衿，悠悠我心"；《诗经·国风·周南·桃夭》"之子于归，宜其室家"；《诗经·小雅·采薇》"今我来思，雨雪霏霏"；《诗经·邶风·击鼓》"执子之手，与子偕老"；白居易的《长恨歌》"上穷碧落下黄泉，两处茫茫皆不见"和典故"举案齐眉"及成语"时光荏苒""鹤发疏齿"等语句，从而杂糅成《诗经》体翻译语篇。

⑥廿年相知，两处茫茫。天为媒证，情出神光。幽幽我思，魂近天堂。至子于归，雨雪霏霏。及尔惠来，经年已往。时光荏苒，子息盈堂。举案齐眉，患难共襄。鹤发疏齿，饱览炎凉。执子之手，誓言无忘。我心悠悠，文无可详。来生相会，酬子无量。（江东小白兔）

从共类互文来看，根据我们的语料分析统计，我们得出如下数据结果：

表2　乔布斯情书网络翻译语篇的共类互文性分析

类型	散文		诗歌				
	现代散文	古代散文	现代诗歌	四言古诗体	五言古诗体	七言古诗体	古代词类
数量/篇	21	13	0	13	4	18	8
占比/%	27.27	16.88	0	16.88	5.19	23.38	10.39
小计/篇	34		43				
占比/%	44.16		55.84				

由表2可见，共类互文性主要体现为网络翻译语篇与源语篇及原译语篇的散文体裁、网络翻译语篇与目标语先前历史文本的古诗歌体裁互文，从数量占比来看，两者之间差别不大；而诗歌体裁中七言诗和四言诗略占优势；现代汉语翻译语篇全是散文体裁，古言则诗歌占压倒性优势。网络翻译语篇与源文本之间存在体裁互文关系，又体现在它们之间的共现互文上。Lemke认为，共现互文是有关于主题或话题互文，因此翻译本身就是一种互文，不管源语篇还是原译语篇，无论网络翻译语篇还是古诗歌语篇，都有男女间的爱情主题贯穿其中，即呈现共现互文特征。这主要体现在大量的情书措辞选择上，如"一见钟情/倾心""心有灵犀""两情相

悦""海誓山盟""魂牵梦绕"等成语以及"鸳鸯""双蝶比翼飞""磐石"等爱情意象。

翻译语篇在具体的语篇组织上也可有不同的选择，Lemke 用共为互文来指称语篇具体示例中的结构互文，以区别概括性的共类互文。① 上述例子中，例④添加了书信体的称呼语和自称语，采取与源语篇相同的断句处理。例①第 1、2 句合，同时将第 6、7 句拆分，第 6 句前半部分有所省译，后半部分与第 7 句的前部分合译，而第 7 句的后部分则与第 8 句合译。例②第 1、2 句合，第 7、8 句合。例③第 1、2 句合。例⑤则将第 4 句分译为两句。从上文可看出，例①、例②采取了三段式的叙事语篇结构，例④采取六个语步按时间顺序叙述，而例⑤为两段式，双调宋词分上、下两阕，这与乔布斯以 20 年前初识相遇心动、日后相知相守到 20 年后故地重游，韶华不再，爱意依旧的首尾呼应布局有结构上的切入点，从这个角度看，例①也采用了 20 年前后的叙事结构，而例③由于其重在仿拟《江城子》词牌格式，而较少注重源语篇在翻译语篇上下两阕的语义结构安排。网络翻译语篇的共为互文除了在结构安排上体现在语句的分译与合译上，还体现为有共为互文的添加，包括并列添加和从属添加。② 例⑥扩充为 11句，"幽幽我思，魂近天堂"并列添加乔布斯写此情书的背景，"来生相会，酬子无量"并列添加目的语中临别夫妻寄希望于来世相聚的愿望，以表情深与不舍。而从属添加则是添加与翻译语篇附属相关的如标题、序言、前言、后记等内容，如例③的"《江城子》版"、例④"VQ（Victori-aQI）译"等。

共构互文还包括语际互文。上文我们提到，翻译活动本身便是一种互文，包括同一语言的标准语和方言的语内翻译互文与不同语言的语际翻译互文。语内翻译互文有使用粤语将原译语篇转码译出的，见"david_ czl"的译文，另外两篇则用东北话和客家话翻译。还有一篇采用网络话语翻译出。总体而言，从语言变体出发，网络翻译语篇采用古代汉语翻译占压倒性优势，占 69.14%，而现代汉语翻译语篇占比为 30.86%，其中采用标准语翻译占 25.93%，而方言体和网络体非常少，分别为 3.7% 和 1.23%，如表 3：

---

① Lemke J. L. Intertextuality and Educational Research ［A］. In Shuart-Faris N. & Bloome D. *Uses of Intertextuality in Classroom and Educational Research* ［M］. Charlotte：Information Age Publishing，2004.

② 杨汝福. 系统功能语言学观照下的共向互文性模式研究 ［J］. 外国语，2010（2）：12 - 19.

表3　不同语言变体下的乔布斯情书网络翻译语篇的共构互文性分析

语言变体	现代汉语				古代汉语
	标准语	方言体	网络体	小计	
数量/篇	21	3	1	25	56
在全部语篇中占比/%	25.93	3.70	1.23	30.86	69.14

　　不同的语言变体选择体现了语篇的话语风格，在汉语语篇中，采用古代汉语表述，拉开时空距离，从而具有书面语"文"的特征，尤其是用古诗歌表达情意，愈显文采斐然、文风典雅，而这与共向互文亦有关。乔布斯情书网络翻译浪潮起源于众网络读者对中信出版社出版的原译语篇的不满，认为"原书翻译不够感性，太过平实"，从而自发转为译者动手翻译，这种网络上对于原译语篇的批评声音和态度很大程度上影响了网络翻译语篇的古代汉语偏向。同时，源语篇是乔布斯对结婚20周年的妻子表达情意的语篇，语言朴实，情感真挚，而乔布斯作为美国苹果公司（Apple Inc.）的创始人之一，拥有大量的粉丝，网络上的翻译绝大部分以正式语体翻译，而方言体和网络体具有非正式、谐谑化的特点，比例相当少，其搞笑风格不符合源语篇和翻译语篇发布时乔布斯去世的语境。

四、乔布斯情书翻译语篇互文性的解释与评估

　　源语篇与目的语篇在实现语言形式的转换过程中受到不同层次的语境的约束，目的语篇是对源语篇的语境重构（recontextualization）。我们进一步从功能语言学角度对源语篇及其翻译语篇的互文性特征进行解释，看语篇间的互文性如何通过语境、语域来解释，并对翻译语篇进行评估。

　　翻译活动的互文，实际上关涉到抽象的文化语境（包括源语文化语境和目的语文化语境）以及具体的语篇外的情景语境和语篇内的上下文语境，语言呈现为大大小小的语篇，语言语境为语篇语境提供意义潜势，语篇语境则通过具体语篇使语言语境得以示例化①，语境、语言和语篇从而紧密关联。宏观的文化语境凝聚成不同的意识形态，通过语类来体现，为情景语境提供潜势，情景语境则通过语域来和语言发生映射，也就是说，语类

---

① 韩礼德. 功能语法导论［M］. 3 版. 北京：外语教学与研究出版社，2008.

和语域是通过语言体现的社会意义系统，语言通过语类和语域接口对语境进行示例化。在乔布斯情书网络翻译语篇互文性中，再语境化起着至关重要的作用，包括目的语篇文化语境、情景语境和上下文语境的再语境化。

从目的语语境看，汉语有上下五千年的文学宝藏，文化语境提供了丰富的资源，具体表现为丰富多样的情书主题语篇，如《诗经》、七言五律、散文，汇聚成汉语情书题材语篇文风典雅、辞藻优美和意境含蓄的意识形态。在这种情书语篇意识形态指导下，采用简白话语翻译的原译语篇毫无意外地受到网络读者一致的批评，读者从而自发地重新构建出翻译语篇的情景语境。张美芳指出，"在大多数时候，虽然译文与原文的'语场'相同，但是'语旨'却不一样，语旨产生了变化，'语式'也就随之变化"①。这是因为，翻译活动不是孤立的行为，而是译者在特定语境下，与源语篇、源语篇作者、目标读者发生紧密关联的一种社会言语行为。译者的实质是在具体社会环境下的人，他/她对语言的使用反映了他/她对世界的主客观反映，并通过语言与他人进行交际；只不过其语言活动是将一种语言转换成另一种语言，涉及两种语言之间的转码。我们可以通过语域三变量来具体分析源语篇和网络翻译语篇的语域要素变化。

语域分析（源语篇）：
　　语场：主题形成——对妻子表达情感。
　　语旨：角色关系——携手二十载的夫妻关系。
　　语式：书面语：书写在卡片上。
语域分析（网络翻译语篇）：
　　语场：主题形成——对妻子表达情感。
　　语旨：角色关系——（1）原作者与读者即其妻子的夫妻关系。
　　　　　　　　　　　（2）原作者与译者（译者为读者的身份）之间的关系。
　　　　　　　　　　　（3）原译语篇与网络潜在译者之间的关系。
　　　　　　　　　　　（4）网络译者与其读者之间的关系。
　　语式：电子书面语篇——发表在微博平台上。

从上述分析可以发现，网络翻译语篇的语域要素发生了变化。首先变化的是语旨。网络翻译语篇的交际角色关系发生了改变，由源语篇中原作者与其目标读者妻子之间的夫妻关系转变为网络翻译语篇中的多重关系，

---

① 张美芳. 从语境分析看动态对等论的局限性 [J]. 上海科技翻译，1999（4）：11.

并且在这多重关系中，凸显的是网络译者与其读者之间的对话关系，而隐性化其他三种交际关系。这种选择来自语篇语境的变化。源语篇作者乔布斯作为美国苹果公司创始人之一，其电子产品向世人展示其推崇简约风格的特色，原译语篇译者采取作者为导向及原文为导向的翻译方式，试图获得翻译的对等，但忽略了译语文化特点及其目标受众的审美预期，在汉译本发行后，目的语读者对其翻译很不满意，普遍反映太过于平淡，不似情书，由此读者的这种评价倾向重构了网络翻译的主要标准：文雅、动人，采用读者为导向的翻译。在由原译语篇读者转向网络语篇译者时，对原译语篇的批判而产生的这种翻译目的的设定影响网络译者的翻译风格，网络翻译语篇更侧重凸显言语的诗学功能，而原作者与妻子共同生活 20 年的伴侣关系及其性格与行事风格对言语风格的影响在某种程度上被次要化甚至忽略不计，凸显了语篇与读者的对话，而对于这种对话，刘琦指出，"不仅在于读者对作者的'延续'和'可写'，而且还可以进入真实的环境去'仿写'或'戏拟'，是另一种形式的激励"①。而在由原译语篇读者转向网络语篇译者的同时，由于原译语篇作为先文本进入网络译者的语篇系统潜势，网络译者或多或少地受其影响，体现为不同程度上对原译语篇的互文指涉。语旨在一定程度上影响了语场，写作源语篇时，作者乔布斯身患重病，深知时日不多；形成网络翻译语篇时，乔布斯去世，一些译者采用悼亡词语来翻译。语式也发生了变化。微博平台上的翻译有别于传统纸质语篇，电子语篇的即时性与交流上无时空条件限制，使微博平台上的读者可以及时发表自己的意见和看法，"语篇中的读者"（reader-in-the text）的声音投射进入语篇生成过程，产生"受众的影子"，触发语篇生成者在语篇生成过程中考虑接受者的兴趣、需求、知识背景、身份地位、心理预期、意识形态等因素②，从而一定程度上影响译者的翻译行为和翻译结果。

由此可见，网络翻译语篇大量的互文指涉源自文化语境和语域的再语境化。从语域角度看，原译文受时间所限，同时在具体的上下文语境中，考虑的是译文与乔布斯的语言特点及该传记作者写作风格的一致性，是忠实于原作的译本，针对网络批评声音，译者也回应华丽不是他们追求的风格；然而当这份情书作为独立语篇出现时，汉语读者受汉语古典诗词歌赋文化的影响，对情书体裁有其特定的美学预设——其功能主要是向爱人表

---

① 刘琦. 互文性理论对文学翻译的意义 [J]. 西南民族大学学报（人文社科版），2004 (5)：236.

② Thompson G. & Thetela P. The Sound of One Hand Clapping：The Management of Interaction in Written Discourse [J]. *Text*, 1995 (15)：103 – 127.

达深情厚爱，在语境变量发生改变下，原译语篇的朴实风格愈发显得翻译痕迹较重。而且此时，译者受网民对原译文的"太过平实"的评论所影响，其翻译目的也发生了改变，进而产出了诸多不同体裁的古典风格的译作，严格意义上，网络翻译语篇很多有仿写与创作性质，如上述例③、例⑥属于创译。我们可以进一步结合上下文语境和互文性来对网络翻译语篇进行功能视角评估。上文第二小节从互文性视角对源语篇进行的功能语篇分析结果显示，源语篇采用大量的文内互文指涉，从语篇内的上下文语境看，我们可以从语篇内的衔接连贯来简要评估网络翻译语篇。以散文语类的例①、七言诗体的例②、四言诗与散文结合的例④以及词体的例⑤为分析对象，这些翻译语篇基本上都注意了源语篇的互文指涉衔接与连贯，文内互文主要通过时间短语关联，如例①中"20年前""20年后"，例②中"二十年前""廿载时"，例④中"二十年前""结发之日""今朝""此生"，例⑤中"二十年前""今二十年"；习语"to be swept off one's feet"的互文及其"my feet have never returned to the ground"的仿拟与照应，例①、例②、例④通过成语译出并采用词语重复的手法关联，例①中"我们一见钟情坠入爱河""你让我飞翔在爱的天空里，不愿落下"，例②中"一点灵犀为君痴""未改初心一片痴"，例④中"一见倾情""为你倾情"；例⑤中则通过语义衔接，"梦绕魂牵""痴心常伴侬"，没有发生词语照应关联。结合语境，综合来看，采用古代汉语翻译的网络语篇营造了古典文雅美，是在对原译语篇批判的基础上对历史语篇的仿写与创译，是再语境化下的产物，结合语篇的语域要素看，现代英语写作的语篇用现代汉语翻译更符合其语篇语境。

在当下这个网络狂欢的自媒体时代，网络语篇成为一种新媒体语篇，乔布斯情书的翻译浪潮呈现出大量的互文性特征。从功能语言学背景出发，我们将互文性与语篇分析结合起来，解读、分析了源语篇和网络翻译语篇的互文性特征，并对其进行了功能视角的解释与评估。研究结果显示，网络翻译语篇大量的互文指涉源自文化语境和语域语境重构下的语篇生成者与语篇及语篇接受者之间的对话互动，网络翻译语篇译者作为源语篇和前译语篇的读者与其翻译语篇的生成者，在语篇解读和翻译语篇生成过程中，有意无意地植入语篇的读者声音，语篇生成过程中的互动重构了语篇语境，从而导致翻译风格发生变化；而源语篇内的互文指涉体现为翻译语篇中上下文语境下的词汇语义的衔接与连贯，成为翻译评估的一个方面。

（本章的相关研究，可参看《网络翻译语篇互文性的功能语言学研究——以乔布斯情书翻译为例》一文，载《当代修辞学》2016年第4期）

第十一章　新媒体语篇的
传播方式与互文性结构

　　自媒体传播已成为信息时代的重要传播模式，极大地改变着人类的社会生活，也使得传媒生态发生了前所未有的转变。传统媒体单向、平面、静态的传播模式，在自媒体时代已经变成了双向的、多向的、纵横交错的、立体多维的，其交互性特征与对话性机制以及文本结构的多元素性皆凸显了浓郁的互文性特征。这一章，我们通过聚焦新媒体中自媒体的语言活动，来考察汉语网络语篇的传播方式及其互文性结构原理。

一、自媒体引爆全民语言消费

　　第三章中我们提到，自媒体（We Media / We the Media）即个体媒体，是网络媒体范畴中的新媒体类型之一，指运用现代技术的电子、网络手段，由个体人群向非特定的大多数或者特定的单个人传递规范性与非规范性信息的新媒体的总称，也指一种为个体提供信息生产、共享与传播，内容兼具私密性和公开性的信息传播方式。美国学者谢因·波曼与克里斯·威理斯在《自媒体》（*We Media*）的研究报告中是这样解释它的：“We commissioned *We Media* as a way to begin to understand how ordinary citizens, empowered by digital technologies that connect knowledge throughout the globe, are contributing to and participating in their own truths, their own kind of news. （我们将自媒体视为理解普通大众在受到链接全球知识体系的数字技术强化之后，如何提供并分享他们自身事实与自身新闻的一种手段。）”① 美国硅谷著名作家丹·吉尔默（Dan Gill mor）的《我们即媒体：草根新闻源于民众，为了民众》（*We the Media：Grassroot Journalism by the People，for the People*）一书则进一步以副标题的形式将“自媒体”概括为：Grassroots

---

　　① Bowman S. & Willis C. We Media ［R］. The Media Center at the American Press Institute，2003：V.

Journalism by the people，for the people（草根新闻源于民众，为了民众）。①

在中国，自媒体有诸多表现类型与方式，如论坛帖子、网络评论、手机短信、个人博客、个人微博、个人日志、个人主页以及近些年几乎全民普及的微信群与朋友圈、个人公众号等，而其中具有全民性特征的典型代表，早期有手机短信，近年则有个人的微博、微信。

由普通大众主导的信息传播活动、自媒体的出现带来了媒体个人化、个性化、自主化、平民化等方面的变化，使得新闻的自由度与普及度显著提高，传媒生态发生了前所未有的转变：人人都有麦克风，个个都是通讯社，每个人都变成了记者或新闻传播员。在互联网上，每一个账号都像一个小小的媒体机构，编段子、发帖子、评新闻、转微博、传视频……各种各样的信息、观点、态度在互联网上交汇成信息的海洋。最近十余年，随着微博、微信在国内的迅速发展，网络媒体已全面进入自媒体时代。

传媒方式的转变自然也带来了自媒体的全民语言消费热潮。中国互联网信息中心（CNNIC）发布的《第44次中国互联网络发展状况统计报告》显示，截至2019年6月，我国手机网民规模已经达到8.47亿，网民使用手机上网的比例由2018年底的98.6%提升到99.1%。② 微博用户的数量近几年也不断增长，新浪微博数据中心2019年3月15日发布的《2018微博用户发展报告》第四季度财报显示，微博的月活跃用户4.62亿，连续三年增长超过7 000万。③ 而据中商产业研究院数据统计，截至2018年12月，微信朋友圈、QQ空间用户使用率分别为83.4%、58.8%，比2017年同期略有下降；微博使用率则为42.3%，较2017年底上升1.4个百分点。④

二、自媒体传播方式的互文性特征

1. 传统的传播方式与结构

传统媒体由于在技术上受到时空的限制，通常缺乏交互功能，信息传

---

① Gillmor D. *We the Media：Grassroots Journalism by the People，for the People*［M］. California：O'Reilly Media，Inc.，2004.

② 第44次中国互联网络发展状况统计报告［EB/OL］.（2019 - 08 - 30）. http：//www. cac. gov. cn/2019 - 08/30/c_1124938750. htm.

③ 2018微博用户发展报告［EB/OL］.（2019 - 03 - 15）. https：//data. weibo. com/report/reportDetail？id = 433.

④ 2018年中国微博用户数据分析：全国微博用户数超3.5亿人［EB/OL］.（2019 - 03 - 23）. http：//www. askci. com/news/chanye/20190323/1052421143717. shtml.

播的过程往往是单向传播，信息流动一般是单向的，即新闻机构向受众传播，或作者向读者传播，受众与读者一般只能被动地接受信息，无法向媒体与作者及时反馈信息，并且缺少就信息发表公开意见的途径。即使能反馈，受众的反应也必须通过收集而来，反馈有一定的时间间隔。因此，媒体与受众、作者与读者的关系基本上呈单向性扩展，其传播方式大致有以下两种（见图1、2）：

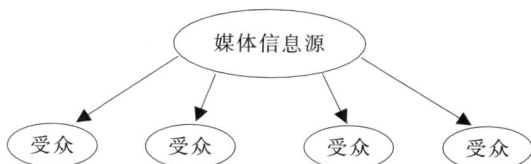

图1 传统媒体传播方式之一（横向传播，同步传播）

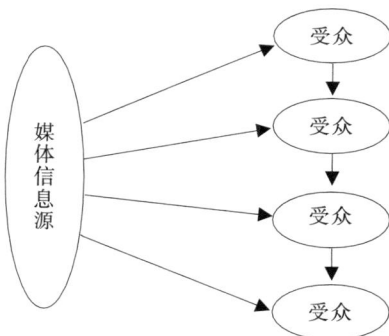

图2 传统媒体传播方式之二（纵向传播，异时传播）

如报纸、杂志，其传播的方式通常以单向性、静态性的方式展开。无论是多份相同内容的报刊，同时或异时到达不同的受众手中（同步传播/异时传播），还是同一份报刊，逐一传递于不同的受众（异时传播），读者与受众皆只能接受报刊的信息，无法给予实时反馈；即便是电视访谈、电台问答等节目，比之报纸与杂志，能出现某些及时的互动，但在时间、空间、人数以及范围涉及面等方面，均受到极大的限制，仍然算不得真正意义上的交互性媒体。

2. 自媒体的传播方式与结构

新媒体尤其是自媒体的出现，带来了信息反馈环节的根本性变化，受众不再是局外人，在接收媒体信息的同时，能立刻对媒体进行反馈，并且将信息迅速地传播给其他受众，受众即刻又成为信息传播者和发布者。在如此强大的交互功能下，媒体与受众的距离变成零，媒体与受众、受众与受众之间发生了多角度的交互关系。受众或读者可以实时对媒体进行反馈，与媒体进行实时交流；也可以是媒体变成受众，受众变成媒体，二者关系随时进行换位；还可以是一个受众与多个受众之间、多个受众与多个受众之间产生同步的或链条式的呼应与互动。这种双向的、多向的交互对话关系可以图示为以下两种模式（见图3、4）：

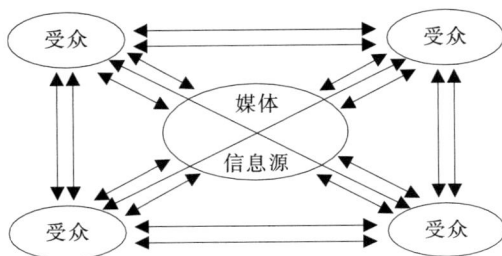

图3　自媒体传播方式之一

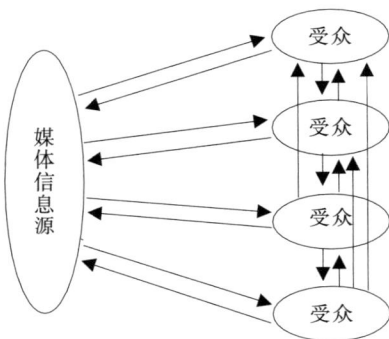

图4　自媒体传播方式之二

　　针对一个话题，多人参与、多方参与；在多个范围内，或同步展开，或逐次递接，发表各自意见。每个参与者都可以随时转变身份，从"旁观者"转变成"当事人"，从被动的受众瞬间变为主动的发布者，只要轻轻按下电脑鼠标，或者点击、触摸手机按下某个图标，就可以与媒体或其他受众进行交流，发生互动对话，并且无限量地引用、借鉴对方的、三方四方的话语或思想。如此这般，每个受众借助公共平台（如网络论坛、网络评论），或者借助自己的"网络报纸"（如博客、微博、微信公众号）、"网络广播/网络电视"（如播客），在"公用的"或"私家的"媒体上发表自己的观点，表达个人的意志，无论相互之间远隔重洋还是近在咫尺，无论是相识的故旧还是陌生的路人，皆可进行"面对面"式的互动对话，实现了真正意义上你、我、他之间的同步对话。

至此，传统媒体的单向性、平面性的传播方式已经变成了双向的、多向的、纵横交错的、立体的，网络世界将信息权以低成本的方式给予每个个体，由此也就产生了一个丰富的、多元化的人类社会空间。无论是广义互文性特征还是狭义互文性特征，在这样的传播模式与空间里，均得到了极大的凸显。

三、自媒体传播方式的案例分析

自媒体传播模式的改变，带来了受众与媒体之间、受众与受众之间的即时互动，形成了交互性的对话机制，而这种对话性、多话源的话语模式与文本结构正是互文性的特质所在。以下我们试举两个网络案例进行分析，以见其鲜明的交互特征。

1. 世界那么大，我想去看看

2015 年 4 月 14 日，一封辞职信在微信朋友圈和微博引发了热评如潮，包括学习粉丝团、《南方日报》、《扬子晚报》等全国"大 V"及部分官方媒体纷纷转发。信中写到辞职的理由仅有 10 字："世界那么大，我想去看看。"落款是一位顾姓心理学教师，据报道该教师就职于河南省实验中学。随后这句"世界那么大，我想去看看"就成了网络热语，被众多人拿来引用，表述自己想要说的观点想法等，如以下几个传播较多的版本：

①我带上你，你带上钱。世界那么大，我们到处去看看。

②世界那么大，我们到处去看看。趁着大好的年华，该去走走啦。别等坐在夕阳下，满头的白发。（《一起走天涯》）

③员工："老板，我想辞职。"老板："为什么？"员工："世界那么大，我想去看看。"老板："挺好的。噢，对了，你们家一个月房贷多少？""五千 。""那社保呢？""七百八十……""煤气水电物业费呢？""三千多……哦，算了！我会好好上班的。"

④上联：世界那么大，我想去看看；下联：路上那么堵，想

想都痛苦；横批：在家待着。

⑤问："我们是谁?"答："射手座。"问："我们的梦想是什么?"答："浪迹天涯。"问："我们的口号是什么?"答："世界那么大，我想去看看。"

⑥2019 年 11 月 5 日习近平出席第二届中国国际进口博览会，并发表题为《开放合作　命运与共》的主旨演讲。习近平强调："中国市场规模巨大、潜力巨大，前景不可限量。中国老百姓有一句话，叫作'世界那么大，我想去看看'。在这里我要说，中国市场这么大，欢迎大家都来看看。"

一句不经意的"世界那么大，我想去看看"的辞职理由，竟引来这么高的关注热度，就连国家主席在谈到中国市场，为中国经济打广告时都不禁引用起来，可见这句话的传播之影响。由此例看出，媒体的信息源，为顾姓教师的辞职信"世界那么大，我想去看看"，受众则为众多的微博作者或引用者。在这里，每一个引用者虽然都在说着自己的话，但并非完全的"自言自语"，而是在对信息源进行反馈，即在与信息源的发出者顾姓教师进行某种程度上的互动对话。无论众网友或引用者谈论的话题与原主题多么不相关，不管是叹息韶华易逝、交通拥堵，还是为社保、房贷发愁，或是宣传中国，均离不开同话题的核心内容"看世界"；并且在语言表层上用非常直接的方式做出反应，即引用信息源的核心语句："世界那么大，我想去看看"，形成十分壮观的对话式互动热闹场面。

2. 一首《凉凉》送给××

《凉凉》是 2017 年电视剧《三生三世十里桃花》的片尾曲。伴随着电视剧的走红，歌曲《凉凉》传唱度也越来越高。网络词"凉凉"一般用来表达"完了、惨了"等意思，表示毫无希望与办法，用于人们感到绝望的时候。比如主播在直播间玩游戏玩输了，观众就会在弹幕上刷"一首凉凉送给你"。慢慢地"一首《凉凉》送给××"变成网友自嘲或嘲笑他人的网络用语。如下例⑦"考试版"的"一首《凉凉》送给自己"一出现，立马引来众多网友的跟帖与围观：

⑦考试版：参加完笔试，一首《凉凉》送给自己！总结就是：即将毕业即将失业。做题太慢，题目太多，反应太慢，题目太难！

网友 A：一首《凉凉》送给自己，感觉这一年那么多 PPT、课本真的是白看了，那么多报告也白写了……

　　网友 B：好久没有试过，写中文题目都不知道题目到底想让我干什么了……一首《凉凉》送给俺？

　　网友 C：都是些什么魔鬼题目，题目都没看完时间就没了。呜呜呜……一首《凉凉》送给自己。

　　网友 D：想为自己点一首《凉凉》，鬼知道 5 分钟做 35 道题，而且全选 C 的感觉……

　　网友 E：一首《凉凉》送给自己，果然不能裸考，明年继续努力。

　　网友 F：考第一门出来，还好还好，没有想象中的难考；第二门出来，一首《凉凉》送给自己，增添一点秋天的氛围。

　　网友 G：一首《凉凉》送给自己，上了考场头脑一片空白，想到啥就说啥。

随后更多其他版本也涌现出来：

　　股市版：说实在的，看 A 股今天这个熊样就知道，随着新股发行太多，"牛短熊长"的情况又继续了。不要再抱有什么多头的执念了，A 股今年最好赚钱的时候过去了，剩下的，只有一首《凉凉》送给广大股民。

　　失恋版：最初相遇，你懂我想要，我知你所想，契合度百分百。时过四载，时过境迁，我不懂你所想，你不懂我想要。一首《凉凉》送给自己。

　　总结版：如果说 2019 年是幸运的年份，那 2020 年就只有一首《凉凉》才能与之匹配，一整天无精打采地上班，愿 2020 年剩下的日子对我好点。

　　吃货版：拔完智齿的第三天，看着大家吃全羊宴，吃大闸蟹、皮皮虾、鸭掌、鸭头、猪蹄子的我，只能捧着凉白开，喝着凉凉的米糊，吃着凉凉的西红柿炒鸡蛋。一首《凉凉》送给我自己。

　　购票版：国庆来临之际我还特心酸地不知道咋回去，还在外面出差，感觉自己好惨，一张票都没了，一首《凉凉》送给自己。

在这里，网民针对同一信息源（一首《凉凉》送给自己）进行回应：

每个跟帖既发出各自想说的话语，又相互关联，展开着对话，后一回帖接着前一回帖或前面某个帖子关于"考试"同一话题传递自己的信息。上下跟帖之间上递下接，形成了一个前后呼应、上下联动、你问我答的局面，凸显出鲜明的对话机制与交互特征。

伴随着社会事件的频频出现，这样的"言语集会"在中国的互联网上一次又一次出现，成为新媒体时期中国社会的重要舆情力量之一，所带来的轰动性社会效应与后续作用，是从前中国社会在传统媒体体制下所不曾有过的。

两个案例反映了互联网时代自媒体出现以后媒体传播模式的改变与运行方式的多样化，可以分别代表前述提到的两种模式：前者相当于自媒体传播模式的第一种形态，即横向型的同步传播模式；后者可视为自媒体传播模式的第二种形态，即纵向型的接续性传播。

四、自媒体文本结构的互文性特征

由上一节自媒体举例分析可见，对话机制与交互特征凸显新媒体语篇鲜明的互文性特点；然而从文本结构来看，自媒体文本构成模式的变化则体现出更为突出的互文性特质。相比传统文本，网络文本的结构形态与结构生态显示出丰富多彩、变化万千的局面。多媒体技术的产生，让我们可以随心所欲地将文字、声音、图片、动画、视频等各类素材插入文本，把文本变成一个色彩缤纷的"花花世界"；也可以十分轻易地将许多来自其他文本的海量信息复制粘贴或链接到自己的文本之中，形成一种开放性的超文本、超链接的立体网络空间。依据其结构的完整性（全面性）与否，又可以分为两大类型。

1. 典型性的自媒体文本结构

所谓典型性，即多元的自媒体文本，是综合性的大文本的自媒体结构模式，有众多元素的参与，如文字、声音、图画、色彩，形成声、光、电、动画、文字等多种技术的大综合，大致如图5所示。

不是每个文本都呈现出这一完整的结构形态，尽管在新媒体时代，通过多媒体技术，实现这一结构模式早已变得轻而易举，事实上，这样的典型性的自媒体文本更多的是一种理论性的存在。但无论如何，海量性、超文本特征、包罗万象已成为自媒体文本生成的基本特征。

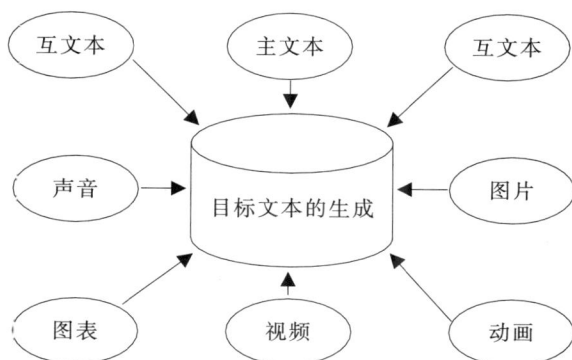

图 5 典型性的自媒体文本的理论结构图

2. 非典型性的自媒体文本结构

相对于典型性的自媒体文本结构，非典型性的自媒体文本的元素则不及前者丰富，文本的生成元素有可能是四五种、五六种，也可能只是两三种、三四种的组合，如文字加音频、视频的，文字与多个视频的，文字与图片、视频等的，更多的只是文字与文字的融合，即来自多个不同文本的话语组合。这样的文本结构自然会有若干类型，也可以用若干图示来表现，其中一种如图 6 所示。

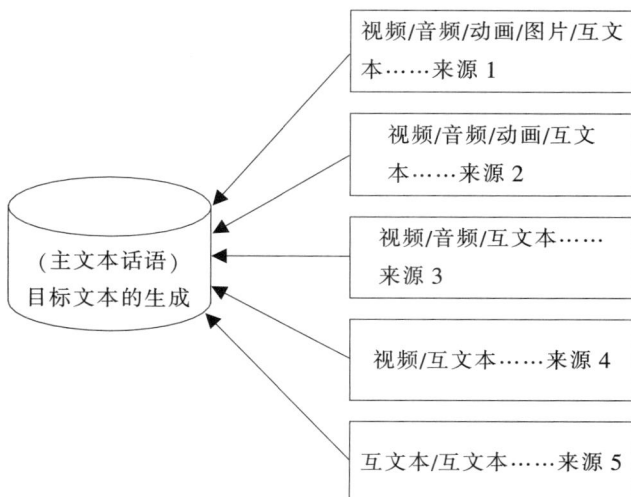

图 6 非典型性的自媒体文本的常见结构图

典型性文本与非典型性文本并没有一个清晰的界限，二者的区分是一个相对概念，表明某种趋向性与渐变特征，典型性与非典型性互为两端，从典型性到非典型性，是一个连续体，中间有无数的过渡状态。

然而，无论是典型性还是非典型性的文本结构，其共有的特征是多重元素的参与，凸显的是互文性的文本价值。在一个文本里，受众或读者能够看到来自其他文本或话语结构的多种元素或内容存在。

3. 自媒体文本结构案例展示

事实上，限于客观因素的多重条件，非典型性的文本结构模式往往是自媒体文本模式的常态，其中又有两种形态：

（1）纯文本的模式形态

主要有文字（话语）和图画、图片、图示等无声的元素参与，如下面一个较有代表性的案例，来自致力于推广广府文化，融知识性、趣味性和娱乐性于一体的微信公众号"快活频道"：

⑧重磅！广州正式"改名"！新名竟然是……①

该篇推文于 2019 年 7 月 21 日发表，首先提到 GaWC 将世界城市分类等级 [一线城市（Alpha）、二线城市（Beta）、三线城市（Gamma）、自给自足城市（Sufficiency）] 列出，接着指出广州的排位：

随后便列出城市的各类最新图文信息，试看其中几幅图文介绍：

这一次，广州不是在全国出名！
这一次，也不是在全亚洲出名！
这一次，而是在全世界出名！
这一次，全世界重新认识广州！
它拥有了一个新名字：

世界一线城市"30强"！
NEWS

广州：
以后请叫我
"世界一线城市"！

---

① 重磅！广州正式"改名"！新名竟然是…… [EB/OL]. （2019 – 07 – 21）. http：//mp. weixin. qq. com/s/gFFiWXKI659UFyu6LTwH8g.

我叫广州
是粤港澳大湾区中心城市之一！

广州的经济发展
在国内一直都是名列前茅
是粤港澳大湾区中心城市之一
广州南沙自贸区也坐落于此
根据国家统计局公布的信息
2017年广州全年实现
地区生产总值21503.2亿
排名稳居全国前列！

我的公交更是不用说了
串联起广州的每个区域
还开通了羊城通二维码功能
再也不怕坐车的时候发现忘记带公交卡了！

另外，广州去全省各地也越来越方便了！

目前广东全部21个地市中
已有16个地市通高（快）速铁路
根据最新规划
2020年将实现全省"市市通高铁"！

2020年广东三小时生活圈
已经实现：
广州—深圳：30分钟　　广州—佛山：地铁直通
广州—东莞：26分钟　　广州—珠海：55分钟
广州—中山：18分钟　　广州—江门：46分钟
广州—肇庆：35分钟　　广州—惠州：1小时06分
广州—清远：24分钟　　广州—韶关：51分钟
广州—潮州：3小时　　　广州—汕尾：1小时38分
广州—汕头：2小时29分　广州—揭阳：2小时12分
广州—云浮：1小时
计划2018年实现：
广州—阳江：约2小时
广州—茂名：2.5小时　　广州—湛江：2.5小时
计划2019年实现：
广州—梅州：3.5小时
计划2020年实现：
广州—惠州：30分钟　　　广州—汕尾：1小时
计划十三五期间实现：
广州—湛江：90分钟　　　广州—河源：40分钟

而后，推文将广州的各方面最新信息全部以图文（包括静态图和动态图）的形式一一呈现，如已建成的、在建和即将建设的各地铁线、城轨线、高铁线、火车站、机场、医院、大型企业、娱乐场所，以及各种美食、地标建筑、被国际国内评定的重要荣誉、大型商场楼宇、各类教育资源、古迹名胜、重要花卉等，给人们呈现一幅拥有美好未来的"大广州"全景图。整篇推文在文字叙述之外，共加入了大小130余幅图片。

（2）非纯文本的模式形态

除了纯文本的格式，另一种形态则是有声的自媒体文本，如播客、抖音等。这一类非纯文本格式主要有三大主体元素：声音、图像、文字（字幕），如走红网络的大学生自制视频《××大学招生宣传片》。[①] 下面是2021年上海交通大学官方微博发布的一则被众多网友刷屏而爆红出圈的招生宣传片：

---

① https：//www.weibo.com/chiaotunguniv？is_search = 0&visible = 0&is_video = 1&is_tag = 0&profileftype = 1&page = 2#feedtop.

　　成功人士，巅峰住宅，风情庭院，坐拥邻水美景，尽享贵族至尊。私家丛林，养生秘境，入户十米长廊，一键滑动解锁。全生态沃土风化外立面，每一处细节都经过百般打磨：垂吊式顶棚设计，让你感受时代气息；纯镂空门窗，让您和这个世界畅通无阻。全套家具，精工匠造，隐藏式保险柜为您守住财富和秘密。繁华深处，尊享私家厕位，纯生态厕纸任您享用；自由式移动供暖系统，旋转式制冷家电，洗尽铅华，方懂化奢为雅。真品生态大宅，盼您到来！

　　视频完全模仿房地产广告的结构模式，由三大元素构成：一为文本信息，内容上一一对应房地产卖点，涉及环境、房屋构造、家具、家电等多个方面。这是文本生成的基础，也是目标文本构成的主文本内容。二是音乐及配音，选取适宜房地产广告的背景音乐，配以语速适中、雄浑沉稳又富于变化的男声，模拟电视广告的语音语调。三是视频画面，主体画面皆为学校背景与学生宿舍内外的各种场景，少量截取其他视频。
　　就互文性特征的体现来看，这一有声自媒体文本综合运用了多种技巧：
　　一是文体错位嫁接。这种类型的招生宣传片一改传统千篇一律的招生视频风格，大胆借用房地产广告的文体外壳，模拟其配音口吻、话语风格，配以相应的学校场景，通过文图搭配的错位感产生了一种"正儿八经搞笑"的效果。与传统中规中矩的宣传片相比，此类视频被网友戏称为"土味招生视频"。电视广告作为一种正式文体通常并无太多笑点，但此视频恰恰相反，通过错位嫁接，模仿其他体裁的方式达到了令人捧腹的效果。一方面，相较于以往官方严肃的招生宣传，这种有"包袱"加持的土味视频更接地气，拉近了网民与大学之间的心理距离；另一方面，在网络世界中别具一格的画风更容易击中潜在的"用户"人群的内心，实现感染式传播，带来网民狂欢。①

二是强标记话语与弱标记或无标记图像内容之间形成了强烈反差。一般认为"有房有车"等类型的表述属于强标记话语，这里强调的"房、车"不是指普通的很容易购买的自行车或农村普通住房，而是超出一般购买力的豪车豪宅。但此类视频恰恰利用了视频画面与文本配图的强弱比较，使网友获得意想不到的视觉冲击，从而产生幽默效果。如"成功人士"配图为两个人拿着杯子或矿泉水瓶干杯，而按照生活常识，人们通常会联想到成功人士端着红酒干杯的场景；"尊享私家车位"配以自行车图片；"旋转式制冷家电"则是转头的小风扇，等等。②

三是语用义与字面义的选择性切换使用。一些词语的词义并不等于字面意义或各语素意义的加合，有的有约定俗成的语用义，但此类有声文本故意反其道而行之，让网友在类似于"脑筋急转弯"式的"恍然大悟"中哑然失笑。如"镂空"一词，《现代汉语词典》释义为"在物体上雕刻出穿透物体的花纹或文字"。因此，当我们听到"纯镂空门窗"时，马上会

---

① 实际上该文本并非 2021 年首创，在此之前，网上就曾有游戏版、医院版、农村版等多个同类视频出现，因其接地气以及令人捧腹的效果而获得网友的好评、点赞甚至争相仿拟。各大院校的学生用近似的文本，纷纷配上本校的实景，自制出视频在网上争奇斗艳。

② https：//www.bilibili.com/video/BV1Zg411g7oW/.

想到门窗的雕刻，但图片内容实为简陋的无纱窗门窗，这里的"镂空"采用修辞上的"断取"手法，省却"镂"仅取了"空"的本义；"垂吊顶棚设计"配着学生上下铺床前的床帘，"自由式移动供暖系统"指电吹风机，这里的"垂吊式、自由式"均让观众产生了一种"期待画面"与"实际画面"相左的视觉冲击感。"高大上"的推介词与简单、常见、朴素至极的图像内容之间形成的强烈反差，带来了调侃、戏谑的意味。

在这里，主文本与截取自其他来源的各类互文本（包括图片）拼接在一起，文体、风格、声音、图像、文字交汇相融，有的甚至有意错位嫁接，形成了一个丰富多彩的非典型性自媒体文本类型。播客上网友自制的各类搞笑视频大多属于这一非典型性模式，构成了自媒体文本结构的主要类别，带来了互联网上视觉与听觉的一次次交互狂欢，也证实了自媒体及其传播鲜明突出的互文性特征。

［本章的相关研究，可参看《自媒体消费的传媒方式与互文性结构》一文，载《福建师范大学学报》（哲学社会科学版）2014 年第 6 期］

第十二章 病毒式传播：流行语 "被 + ××" 现象解读

　　互文性的特征之一是语言结构具有强大的可复制性与传播特点，否则文本之间的互动与交融就不会发生。而作为促使语言结构得以"成建制"的复制与传播的内在机制，"模因论"的观点能够比较好地解释语言消费中流行语的传播现象。这一章，我们以网络流行语"被 + ××"的话语结构作为研究对象，借用"模因论"的观点，来考察可复制性话语结构的运作机制，进一步印证新媒体话语传播的互文性特征及其原理所在，从传播学的视角继续解读新媒体话语的互文性问题。

一、时髦的网络 "被" 现象

　　2009—2011 年，中国的互联网上出现了一个异常火爆的"被"现象，诸如"被就业""被增长""被自杀""被强大""被潜规则"……这种语言现象在各种网络媒体上得到热烈的讨论。如网易在第 63 期"网易新闻"栏目中就以"被时代：逃不出的荒谬"为专题，专版讨论了"被代表""被捐款""被失踪""被自愿""被就业""被自杀""被开心""被小康"等系列"被 + ××"的话题①；金羊网以"'被'字蹿红 09 年中国舆论场"为标题，对多个"被 + ××"现象进行了全面扫描②；新华每日电讯则以"'被'现象走红，折射弱者的无奈和调侃"为题，对"被增长""被就业""被自愿""被小康""被失踪""被中考""被慈善"等众多被结构语句及其相关话题进行了长篇阐释与评述③。"今天你'被××'了吗"成了时髦的流行语。一时间，好像真如有人所担忧或戏称的：我们已经进入了

---

① 被时代：逃不出的荒谬 [EB/OL]. （2009 - 07 - 24）. http：//news. 163. com/special/0001209L/beishidai090724. html.

② "被"字蹿红 09 年中国舆论场 [EB/OL]. （2009 - 08 - 13）. http：//news. sina. com. cn/c/2009 - 08 - 13/135618427971. shtml.

③ "被"现象走红，折射弱者的无奈和调侃 [EB/OL]. （2009 - 08 - 15）. http：//news. xinhuanet. com/mrdx/2009 - 08/15/content_ 11885984. htm.

一个"被时代"，正过着一种"被生活"。中国人经历了"被＋××"现象的病毒式复制与传播。

二、"被"字句的基本特征与规则

"被"字句是有标记的表示被动含义的句子，是汉语动词谓语句的常用句式之一。被字句的使用一般有两种格式：

格式一：被＋名词（NP）＋动词（VP），如：（国土）被敌人占领了。

格式二：被＋动词（VP），如：（国土）被占领了。

格式一中的"被"是个介词，引出施动者；格式二中施动者不出现，这个"被"字直接用在动词前面，一般不再视作介词，通常被当作助词，直接放在动词前面表示被动含义，两种格式统称为"被"字句。但在最近火爆的"被"字句中，只出现第二种形式，因此本章讨论的也是这种"被"作为助词形式的"被"字结构。

"被"字句要成立，通常需要两个条件。第一个是语法要求。从词性而言，"被"字后的成分由于表示某种动作，因而需是动词性成分，而且多是动作性的行为动词。但是时下走红的"被"现象中，很多用法打破这一规则，出现了其他词性，如：

①先驱导报评论：中国"被强大"了吗？（新华网，2009年8月12日）

②被快乐："被时代"的应对之策（南方网，2009年8月20日）

③从"被幸福"走向"真幸福"（大河网，2009年8月3日）

④我有爱心，但不要"被慈善"（《河南日报》，2009年8月13日）

⑤网友描述："被富裕"的生活，处处暗礁（新华网，2009年9月3日）

"强大""快乐""幸福""慈善"等都是形容词，按照语法规则，是不能直接放在"被"字后面表示被动含义的，但上述这些新闻标题中，它们都被当作了动作性的成分来使用，获得了与动词同等的语法功能。类似的用法还有不少，如"被和谐""被贫困""被先进"等。再看下列例证：

⑥小康？被小康了！（天涯杂谈，2009年8月21日）

⑦"被网瘾"也许是被误读（浙江在线，2009年8月27日）

⑧"被中考"敲响"严堵舞弊空间"的警钟（中国网，2009年7月21日）

⑨"被全勤"，劳动者权利被无情狙击（《齐鲁晚报》，2009年8月19日）

⑩工资被增长就是公平被睡眠（《京华时报》，2009年8月10日）

⑪70岁教授潜规则女生，只因他被潜规则（搜狐网，2009年8月15日）

⑫一不小心就"被下等人"了（东北新闻网，2009年7月23日）

"小康""网瘾""中考""潜规则"等是典型的名词性成分，不具有任何动作性质。但在这里，同样被作者赋予了动作性质。继续看下列例证：

⑬中国"被G2"（《联合早报》，2009年8月3日）

⑭"中国被G2"不可轻信美国花言巧语（新华网，2009年8月5日）

"G2"是英语"Group 2"的意思，仿G8（八国集团）而来，意指由美国和中国组成的两国集团。如果说"强大""幸福"，"网瘾""潜规则"等是汉语的形容词、名词，在一定条件下还可以活用为动词，而这里的"G2"却是个地地道道的外来短语，直接套用汉语的"被"字结构，这明显违反了汉语的语法或语用规则。

"被"字句成立的第二个条件是语义上的要求。从语义特征来看，用于"被"字句的动词往往要满足：需为及物动词，不能是主动动词，但时下的"被"字句并不遵守这一语义规则，出现大量的不及物动词或是主动动词，看下列新闻标题：

⑮传一记者在山西采访时"被失踪"（人民网，2008年12月14日）

⑯深度调查：大学生"被就业"忽悠了谁（《河南日报》，2009年7月28日）

⑰最长黄金周四成人想外出，三成人抱怨"被加班"（《广州日报》，2009 年 8 月 21 日）

⑱佘守亮"被自杀"，来自公安局的绝版传奇（金羊网，2009 年 9 月 2 日）

⑲教育乱收费的最高境界是被自愿（《扬子晚报》，2009 年 5 月 29 日）

"失踪""就业""加班""自杀"都是不及物动词，后面不能带宾语，显然不能用于"被"字结构。值得注意的是，"失踪""就业""自杀"等不仅不具及物性，而且还是一种主动动词。这类动作是只有施动者自己才能发出，现在却与"被"字结构用在一起，逻辑上是矛盾的，显得十分荒谬。

另外，即使有及物特征，也并非所有及物动词都能用于"被"字句。一般来说，使用"被"字结构的及物动词，应该具有一定的处置意义，即有"致使"含义。① 但是下面例证并不如此：

⑳网友晒薪证明收入被增长（京报网，2009 年 8 月 3 日）

㉑3G 时代：亟须脱离"被进入"的尴尬（新京报网，2009 年 8 月 27 日）

㉒宁愿被忽略，也不要被赞成（新华网，2009 年 8 月 24 日）

㉓17：1，我们又"被代表"了？（《羊城晚报》，2009 年 8 月 3 日）

㉔捐 50 返 100 我们又"被捐款"了（人民网，2009 年 8 月 27 日）

"增长""进入""赞成""捐款"等虽是及物动词，但没有处置意义，不能用于被动结构。但使用这些语句的人们并不理会这些，甚至是有意为之，显然有其特定的目的。

---

① 黄伯荣，廖序东. 现代汉语［M］. 4 版. 北京：高等教育出版社，2007；张斌. 新编现代汉语［M］. 上海：复旦大学出版社，2002.

三、"被"现象的语义特征与结构模式

从上述分析可以看出，火爆的"被"现象，基本上以违背常规的"特殊面貌"出现，或语法上，或语义上，或语法和语义上均超越传统的"被"字结构。发明或使用这些"被"说法的广大中国网民，他们并非不懂得汉语的基本原理，也不是要故意破坏汉语的语法规则，而是为追求更为重要的社会语用目的。比如"被就业"一说，逻辑上显然有问题。"就业"本是一种"自动"动作，是施动者的行为，只能用于主动句；现在却与受动结构的"被"字搭配，明显自我矛盾，有悖常理。但是这一说法一出现，立即得到社会的广泛认同，紧跟着，"被增长""被强大""被小康""被 G2"等迅即蹿红网络，流行开来。

从作者的解释来看，他使用"被就业"的意思是，在自己"尚不知情"的情况下，就被告知已经就业了，因此"被就业"实际上是在汉语意合语法背景下使用的一种省略性说法，其语义结构可以推知为：

被 + × × + 实施了"就业"行为

因为"被"后省略的成分不明确，因此就有可能导致两种含义：

一是真实地就业（即实施了就业的行为），但不是就业者本人所做，而是由他人代做的（比如和某单位签订了就业合同）。

二是虚假地就业，根本没有就业的行为，但被官方或他人"认定""汇报"或"说成"已就业。

如果用格式来描写，两种含义大致可以描写为：

被 + 他人代替 + 实施行为动作（动作由他人发出）
被 + 他人认定 + 有此行为/状况（动作由本人发出）

这两种结构，似乎可以解释诸如"被就业""被增长""被强大""被自杀""被小康""被潜规则""被 G2"等大部分"被"现象。

然而我们又发现，"被加班""被全勤""被捐款""被慈善"似乎不是这两种含义中的一种，那应该还有第三种含义。"被加班""被全勤""被捐款"等行为不是由他人替代发出的动作，也不是被他人认定或说成的自我行为，实则是受动者被"要求"或被"强迫"实施这样的行为，因

154

此这一用法的结构，其语义含义应该是：

被＋他人要求/强迫＋实施行为动作（动作由本人发出）

此一模式成立的话，那么当下"被"现象的语义结构至少应包含以下三种含义：

被＋代替＋实施行为动作（动作由他人发出）
被＋认定/说成＋实施行为动作（动作由本人发出）
被＋要求/强迫＋实施行为动作（动作由本人发出）

根据网民使用这些"被"字结构的语义解释，诸如"被就业""被增长""被强大""被潜规则""被 G2"等比较符合第一种含义；而"被自杀""被自愿""被幸福""被小康""被网瘾"等解释为第二种含义较为合理；"被慈善""被加班""被全勤""被捐款"等则适宜解释为第三种含义。

因此，虽然从语法和语义来说，"被就业"等"被"现象有悖逻辑常理，违反了汉语的语法、语义规则，但由于反映出了当今社会的一些不合理不正常现象，暴露了存在的问题，因而得到社会的普遍认可，实现了有效的社会语用价值，比如达到了吐槽、反讽民意被随便代表的目的，从而极大地满足了普通民众的社会语用心理。在这里，社会语用原则是大原则，语法、语义规则是小原则，大原则制约小原则，导致了这一现象广为人们所接受认同。

一方面，社会语用原则制约语法、语义原则能够解释不合规则甚至不合逻辑的"被＋××"结构问题；另一方面，这类现象得以传播并广泛流行，除了满足社会心理需求，其语言基础在其背后的物质支撑是不可忽略的重要力量，这就是"模因论"所揭示的互文性原理。

四、病毒式复制："被＋××"盛行的互文性解释

"被＋××"结构一出现，便受到特别的关注，并且显示出极高的社会认可度，这可以从两个方面得到反映：一是出现的频率高。以"被就业"为例，我们在百度上搜索一下，相关网页竟达 650 000 多个；其他如"被增长"约 433 000 个，"被自杀"约 96 800 个，"被 G2"约 1 240 000

个。几乎每一个网民用到的"被"结构都是成千上万次地出现。二是复制程度高，或者说模仿效应高，一个"被就业"出现，即刻引来"被增长""被强大""被幸福""被潜规则"等大量同型结构的跟从，并引发2008年就已流行的"被自杀""被失踪""被小康"等说法的再度火爆，形成一种集群式的规模效应，体现出当代流行语的重要特色。

一个现象出现，大量的同构形式接踵而至，在传统的汉语研究中，多被视作一种修辞现象，被当作仿拟或仿用。而按照"模因论"学者的观点，这样的语言现象正是典型的"模因"原理的表现。"模因"（meme）这一概念是由牛津大学动物学家和行为生态学家理查德·道金斯（Richard Dawkins）在他的名著 The Selfish Gene（《自私的基因》）一书中首先提出来的。道金斯认为，人类的文化传承如同生物的繁衍一样，也是由一个个模因组成的。作为一种文化现象的"遗传因子"，这些模因担任着文化传播和文化模仿的基本单位，跨越空间、时间，从一个个体传到另一个个体，由一代人传到另一代人，从一个地区传播到另一个地区。① 而语言作为模因的载体之一，本身也承担着模因的角色，在字、词、句乃至篇章等层面表现出来，成为各种各样的"语言模因"。② 这种"模因"通过不断的复制进行传播，在传播的过程中不断地按照其相对稳定的性质和特征被复制，并向"他者"渗透，或者得以变体式地复制，使这个模因具有"长寿命"的"繁殖"能力。③

这一点从流行的"被＋××"的结构形式中得到明确的印证。如"被就业"出现后，"'被'＋动词性成分"这一结构马上"繁衍"出诸多复制性结构："被增长""被赞成""被亏损""被涨价""被同意"……而这些复制性的结构又不完全照搬，稳定中有渗透和发展，于是形成了多个变体的格式：

"被"＋动词：被就业、被增长、被加班……

"被"＋形容词：被强大、被幸福、被快乐……

"被"＋名词：被小康、被全勤、被潜规则……

"被"＋外来语：被G2……

这样的特点，不仅反映在"被＋××"结构上，而且在诸多其他流行

---

① Dawkins R. *The Selfish Gene* [M]. New York：Oxford University Press, 1976.

② 何自然. 语言中的模因 [J]. 语言科学, 2005, 4 (6).

③ 徐盛桓. 幂姆与文学作品互文性研究 [J]. 暨南大学华文学院学报, 2005 (1).

语的结构上得到同样印证，如"××门""山寨××""很×很××"等。

任何一个信息，只要能够通过广义上称为"模仿"的过程而被"复制"，就可以成为一个模因。① 以"被＋就业"为代表的"被＋××"无疑可看作一个模因，而且由于复制程度高和强大的衍生能力，渗透力强，又可以升级成为"强势模因"，得到更高级别甚至是无限制性的复制扩张。而这种反复地被复制以及无限制性地扩张，所体现出的正是互文性原理的重要特质：引用、效仿、互涉，由一个文本到另一个文本，从甲文本扩张到乙文本，实现的是文本与文本之间的无限渗透。

作为一种文化传递单位，模因依赖复制、传播而得以生存，语言是它的载体。借助语言，模因得以自我复制和传播，从而又形成语言模因。在传递的过程中，模因之间也存在着竞争，有些模因生命力顽强，在不断地被复制传播之后，会变得十分稳固，且极具繁衍能力，成为文化中的强势模因；有些模因可能红极一时，但在传播的过程中逐渐变弱，从而成为弱势模因，甚至被淘汰出局。那么哪些模因生命力顽强，哪些模因生命力弱小，需由多重条件决定，有语言本身的条件，还受社会、文化、心理等多重因素的影响。比如随着 2005 年《超级女声》大众选秀活动的出现，诸如"超女"、"海选"、"PK"、"粉丝"、"玉米"（谐"宇迷"，指李宇春的歌迷）、"盒饭"（谐"何粉"，指何洁的粉丝）、"凉粉"（谐"靓粉"，指张靓颖的粉丝）等一大批流行词语诞生了，并被广泛复制传播。但是几年下来，真正得到社会认可，并在汉语中稳固下来的只剩下"超女""海选""PK""粉丝"等少数词语。它们作为词语模因被传递下来，得到新的复制，获得了较为顽强的生命力（如仿"超女"，就获得了"快女""快男"等新词），而其他如"玉米""盒饭""凉粉"之类由于缺乏社会的认可度，且与汉语中固有的同音同形词语相冲突，因而很快变成弱势模因，随着该活动的完结而逐渐淡出人们的记忆。

作为新媒体流行用法的"被＋××"结构，无疑对传统的"被"字句造成了一定的冲击和影响。但这种语用性的冲击与影响时间有多长，换句话说，其模因效应是短时的还是长期的抑或延时性的，甚至会不会颠覆传统的"被"字结构，需要用时间和社会的双重效应来加以验证。

"模因论"所揭示的复制性与传播特点从基本特征和运作原理反映出互文性的原理特点，从某个侧面揭示了语言的发展规律，为解释流行语的大量复制与传播提供了一个有效方法。而流行语本身反过来又成为模因的最佳候选对象，随着社会的不断发展，新的流行语模因将会不断出现。那

---

① 何自然. 语言中的模因 [J]. 语言科学，2005，4（6）.

些有生命力的模因终将经受得住时间和社会的考验，最终留存下来，成为语言社团新的一分子；而那些生命力羸弱的模因不过流星一般，昙花一现之后，被时间和社会淘汰出局。而谁来主宰模因生命力的强弱，那便是语言与社会的自我调节功能。

（本章的相关研究，可参看《流行语"被＋××"现象及其语用成因》一文，载《西安外国语大学学报》2010 年第 1 期）

附录　专项调查

　　互联网与信息技术的飞速发展带来了信息传播的重大变革，引来了自媒体的爆发，从而推动了语言消费的快速发展，使得语言消费活动变得越来越频繁。而传媒生态的巨大改变，如海量的信息资源，方便快捷的搜索、复制、引用、粘贴等技术，又为种种语言消费活动提供了人际互动、话语互动的条件与便利，从而使得语言的消费活动呈现出全新的、大范围的群聚性色彩。这种群聚性色彩引来的最直接效果便是网民的集体话语狂欢。以下两章专项调查，我们将以网络话语的狂欢化现象为话题，聚焦自媒体的语言消费活动，讨论网民如何在互文性的话语狂欢中运用语言、消费语言。

草根的快乐：2012年网络文体之"甄嬛体"大观

一、关于"甄嬛体"

　　继2011年的"淘宝体""凡客体""高铁体""咆哮体""见与不见体""校长撑腰体""hold住体"等诸多文体之后，2012年的网络"体"坛依旧风起云涌、"体"态百出，众多文体纷纷出笼，你方唱罢我登场。于是，我们又看到了诸如"忍够体""甄嬛体""元芳体""秋裤体""玛雅体""末日体""那些年体""唤醒体""一句话证明体""假想微博体""××style体"等众多文体在网络上涌现。从流行的指数与时间长度来看，众多文体之中，"佼佼者"无疑首推不仅红遍中国，后来还打入美国市场的《后宫·甄嬛传》之"甄嬛体"了。以下，我们就以此一体式为例，来看看2012年网络文体的一个缩影。

　　2012年3月26日，大型电视连续剧《后宫·甄嬛传》首播，其跌宕起伏与不断峰回路转的剧情，以及剧中人物的靓丽、服饰的华美与演技的精湛引起观众极大的兴趣与追逐（有一报道可证该剧的火热程度：据网友统计，从2012年7月至年末，黑龙江卫视重播《后宫·甄嬛传》不下10

遍，一网友因此在微博上哀号："黑龙江台求你放过我妈，24 小时滚动播出《后宫·甄嬛传》，我家已经一个礼拜没换过台了。"① 火热程度表明其无疑是该年度人气最旺的电视剧了），被称为宫斗剧的巅峰之作；而剧中人物的语言因古色古香，深具文艺气息，颇有《红楼梦》的韵味而受到网友的热捧。于是，伴着剧情的火热，模仿内中话语，拿腔拿调，言说各类现实生活的"甄嬛体"纷纷出笼（2013 年央视春晚节目也隆重地推出了"甄嬛体"）。

二、"甄嬛体"体式大观

2012 年 5 月 1 日深夜，一位署名为"小权儿不文艺"的网民在论坛上开了一个网帖《一句话毁掉甄嬛体》②。在近一个半小时的时间里，该网民一口气发布了 19 条不同内容的"甄嬛体"，引来无数网民围观与追捧；5 个小时后，该网民又在第二天 16 个小时内，续接前帖，继续发布了 20 多条其他内容的"甄嬛体"。该帖子迅速爆红网络，诸多的网站或网民纷纷转帖或继续创作；媒体也不断地推波助澜，配合当时正热播的电视剧，一时间形成了"满城尽说甄嬛话"的局面。待笔者 2013 年 2 月 5 日做最后统计之时，该帖点击数已达 281 768，回复与跟帖数达 2 303。以下是网帖作者的大部分发帖内容，为保持整个帖子内容的连贯性，也摘取几条与作者发帖关系紧密的其他插帖（不计算序号，但以"其他插贴"字样标记，排序仅计算作者以"甄嬛体"格式发布的帖子）。

（作者：小权儿不文艺　发表时间：2012 年 5 月 2 日 00：09：00）
①【"甄嬛体"】
——想如今我的身量儿自然是极好的，修长的身形儿加上标准儿的细高跟，是最好不过的了。我愿再长高些，虽会显高大威猛，倒也不负恩泽。
——说人话！
——我想再长高些。

① 卫视半年重播 10 遍《甄嬛传》　网友:求你放过我妈［EB/OL］．（2012 - 12 - 21）. http://www. hi. chinanews. com/hnnew/2012 - 12 - 21/279001. html.
② 一句话毁掉甄嬛体［EB/OL］．（2012 - 05 - 02）. http://www. tianya. cn/publicforum/content/funinfo/1/3302784. shtml.

（作者：小权儿不文艺　回复时间：2012 年 5 月 2 日 00：11：54）
　　②【"甄嬛体"】
　　——方才见网上一只皮质书包，模样颜色极是俏丽，私心想着若是给你用来，定衬肤色，必是极好的……
　　——说人话！
　　——妈，我买了个包。

（作者：小权儿不文艺　回复时间：2012 年 5 月 2 日 00：13：22）
　　③【"甄嬛体"】
　　——额娘，你看今日外面天气极好，儿臣想出宫走走，既能冲冲喜气，也能看看京城中百姓生活如何，早日完成儿臣登基之业。不知额娘意下如何？
　　——说人话！
　　——妈，俺想出去玩。

（作者：小权儿不文艺　回复时间：2012 年 5 月 2 日 00：19：35）
　　④【"甄嬛体"】
　　——今日天气清爽，本是极好的日子，若能踏踏青，逛逛西苑，便是再好不过了。却偏恼人午觉一睡睡到晚上九点，负了个大好光阴。
　　——说人话！
　　——劳动节一天假，睡觉睡觉睡个鬼啊！

（作者：小权儿不文艺　回复时间：2012 年 5 月 2 日 00：21：16）
　　⑤【"甄嬛体"】
　　——看这时辰已然不早，不得不先行一步了，却想明日诸事繁杂，也不知如何是好，要不我们明日相见再议此事如何？
　　——说人话！
　　——我睡觉了，晚安！

（作者：小权儿不文艺　回复时间：2012 年 5 月 2 日 00：23：14）
　　⑥【"甄嬛体"】
　　——这"五一"的假期真是极好的，虽然没有明媚日光的照耀，凉风习习倒也十分清爽。只可惜欢乐的时光总是消失得极快，如果能将这闲适多留住一日，那真是再好不过了。

——说人话！

——惨了，明天又要上班了！

(作者：小权儿不文艺　回复时间：2012 年 5 月 2 日 00：26：17)

　　⑦【"甄嬛体"】

　　——能在假期最后一日闭关念书本是极好的，可惜内容甚多，前记后忘，臣妾为此寝食难安，倍感力不从心。又奈何天公不作美，消减了背书的兴致，因而甚想与君结伴出游，陶冶性情。

——说人话！

——偶想出去玩！

(作者：小权儿不文艺　回复时间：2012 年 5 月 2 日 00：29：41)

　　⑧【"甄嬛体"】

　　——费先生这本书当真是极好的，通俗的措辞配上细腻的注释，是最好不过的了。嫔妾愿多读几遍，虽眼神迷离，倒也不负恩泽。只可惜内容颇多，嫔妾为此寝食难安，倍感力不从心。又奈何天公不作美，消减了读书的兴致。

——说人话！

——本姑娘看不进去书！

(作者：小权儿不文艺　回复时间：2012 年 5 月 2 日 00：32：32)

　　⑨【"甄嬛体"】

　　——咦，你今儿买的蛋糕是极好的，厚重的芝士配上浓郁的慕斯，是最好不过的了。我愿多品几口，虽会体态渐腴，倒也不负恩泽。

——说人话。

——蛋糕真好吃，我还要再吃一块。

(作者：小权儿不文艺　回复时间：2012 年 5 月 2 日 00：34：51)

　　⑩【"甄嬛体"】

(淘宝版)

　　——亲，今儿上新的这件衣衫款型是极好的，这苏绣的料子配上简洁的裁剪，是最好不过的了。我愿多买几件，虽会荷包骤然消瘦，倒也不负恩泽。

——亲，说白话！

——衣服真好看，能便宜不？包邮不？

（作者：小权儿不文艺　回复时间：2012 年 5 月 2 日 00：44：23）

⑪【"甄嬛体"】

——方才在《精练》上看到一道数学题，出法极是诡异，私心想着若是这题让你来做，定可增加公式熟练度，对你的数学必是极好的。

——说人话！

——我这道题不会做。

（作者：小权儿不文艺　回复时间：2012 年 5 月 2 日 01：00：28）

⑫【"甄嬛体"】

——方才发现作业甚多，私心想着兄弟姐妹们应该学会分享，定可促进友谊，对你们的人际关系也是大有裨益的。

——说人话！

——作业没做完，谁借我抄一下。

（作者：小权儿不文艺　回复时间：2012 年 5 月 2 日 01：20：44）

⑬【"甄嬛体"】

——师兄当初便是同辈里最天资独厚的，虽然行事规矩严谨，心里却极是桀骜的。若有执念深种，旁人绝难左右分毫，但老子毕竟与他有同床共枕之情谊，深知师兄心念，每每思之，颇觉无限怅惘。

——说人话！

——学长，人家想你了。

（作者：小权儿不文艺　回复时间：2012 年 5 月 2 日 01：27：51）

⑭【"甄嬛体"】

——今儿个气候是极好的。天气微凉，日光甚是明媚又适逢佳节，闲关念书原是最好不过的了。怎奈代码甚是繁厄，况本宫近日又惹小疾，身体欠安，耽搁了毕设大事，为此寝食难安，若能于答辩之日了却此桩心事！我愿多劳心几日，虽会心力交瘁，却也不负导师恩泽。

——说人话！

——毕业设计太难了，我要吐血了！！！

（作者：小权儿不文艺　回复时间：2012 年 5 月 2 日 01：33：07）

⑮【"甄嬛体"】

——偶然瞧见权儿的相片，那眉眼，那鼻梁，那挺拔的身子，自然都是极好的，秀色可餐；若是再回到咱这儿来永远不让咱做夏雨荷那便是再好不过了。权儿是真真儿的好看，日日瞧着日日欢喜，有朝一日再能见着真人，自然不负君恩！

——说人话！

——小权儿不文艺长得真带人爱，给跪了！

（作者：小权儿不文艺　回复时间：2012 年 5 月 2 日 01：36：35）

⑯【"甄嬛体"】

——时辰也不早了，天气预报上折子说，明儿天气炎热，各宫都要吩咐下去，减些衣服，少进些油腻的膳食，免得热伤风感冒，误了上班是小事，把好日子都耗在医院里就不值得了，行了，都跪安吧！

——说人话！

——小权儿要睡了，明天再发。晚安！

（作者：金戈铁马如许　回复时间：2012 年 5 月 2 日 06：11：33）

其他插贴：

——平素来看帖，只觉得乱花迷眼，是真真挑不来，只有尽着那名字新鲜有趣的，抑或是剧情看似狗血的，随手点几个来看。也有那写得新巧的，让人看了就放不下，还常有些世道人心的，看了直教人唏嘘，最讨厌那些写手，矫情个唬得住人的标题来，却没有什么意思。哄得人进了楼，一看原来是骗回复的——总归是能看的少，不能看的多。今儿见了楼主这个帖子，那是从心里就喜欢了，又有趣，又不俗，最巧的是，偏生我也一早就有这个意思，最爱这样故意拿着说话，只是总找不到地方，今儿我可算是得了。

——说人话！

——终于找到组织了。

（作者：小权儿不文艺　回复时间：2012 年 5 月 2 日 06：16：34）

⑰【"甄嬛体"】

——昨日饮茶过甚，无心入眠，若长期以此，定将损肤，他日睡前饮牛奶一杯，方能安心入睡，对睡眠质量也是极好的。

——说人话！

——我失眠了。

——哈哈，各位早安！如此甚好……

（作者：金戈铁马如许　回复时间：2012 年 5 月 2 日 06：18：50）

其他插贴：

——从来有些人，自己开了个帖赚人气，就见不得别人也来沾光取巧。旁人若是吹捧夸赞几句吧，他自是得了意，愈加卖力更新不提，若是有人插楼呢，就好像抢了他的好似的，恨不能大棒子打出去——我见楼主，实在是个水晶心肝纯净的人，自是不会在这小事上计较，何况独乐乐不如众乐乐，我写的虽不能看，好歹能博诸君一笑，想必也是楼主乐见的。眼看楼主已然睡下了，我便来给楼主添砖加瓦，待得明儿一早楼主起了再来看，已建起好高的楼不提，我又也走了——这样一个来，一个走，既不吵闹，又不断了兴致，岂不更好？

——说人话！

——我来插个楼。

（作者：小权儿不文艺　回复时间：2012 年 5 月 2 日 06：20：00）

楼上的哥，欢迎哈！

（作者：金戈铁马如许　回复时间：2012 年 5 月 2 日 06：24：34）

其他插贴：

——这《甄嬛传》吧，我是没有读过的，但想来古典小说总是一家，他要造出那有古意的对白来，总脱不过《红楼梦》的影子去。我虽然读的书不多，唯独曹公这本读了有十几遍。原先太祖习草书，学的是湖南的怀素和尚，后来也有人照着怀素和尚的字帖练，练出来人都说有太祖的风骨在，便也是这个道理。学曹公固然是学不来，好在本也是玩笑，也不会有人当了真使我见笑。只是华妃说话却是个什么样子，是照着凤姐儿等骂人的腔调来写么？这个我也能一试。

——说人话！

——我没看过《后宫·甄嬛传》，只看过《红楼梦》。

（作者：小权儿不文艺　回复时间：2012年5月2日06：39：20）

⑱【"甄嬛体"】

——昨日南方新进贡些红心木瓜，去了皮核口味甚是清甜，听太医说木瓜配上些牛乳更是极佳的养颜之物，有使体态丰腴之功效，今日御膳房给哀家送来了些，哀家便命人给长公主送了来尝个鲜。

——说人话！

——木瓜切好了，快来吃！

（作者：小权儿不文艺　回复时间：2012年5月2日06：43：19）

⑲【"甄嬛体"】

——这光景啊走得也真是飞快，阵阵儿的，怎么就放假了呢？真真儿是让人反应不过来呢。不过，有赖皇恩浩荡，不然众卿哪儿有闲暇撒欢儿呢？今儿个看了一台名唤"泰坦尼克"的戏，真是让人好生难过，像杰克一般的良人真是难觅呢。也只盼着，愿得一心人，白头不相离。

——说人话！

——本公主为啥没有男盆友！

（作者：小权儿不文艺　回复时间：2012年5月2日06：47：00）

⑳【"甄嬛体"】

——今儿吃的这江南新贡的米磨的细面，配上新鲜的黄瓜丝，味道竟是极好的。只可惜本宫最近身体微恙，无福消受，就留与妹妹享用吧。

——说人话！

——我胃口不好，剩下半份便宜你了。

（作者：金戈铁马如许　回复时间：2012年5月2日06：48：00）

其他插贴：

——楼主昨儿过了子时才睡，今儿却这么早便起了，算来连三个更次也没有睡够。须知食有时，动有节，虽说夜读仍戒晏起，然现在天色尚早，楼主便是再睡上半个时辰，也不会有人说嘴。若说俗事烦琐，便更要养好精神——你说是也不是？

——说人话！

——楼主起得可真早！

（作者：小权儿不文艺　回复时间：2012 年 5 月 2 日 06：59：55）

㉑【"甄嬛体"】

——今儿阳光如此明媚，如果嗜睡，岂不误了大好韶光？况且昨日帖未更完，后宫各位姐妹兄弟如此欢喜，等更之时定是焦急万分，端的不好意思。然更有欢喜的狗儿街头嬉闹，使得本宫真真儿想去瞧上两眼。

——说人话！

——谁家的狗大清早打架，把楼楼我吵醒了！

（作者：小权儿不文艺　回复时间：2012 年 5 月 2 日 08：13：16）

㉒【"甄嬛体"】

——绿豆是昨儿才买的，真真儿惹人念想。本想着煮汤是再好不过了，怎地妹妹一时疏忽，让姐姐见笑了。

——说人话！

——绿豆汤煮糊了。

（作者：小权儿不文艺　回复时间：2012 年 5 月 2 日 08：16：51）

㉓【"甄嬛体"】

——咦，你今儿写的方案是极好的，简明扼要配图到位，是最好不过的了。我愿多看两眼，虽会耽误下班，倒也不负恩泽。

——说人话！

——方案不错，给我抄一下！

（作者：小权儿不文艺　回复时间：2012 年 5 月 2 日 08：21：38）

㉔【"甄嬛体"】

——各位如此热情，使得楼楼把上面的标题都写得误失了……小权儿俺特在下面表示改正，倒也不负各位回复的莫大恩泽。

——说人话！

——上面写错了，应该到 27 了。

（作者：小权儿不文艺　回复时间：2012 年 5 月 2 日 08：45：00）

　　好了。来个华妃体毁甄嬛体！

　　㉕【"甄嬛体"】

　　——早膳用的烧卖，味道是极好的……只是这烧卖内里油脂虽多却看不见一丝肉丁，有些油腻了倒不打紧，实在是辜负了这一元五角的价钱……虽喜爱，但总难免有失落之感，又恐吃多了，误了减肥之大事。

　　——说人话！

　　——怎地烧卖这样贵！本宫要瘦身，你这般是要害死本宫？说，是不是，是不是！

（作者：蛋黄小盆友　回复时间：2012 年 5 月 2 日 08：52：44）

　　其他插贴：

　　———最近攀着嬛嬛的名号儿的楼是极多的，不外乎是些嘴碎的闲极无聊打发时日来的，乍见权儿这折子，想是个七窍玲珑心的，比起夫子的古汉课，端的新鲜。正好本宫读这本子真真儿也乏了，叫御膳房做几盅东阿阿胶送来，权儿与众姐妹一同吃食，说话解闷，借着窗外韶光，想来是极好的。

　　——说人话！

　　——古汉太无聊了，我们粗去次东西吧（我们出去吃东西吧）。

（作者：小权儿不文艺　回复时间：2012 年 5 月 2 日 08：54：52）

　　㉖【"甄嬛体"】

　　——今天天气是极好的，既无骄阳也不湿濡，只是近日琐事繁杂，体弱无力，无福消受去采风了。

　　——说人话！

　　——让我再睡会儿。

（作者：615 基金新兵　回复时间：2012 年 5 月 2 日 10：08：56）

　　其他插贴：

　　——……嗯，想来哥哥主修建筑美学，审美必是极好的。私以为若能参考一下皇宫大邑的高耸巍峨，将这城头围墙拓宽几圈，想必更加雄伟可观。

　　——说人话！

——这芝麻大的也叫钻戒！

（作者：小权儿不文艺　回复时间：2012 年 5 月 2 日 10：17：00）
　　㉗【"甄嬛体"】
　　——臣方才来校突感头晕目眩，想必定是夜寐之时中了风寒，私心想着若是可以回府上 DOTA 一日，定可恢复如初，对臣未来的高考道路必是大有裨益的。
　　——说人话！
　　——我想翘课打 DOTA。

（作者：爱欺负鱼的猫　回复时间：2012 年 5 月 2 日 10：58：16）
　　其他插帖：
　　哈哈。楼主大才啊。
　　本来我都看不懂究竟想表达什么的，说了人话咱就明白了，这不叫毁，这叫翻译啊。

（作者：WSZHZ1989　回复时间：2012 年 5 月 2 日 11：53：31）
　　其他插帖：
　　方才在天涯上看到楼主的帖，内容极是有趣，私心想着若是来帮忙顶一顶，定可增加楼主人气，又可以有三分的进账，对大家都是极好的，只盼着楼主不要忘了继续更帖，倒也不负恩泽。
　　今儿个天气极好，微凉舒身。泡杯绿茶随处看看，不想看到如此喜感的帖子，嬉笑不能自已。本宫觉得甚好，与各宫各院一同分享那是更添欢乐。然天涯水深，一不留神儿就渺然无踪，遂添本宫的印章做以标记，方便日后找寻。
　　——说人话！
　　——我要 Mark。

（作者：小权儿不文艺　回复时间：2012 年 5 月 2 日 12：23：43）
　　㉘【"甄嬛体"】
　　——近日喉咙声涩，每每发作之时必随气喘，饮泽数息怎想口干不减，想必是与这盛夏时节并着内火微浮有些联系，若能有寒性物什佐以内调，缕缕清风略走浮躁，又可赏芬芳美景必是极好的。
　　——说人话！
　　——热死啦！我想喝凉茶！我想吹空调！

（作者：滴滴嗒嗒_HOHO　回复时间：2012年5月2日12：52：13）
　　其他插贴：
【我来个"陈雍正"体吧】
　　——《甄嬛传》热播，朕，甚感欣慰。多日来，辛苦众爱卿，一边用膳，一边劳心剧情，甚好。朕的纯元皇后，一直只闻其名，未见其人，甚是可惜。然，朕待你们不薄，故尔等务必谨记，朕，乃该剧男一号，不是老十七！
　　——说人话！
　　——艾玛，76集！今天总算结局了！

（作者：小权儿不文艺　回复时间：2012年5月2日13：14：59）
　　㉙【"甄嬛体"】
　　——方才午时小憩，辗转床榻而不得入眠，想必是近来除却几个贩夫走卒，便无人惦念，无聊得紧。若能得人牵挂，那必是极好的。
　　——说人话！
　　——难道除了快递员就没有人联系我了吗?!

（作者：小权儿不文艺　回复时间：2012年5月2日15：33：07）
　　㉚【"甄嬛体"（"华妃体"毁"甄嬛体"）】
　　——近日来身体偶感不适，想来怕是天气反复无常所致，对着电脑几刻钟便眼乏体重，若再不出去走走，定会身患顽疾。
　　——说人话！
　　——我该出门了。
【"华妃体"毁"甄嬛体"】
　　——瞧你那矫情样！定是又去迷惑圣上！不过也好，沾沾地气也好，免得弄得你那碎玉轩妖气弥漫！

（作者：小权儿不文艺　回复时间：2012年5月2日19：04：50）
　　㉛【"甄嬛体"】
　　——这碎碎的一抹青翠，好似乱坠了嫔妾的眼，平摊于日下，甚是沁人心脾。提神醒脑可是极好的！若忍心炙烤煎熬，蔫萎而焦灼，岂不是辜负了？
　　——说人话！
　　——煎饼果子别放葱花！

170

（作者：小权儿不文艺　回复时间：2012 年 5 月 2 日 19：14：32）

㉜——夜夜刷那劳什子，刷的眉眼儿也乏了。那许多挂心的可人儿，总不成一一亲顾。没成想几日里不见，竟连那云鬓簪头都大换样貌，真真是一丝小心都丢不得。想来还是那天涯客户端让人使着舒心，只一个短消息，安歇在榻上便什么都知道了，明镜儿似的。

——说人话！

——天涯客户端真好使……

（作者：小权儿不文艺　回复时间：2012 年 5 月 2 日 22：14：50）

㉝【甄嬛体】

——平日里总忙些个劳什子，西洋杂书也好，锦绣文章也罢，低眉浅叹间却是真真的费了不少心思，因而是断没有空闲来赏阅别处佳景的。不想今儿晚上一打眼儿却见着此间绝妙的所在，暂且一舒胸中郁结之气，见者众多姐妹连珠妙语，妾身便也来凑个趣儿，却也是极好的。

——说人话！

——我不想写美国文学论文。

（作者：小权儿不文艺　回复时间：2012 年 5 月 2 日 22：24：50）

㉞【"甄嬛体"】

——老师，您看这个课题，涉及知识甚广，应用面也是极大的。那会子我只做了一些，就觉得这方面精进了不少，私心想着若是能让更多的同学参与进来，对课题或是对同学自是极好不过。

——说人话！

——老师，课题我不会做，让别人来做吧。

三、"甄嬛体"的流行性分析

以上是作者以"甄嬛体"命名的绝大部分发帖，作者总共发布了 40 多条"甄嬛体"（其他插帖不计算在内，作者用于回复的帖子也不计算）。从作者、内容、人气来观察，整个帖子体现出三个方面的特点：

一是兴趣持久、帖数多。多数情况下，发帖人对于某个话题的关注是短时性的，针对某个话题，一般是一口气说完想说的话，随后便留给网民去跟帖与观看。但是，"甄嬛体"这一网帖作者的兴趣却延续了几乎 24 个小时。作者发帖的时间，主要分为两块：第一时段为 2012 年 5 月 2 日 00：09：00 到 01：36：35，作者共发布了 19 个"甄嬛体"帖子；第二时段是 2012 年 5 月 2 日 06：16：34 到 22：24：50，作者又发布了 20 多个"甄嬛体"帖子，中间偶有一两个小时的间隔。在跨越两天的 24 小时内，作者一直处于帖子创作的兴趣期，第一晚从零点刚过开始发帖直至凌晨一点半，第二天清晨六点多又起床继续跟帖，直至晚上十点多发完最后的第 42 帖，其对帖子的兴趣与用心程度可见一斑。

二是内容丰富、格式文艺。帖子的内容五花八门，但主要涉及生活、学习和工作、娱乐等多方面的话题，如饮食吃喝（蛋糕、木瓜、面条、绿豆汤、烧卖、凉茶、煎饼果子等）、衣服款式、网络购物（衣衫、手机、快递等）、读书写作（如看不进书、写不出论文、做不来课题方案、算不出数学题等）、出外闲逛、郊游踏青、上班工作、睡眠养身、恒大足球、电视节目点评，以及作者恶搞自己的相貌身材，为自己作品做广告等。由于帖子话题皆关涉普通人的日常生活，且使用颇有红楼风格的话语格式"方才/今儿个……想必……极好/再好不过……若是……倒也/定当……"，以典雅文艺的形式，拿着腔调说大白话，故意造成形式与内容的混搭风格，迎合了网友特别是年轻人的喜好与兴趣。

三是"围观"踊跃，"笑果"频出。整个帖子从 2012 年 5 月 2 日一直到 2012 年 11 月 13 日（以统计语料时见到的最后跟帖计），延续大半年之久，包括回复与跟帖数共达 23 页。其中，作者发布最后一条"甄嬛体"，仅到第 3 页就已结束，随后的 20 页加上前 3 页中的不少插帖，全部是其他网友的回复与跟帖。在所有的跟帖与回复中，少数是网友模仿作者的体式，创作其他文本内容的"甄嬛体"，更多的是网友表达自己对这一帖子的感受与评价。回复最多的有："欢乐""乐死了""太有乐了"；"哈哈""哈哈哈""哈哈哈哈哈"；"笑哈哈""笑死""笑死我了""笑抽了"；"好玩""好好玩""好逗"；"有趣""有爱""有意思"；"有才"、"油菜"（谐"有才"）、"油菜花"（谐"有才花"）、"太有才了"、"真搞笑"、"给力"、"亮"……

三个特点中，前二者是前提，第三点则是结果。正是作者充满"油菜花"的一鼓作气，以及贴近生活的众多话题与拿着腔调的格式，方招致大量的网友效仿，"笑"果连连，欢声四起。

信息时代的到来与互联网的兴起改变了国人的生活。2019 年 6 月的数据显示，中国的网民数量已经超过 8 亿，网络消费正逐年成为国民消费的重要指数。而在网络消费中，与语言有关的消费活动又占据其中很大部分。网民们浏览新闻、对各类新闻进行评论发言、写博客微博、发帖跟帖，以及发起各种各样的"造句活动"，无一不在消费语言。因此，网络的语言消费日益成为国民参与社会生活的主要方式之一。

而在类似网络流行体的语言消费活动中，纵观近年的发展态势，主要呈现出两大消费类型：一是消费意识形态；二是消费娱乐心情。前者通常是"围观"社会事件，网民通过集体吐槽，来发泄各自的心情。最著名的如 2010 年的"李刚体"、2011 年的"高铁体"等网络文体的流行①，网民们通过微博或论坛发帖、跟帖，通过不断重复或引用"不管你信不信，反正我信了""我爸是李刚"等流行句式，来表达各种各样的个人意识形态倾向。在一个接一个跟帖起哄的"造句活动"中，平复自己对社会不正当事件的愤懑心情，达到批评反讽社会问题的目的。后者如近年的"淘宝体""凡客体""蓝精灵体""TVB 体""校长撑腰体"，以及 2012 年的"那些年体""秋裤体""元芳体""一句话证明体""××style 体""忍够体"等，网民通过这类流行文体的消费活动，在追寻种种乐趣和愉悦的造句活动中，释放着焦躁情绪，消解掉个人与群体的种种压力。

风靡 2012 年的"甄嬛体"，无疑是后者的成功范例。关于这一点，笔者通过网络专门采访了作者"小权儿不文艺"，以下是我们的访谈内容：

> 笔者：有两个问题想请你回答一下：一是这个帖子里的所有以"小权儿不文艺"名义发布的内容全部是你的原创吗？如此，那你应该是"甄嬛体"的真正原创作者，或者说是第一个创立"甄嬛体"的作者。网上所有关于"甄嬛体"的各种体式要么是借用了你的，要么是在你之后又新创的后续版本。二是想问问你创造这一体式的缘由是什么？
>
> 小权儿不文艺：《一句话毁掉甄嬛体》这个帖子里的所有以"小权儿不文艺"名义发布的内容全部是我的原创。当时创作是因周围越来越多的同学好友在看《后宫·甄嬛传》，跟风看了一下，感觉里面的对话很有《红楼梦》的味道，后来发现就是"红楼体"，一时兴起，就模仿了几句。这个帖子是我在天涯首发，

---

① 郑庆君. 网络"自媒体"语言消费大观及其成因探析：兼论网络"自媒体"的互文性特征［J］. 湖南社会科学，2012（4）.

各大网站转载。体式是借鉴了天涯之前很火的帖子《一句话毁掉小清新》。

无疑，"小权儿不文艺"成功了，通过"甄嬛体"，作者创造了又一个草根的集体狂欢，带来了又一次草根快乐的聚集。互联网诞生以前，人们的社会性快乐往往是以小团体聚集的形式，是小众型、小规模式的，而且通常是在现实的空间，比如通过大家聚集某个场所看电影电视、听相声广播、开各种晚会等来实现；互联网的出现，带来了微博博客等的诞生，更是带来了大众型的、大规模的甚至是漫无边际的群聚性快乐，而这些快乐只需要虚拟的空间就可以进行或完成。从这个意义上来说，互联网的出现在某种程度上使人类的快乐分享得到了量与质的发展。

古人云：独乐乐不如众乐乐。在你、我、他/她相互认识又不认识的咫尺天涯，在我们看得见却摸不着的互动感觉与对话中，共同来创造群聚性的快乐，释放我们因这安全与危机、正义与不公、富有与贫穷、先进与落后共存的时代而交织着幸福与愁苦的纠结心情，该是一件多么有趣的事儿！

余补：在"小权儿不文艺"的帖子之后，网络上又出现许多新内容的"甄嬛体"，被转载较多的有以下一些体式：

㉟留学版：今儿个是小长假后的第一日，家长急切留学虽是要紧，却也不能忘了专业二字。如今的留学机构虽是越发的多了，但今日不比往昔，杂乱的留学行业必是车水马龙，热闹得紧，假的更是……若是找了家不专业留学机构，钱也没了，人也毁了，这……这……真要败了。

㊱交警版：今儿个是小长假最后一日，赶着回家虽是要紧，却也不能忘了安全二字。如今的路虽是越发的宽广了，但今日不比往昔，路上必是车水马龙，热闹得紧。若是超了速，碰了车，人没事倒也罢了，便是耽搁了回家的行程，明日误了早班，也是要挨罚的。总之你们且记住了：舒心出门，平安到家。

㊲学外语版：
——方才察觉自己未来的英语水平再提升空间极是微小，私心想着下一步得大力提高一下汉语能力，从而定可中外兼修，方不负恩泽，对于学贯中西想必也是极好的！

——说人话！

——好好研究我的《现代汉语》这本书。

㊳找工作版：昨儿个到贵司面试。环境甚是怡人，私心想若是能在此任职定是极好的。奈何老板言再议，等了一日。方才惊觉也是时候有消息了。然而手机未有任何动静。心下想来，罢了！定是被无言地拒绝了。但若是晚个一日有消息，倒也不负恩泽。

㊴不想上班版：

——今儿倍感乏力，恐是昨夜梦魇，扰了心神。加上"五一"度假后，玩了真人CS，不想身子越发疲累，连续休息两天也未能恢复。今儿个早上看错了时间，半路上方才明白，当真是春困至极。若能睡个回笼觉，那必是极好的！春困甚为难得，岂能辜负？

——说人话！

——今儿真的不想上班！

㊵今天中午吃神马版：

——"方才听课期间冒出一个念想儿，瞧着这天阴沉沉闷乎乎的，倒搅了几分胃口，真真儿叫人闹心。也不知这鬼天儿该用点什么才清爽些，可不能自个儿恹着耍起小性儿来，负了君恩呐。

——给我好好说话！

——今天中午吃什么？

㊶欧冠版：

——巴萨的水平是极好的，前锋配上中场大将，原是最好不过的了。虽说运气欠佳，点数未进，成全切尔西再入决赛，倒也不负恩泽。

——说人话！

——切尔西进欧冠决赛了。

…………

[本专项调查的大部分内容曾以《草根的快乐：2012 年网络文体之"甄嬛体"大观》（专项调查）一名发表于《中国语情》2013 年第 1 期]

文体一瞥：2006—2013 年中国网络流行文体探察

一、关于网络流行文体

1. 文体和语体

文体，也被人称作"语体"。实际上，二者并不是完全相同的一个概念。在汉语界，语体一般是指因适应不同的交际领域、目的、对象和方式需要，运用全民语言而形成的言语特点的综合体，通常被纳入修辞学、风格学的研究范畴；而文体，则是指文章的体裁、形式，一般属于文章学的研究对象。但在英语里，由于均用"style"来表示，因而常被人当作同一概念来使用。

2. 网络流行文体

随着互联网的兴盛，"流行文体""网络文体""网络流行文体"等概念应运而生。但这里的"文体"，却不能与传统文章学中的"文体"概念画上等号。与其说它们是一种专业概念，不如说是网民的一种称说，是网民为方便称说而给予"流行性的话语/文本现象"的一种统称。如果一定要给出定义的话，大致可以概括如下：在网络聊天、网络论坛、各类 BBS、个人微博以及网络文学中表现出来的具有某种特定风格、特定结构模式、特定气氛格调的文本格式或句式形态。

完整地说，进入 21 世纪以后，特别是自媒体兴盛以来，流行文体现象从出现后就一直存在于中国的互联网，迄今也有一二十年的历史。但据调查，中国网络流行文体的繁荣时间主要存在于 2006—2013 年这八年，尤其是 2009—2013 年这五年。2009 年微博出现以前，流行文体就已出现，但总体数量不多；2014 年以后，流行文体突然开始变少，虽然时不时有个别文体出现，但跟前几年相比，其数量与热闹程度已经显著下降。这一点正印证了流行文体的"流行性"特征，因此本调查主要截取兴盛时期的八年进行。

网络流行文体中的"文体"出现的形式多种多样，多数以语段的形式出现，但也有个别是以句子的形式或其他形式。具体类型详见其后。

二、2006—2013 年中国网络流行文体一览

1. 网络文体的出现

较早的网络文体，大约要算 2006 年出现的被网民戏称的"梨花体"。作家、诗人赵丽华的诗歌，因其大白话性质，受到诸多争议，网民便将此类诗歌现象谐称作"梨花体"，并大量进行模仿。例如：

赵丽华原作：

毫无疑问/我做的馅饼/是全天下/最好吃的（《一个人来到田纳西》）

我坚决不能容忍/那些/在公共场所/的卫生间/大便后/不冲刷/便池/的人（《我坚决不能容忍》）

赵又霖和刘又源/一个是我侄子/七岁半/一个是我外甥/五岁/现在他们两个出去玩了（《我爱你的寂寞如同你爱我的孤独》）

一只蚂蚁/另一只蚂蚁/一群蚂蚁/可能还有更多的蚂蚁（《我终于在一棵树下发现》）

网友模仿之作：

①你啊/是迄今/为止最有/影响力的/女诗人/因为你让我也当了一回诗人（《赵丽华》）

②哦/我/终于/明白了/我也可以作诗/因为——我会敲回车键（《我终于明白》）

③喝/一杯水/可以/变成/半杯小便（《科学》）

④1＋1＝2/不＝3/1＋1＝2/永远不＝3/只有/一种情况/1＋1＝3/那/就是/算错/的时候（《算术》）

⑤妈妈养了一头猪/到年底/可以杀了/这样/就不用到别人家买肉了（《妈妈养的猪》）

2. 2006—2013 年网络文体一瞥

科技的飞速发展带来了新媒体的崛起，而新媒体手段与方式的不断翻新又引发了自媒体的兴盛。在"人人都是通讯员，个个都有麦克风"的互

联网时代，自媒体传播已成为信息时代的重要传播模式，极大地改变着人类的社会生活，也使传媒生态发生了前所未有的转变，由此也引来了全面性的网络消费热潮。而网络文体的兴起与繁盛便成了其中最有代表性的亮点之一。

然而，网络文体真正的流行开来与兴盛发展，是在微博诞生以后。2009 年，新浪微博出现，为网民在虚拟世界的交流与狂欢提供了一个巨大的平台。借助这一平台，五湖四海、天南海北的网民聚集一堂，笑侃世间风云、吐槽喜怒哀乐，中国社会生活的方方面面均在这里登场。从年代来看，近年网络流行文体的发展，大致如表 1 所示：

表 1   2006—2013 年流行文体分布一览表①

时间	2006—2009 年	2010 年	2011 年	2012 年	2013 年
流行文体名称	"梨花体" "脑残体" "蜜糖体" "微博体" "知音体" "纺纱体"	"韩峰体" "校内体" "凡客体" "亮叔体" "乡愁体" "羊羔体" "QQ 体" "七喜体" "菜刀体" "亲密体" "投身体" "子弹体" "回音体"	"丹丹体" "见与不见体" "葛优体" "省略体" "咆哮体" "宝黛体" "高铁体" "淘宝体" "TVB 体" "秋裤体" "怨妇体" "精神体" "赵本山体" "唤醒体" "下班回家体" ……	"非凡体" "那些年体" "忍够体" "一句话证明体" "海燕体" "甄嬛体" "禅师体" "假想体" "十年体" "元芳体" "90 岁体" "玛雅体" ……	"没砍死你体" "腹黑体" "加多宝体" "对不起体" "陈欧体" "花朵体" "贤妻体" "我是歌手体" "十室放映体" "板蓝根体" "大治体" "360 挺住体" ……
小计	6 种	13 种	58 种	24 种	15 种

从表 1 可看出，2006—2013 年，网络流行文体的总数为 116 种，而

---

① 由于 2006—2009 年网络文体基本是以零星的方式出现，这里我们将此统计为一个大的年份集中在一起计算。

2011 年则是网络文体的丰收年,这一年共出现了近 60 种文体模式。平均下来,每月有近 5 种文体出现。表 2 是 2011 年流行文体分布一览表:

表 2　2011 年流行文体分布一览表

时间	流行文体名称	数量
1 月	"丹丹体""赳赳体""见与不见体""扫地老太太体"	4 种
2 月	"葛优体""将爱体""省略体""随手体""助理体"	5 种
3 月	"朝阳体""赶集体""谋杀体""咆哮体""少将体""银镯体"	6 种
4 月	"宝黛体""坑爹吧体""幸福体""遇见体"	4 种
5 月	"不相信爱情体""挺住体"	2 种
6 月	"有种体"	1 种
7 月	"大概体""高铁体""热死体""十年体""淘宝体"	5 种
8 月	"hold 住体""TVB 体""鼓力体""蓝精灵体""如果不学体""约会体"	6 种
9 月	"表格体""断电体""鲸鱼体""起码体""琼瑶安慰体""秋裤体""团圆体""安妮宝贝体"	8 种
10 月	"怨妇体""装×体"	2 种
11 月	"精神体""陆川体""青年体""收听体""王家卫体""玉墨体""赵本山体""中英穿越体"	8 种
12 月	"厕所体""方阵体""唤醒体""快捷体""李宇春体""膝盖中箭体""下班回家体"	7 种
总数		58 种

12 个月中,共出现了 58 种流行文体。6 月出现的流行文体最少,只有 1 种,最多的则达到 8 种,分别为 9 月和 11 月。整年平均下来,每月有近 5 种文体出现,成为网络流行文体的高峰年。

三、流行文体的表现类型

从表现类型看,流行文体主要有四种形式:语段型、句式型、风格型、图文型。下文重点分析前三种形式。

1. 语段型

一段话语，长短不一，但大部分为由数个句子形成的小型语篇。这是典型的流行文体类型，也是流行文体的主体类型，绝大多数的网络文体都为这种形式。

（1）"淘宝体"

⑥亲，昨晚你在干什么呢？亲，你为什么要赌博呢？亲，行政拘留十日不包邮哦！亲，还要跑吗？亲，再跑就要开枪咯。（police 先生，2011 年 6 月 12 日）

这是最早见于网络的一则"淘宝体"通缉令，因其模仿淘宝商家语言，如"亲""包邮""哦"等用语及模式，形成"淘宝式"语言范式，引起网民的关注和兴趣，被称为"淘宝体"。

但真正引起轰动效应的是两则官方出品的"淘宝体"工作资讯，一则是南京理工大学 2011 年 7 月发的"淘宝体"录取短信：

⑦亲，祝贺你哦！你被南理工录取了哦！不错的哦！211 院校哦！奖学金很丰厚哦！门口就有地铁哦！……

另一则是中国外交部 2011 年 8 月 1 日通过官方微博平台"外交小灵通"发布的招聘信息：

⑧亲，你大学本科毕业不？办公软件使用熟练不？英语交流顺溜不？驾照有木有？快来看，中日韩三国合作秘书处招人啦！这是个国际组织，马上要在裴勇俊、李英爱、宋慧乔、李俊基、金贤重、Rain 的故乡韩国建立喔。此次招聘研究与规划、公关与外宣人员 6 名，有意咨询 65962175，不包邮哦。

该招聘通知一出，其轻松幽默、一改官方以往板着面孔的宣传形象，立马引来大面积围观，在三个小时内该微博被转发 4 800 多次。据悉，三个小时之后，"外交小灵通"再发微博，称"不得了啦！中日韩三国合作秘书处招聘咨询电话快被打爆了"。随后更多的部门模仿这一文体，发布宣传信息，如用于公安执法方面的就有数例：

⑨ "亲，快车道很危险哦!" "亲，红灯伤不起哦!"（郑州市交巡警宣传警示牌，2011 年 8 月 10 日）

⑩ "亲，注意避让行人哦!" "亲，慢车道安全哦!" "亲，注意谦让哦!"（交通警示牌）

⑪ "亲，当您接到此宣传单时，说明您正在违反《山东省城镇容貌和环境卫生管理办法》和《济南市关于公布城市管理相对集中行政处罚规定的通告》的相关规定哦。"（济南市某城管执法中队宣传单，2013 年 3 月）

⑫ "亲，请按规定车道行驶哦!" "亲，开车请不要打电话哦!"（印有各类救援电话与卡通版交警形象的宣传卡片）

甚至连联合国"催债"都采用了这一格式。2013 年 7 月 1 日上午 10 时 30 分左右，联合国在自己的官方新浪微博账号上发出了这样一条微博：

⑬缴费啦! 2013 年已经过半，需要算算账了。截至 6 月 19 日，联合国 193 个会员国中有 102 个国家全部缴纳了 2013 年的年度预算摊款。其中包括五常中的中国、英国、法国和俄罗斯以及缴费大户日本、德国和意大利。尚未缴费的亲要赶紧啦!

不单普通网友钟情，就连官方网站都加入这类戏仿，可见这类网络造句活动在互联网上所受到的欢迎程度。据我们的调查，在此类文体最流行的 2009—2013 年的五年里，中国的互联网几乎成了各种流行文体的海洋。如爆红网络、被称为 2012 第一流行文体的"忍够体"，便是典型代表之一。①

（2）"陈欧体"

2012 年 10 月 12 日，某品牌发布 2012 年新版广告。广告由其 CEO 陈欧主演，广告词如下：

你只闻到我的香水，却没看到我的汗水；你有你的规则，我有我的选择；你否定我的现在，我决定我的未来；你嘲笑我一无所有不配去爱，我可怜你总是等待；你可以轻视我们的年轻，我们会证明这是谁的时代。梦想，是注定孤独的旅行，路上少不了

---

① 关于"忍够体"，可参见"郑庆君的博客"，http://blog.sina.com.cn/s/blog_93e4d017010133fv.html。

质疑和嘲笑，但，那又怎样？哪怕遍体鳞伤，也要活得漂亮。我是陈欧，我为自己代言。

起初，这一广告并未引起多少关注，但2013年2月，"陈欧体"突然走红。"我是学生，我为自己代言。""我是单身，我为自己代言。""你有××，我有××。你可以××，但我会××……但那又怎样，哪怕××，也要××。我是××，我为自己代言"一类的语式表达迅速刷爆网络，网友便开始发挥各自的想象力，编创出各种类型的"陈欧体"：

⑭学霸版：你只看到我的分数，却没看到眼镜的度数；你有你的艺术，我有我的学术；你否定我可爱，我超越你的未来；你嘲笑我一味读书不会去玩，我可怜你总是偷懒；你可以轻视我的存在，我证明这是谁的时代。学术，是注定孤独的旅行，路上少不了质疑和嘲笑，但那又怎样？哪怕熬夜心伤，也要考得漂亮。我是学霸，我为自己代言。

⑮剩女版：你只看到我现在单身，却没看到我努力的过程；你有你的心酸，我有我的痛苦；你嘲笑我五官端正四肢健全找不到对象，我可怜你不知道孤独的享受；你可以看不起我，我会向你证明你是错的，生活，是注定苦辣酸甜结合的旅行，路上少不了磕磕绊绊，但那又怎样？哪怕辛苦，也要努力执着。我是剩女，我为自己代言。

⑯懒虫版：你只看到我睡懒觉，却没看到我失眠到几点睡着；你有你的生物钟，我用我的时间表；你嘲笑我睡懒觉不配时代的朝气，我可怜你早起的无趣；你可以不叫我吃早饭，我会证明午饭魅力的强大。睡懒觉，是注定艰辛的旅程，路上总少不了闹钟铃声的伴奏，但那又怎样？哪怕起迟，也要坚持赖床。我是懒虫，我为自己代言。

⑰90后版：你只听到我的故事，却没看见我走过的路；你有你的生活方式，我用我的方式生活；你可以嘲笑我一事无成，我可怜你墨守成规；你可以取得暂时的胜利，但时间会证明这是谁的时代。成功，注定是痛苦的旅行，但那又怎样？就算枯萎，也要绽放。我是90后，我为自己代言。

⑱胖子版：你只看到我一身肥肉，却没看到我拼命减肥；你有你的骨感，我有我的丰满；你嘲笑我脂肪太多不配穿比基尼，我可怜你瘦得衬不起；你可以看见什么吃什么，时间会证明这是

谁的地狱。减肥，是注定痛苦的旅行，路上总少不了打酱油的。但那又怎样？哪怕是死，也要坚持。我是减肥的胖子，我为自己代言。

㉘民工版：你只看到我流连各个城市，却没看到我沧桑的双眼；你有你的选择，我有我的人生；你嘲笑我长大了还是没有女人，我可怜你依赖爱情生活；你可以不闯荡，我们会证明这是另一种精彩。出差，是注定痛苦的旅行，路上总少不了酸甜苦辣，但那又怎样？哪怕没人陪，也要坚持走到底。我是民工，我为自己代言。

⑳老师版：你只看到我的寒假暑假，却看不到我抱着厚厚的一摞作业；你有你的看不惯，我有我的人生感叹；你嘲笑我的单纯幼稚，我可怜你不懂美的发现；你可以不在乎，我会证明单纯的可贵。哪怕蜡炬成灰，我也心无所憾。教师，是注定一身责任重担。我是老师，我为自己代言。

㉑长沙版：你只听闻二线城市的头衔，却没看到心忧天下敢为人先的风采；你嘲笑我不是沿海城市起步晚，我可怜你常常雾霾；你可以轻视我的存在，我会证明中国幸福娱乐之都的未来。城市发展，是注定漫长的旅行，路上少不了质疑和嘲笑，但那又怎样，哪怕娱乐至死，也要嗨得漂亮。我是星城长沙，我为自己代言。

㉒加班版：你只看到我休假，却没看到我加班；你有你的朝九晚五，我有我的通宵达旦；你嘲笑我空闲太多不懂如何排遣，我可怜你体会不了宁静的味道；你可以轻视我们的现在，我们会证明这是谁的时代。熬夜，是注定痛苦的旅行，路上少不了黑眼圈。但那又怎样？哪怕累，也坚持。我是守夜者，我为自己代言。

学霸版、教师版、民工版、会计版、明星版、金融版、吃货版、地域版……各种版本比拼，谁也不甘落后，似赶集一般，热闹非凡。

2. 句式型

仅由一个句子（单句或复句）形式构成。严格意义上说，这样的形式只能算作一个流行句式，而非文体。但由于它通常被引用到网民的各种吐槽中，形成了一种话语现象，网络上流行甚广，因此也被网民或媒体归为文体类型，最典型的如"元芳体"：

……元芳，（此事）你怎么看？

下面仅"展示"几例"元芳体"，其基本模式为前面叙述一件事，后面加上一句："元芳，（此事）你怎么看？"比如："我现在还没有女朋友。元芳，你怎么看？"有时会有答句，如"大人，此事必有蹊跷"或者是"大人，此事背后一定隐藏着一个天大的秘密"，但大部分并没有答句，通常只有前面一句问话，如：

㉓——这荒郊野外停着一辆车。元芳，你怎么看？

——大人，此车必有隐情。

㉔今天为何不发工资啊！元芳，你怎么看？

㉕作业很多，元芳，你怎么看？

㉖该死的毛囊炎，我要毁容了。元芳，你怎么看？

㉗股市太让人纠结了。如此疲软的大盘，我是"割肉"，还是不动呢？元芳，怎么看？

㉘这里车多人多易堵，元芳，此事你怎么看？（某地警方摆放的"元芳体"停车指示牌）

㉙国庆长假高速免费，导致交通瘫痪，元芳，关于此事你怎么看？

㉚得了个诺贝尔奖，为什么还买不起房子？元芳，你怎么看？

从个人生活到交通执法，从关注明星到股市购房，都应用"元芳体"，甚至连广告文案上也用上"元芳体"：

㉛××酒业公司：××推出了××系列酒，据说很受市场关注，元芳，你怎么看？

㉜××电视台：今晚××剧场《××》继续播出，××的演技超级给力。元芳，你怎么看？

3. 风格型

只是一种写作行文的风格，甚至只是一段典型话语的气氛格调，并没有特定的语篇模式出现，"赳赳体""琼瑶体""羊羔体""安妮宝贝体"等是其中的代表。如被网友吐槽最多的"琼瑶体"：

㉝男：你无情你残酷你无理取闹！

男：你无情你残酷你无理取闹！

女：那你就不无情！? 不残酷！? 不无理取闹！?

男：我哪里无情！? 哪里残酷！? 哪里无理取闹！?

女：你哪里不无情！? 哪里不残酷！? 哪里不无理取闹！?

男：我就算再怎么无情再怎么残酷再怎么无理取闹也不会比你更无情更残酷更无理取闹！

女：我会比你无情！? 比你残酷！? 比你无理取闹！? 你才是我见过最无情最残酷最无理取闹的人！

男：哼，我绝对没你无情没你残酷没你无理取闹！

女：好，既然你说我无情我残酷我无理取闹，我就无情给你看残酷给你看无理取闹给你看！

男：看吧，还说你不无情不残酷不无理取闹，现在完全展现你无情残酷无理取闹的一面了吧！

（《情深深雨濛濛》）

㉞紫菱：云帆，我晕车耶！

云帆：怎么会晕车呢，这只是马车呀。是不是中暑了？有没有发烧？

紫菱：我不是那种晕车！我是坐着这样的马车，走在这样的林荫大道上，我开心得晕了，陶醉得晕了，享受得晕了，所以，我就晕车了。其实，我自从来到普罗旺斯，就一路晕。我进了梦园，我晕。我看到了有珠帘的新房，我晕。看到古堡，我晕。看到种熏衣草的花田，我还是晕。看到山城，我更晕。反正，我就是晕。

《又见一帘幽梦》

网友将"琼瑶体"的特点总结为："琼瑶体"的语言绝对删简就繁，宁滥毋缺，能绕三道弯的绝不只绕两道半，能用复句结构的绝不用单一结构，能用反问句的绝不用陈述句，能用排比句的绝不用单句，能哭着说喊着说的绝不好好说。一名网友在论坛上发帖："谁能告诉我爱情到底是什么，请用琼瑶奶奶的语气安慰我两句。"很快，热情的网友便模仿这一风格，衍生出"琼瑶安慰体"：

㉟爱情就是：我爱你，我的心爱你，我的身爱你，我的嘴爱你，我的眼爱你，我的鼻子爱你，我的腿爱你，我的脚爱你，我的全身的每个器官都爱你。我是真的真的真真正正清清楚楚明明白白地爱你。

㊱楼主找不到男女朋友是因为你心里一直有一个人，等了一辈子，想了一辈子，怨了一辈子，念了一辈子，但是仍然感激上苍，让你有这个可等可想可怨可念之人，否则，生命会像一口枯井，了无生趣。

四、流行文体的传播特征与社会动因

1. 流行文体的传播特征与主体模式

由于流行文体皆以自媒体为载体，因而传播方式上与传统媒体有了根本性的转变。一个话题，多人参与，或同步展开，或逐次递接，发表各自意见。每个参与者随时可以从旁观者转成当事人，从被动的受众变为主动的发布者；受众与媒体、受众与受众之间实时交流、互动对话，并且无限量地引用、借鉴对方的、第三方的、第四方的话语或思想。信息的传播方式不再是媒体向受众单一方向的发展，而是呈双向的、多向的、纵横交错的方向展开，形成一种交互的、立体的传播空间，如第十一章自媒体传播方式二图（横向模式和纵向模式）所示的那样。

在这些流行文体里，网民穿越时空、纵横古今、引经据典、混搭拼贴，大量地复制模仿，全民大摆语言盛宴，造句狂欢。无论是广义上的还是狭义上的互文性特征，在这样的传播模式与空间里，均得到了极大的凸显。因此，以对话性、交互性、狂欢性为代表的互文性特征便成为流行文体的突出特点。

而从话语结构与语篇模式来看，戏仿无疑成为流行文体的基本/主体模式：一个母本，招来无数子本、副本狂欢式登场。其中又可分典型性与非典型性：前者格式严格，基本上在同一格局的框架里改换字词；后者则多是在基调、风格等方面与原作保持一致，变体形式较多。前述已举数例，这里不再赘述。

2. 流行文体的社会动因与民众态度

传统的传媒方式基本上是单向的，媒体发布信息，受众被动接受信息，普通民众难有机会发表对事件的观点与看法，难以向社会传播自己的思想。互联网的诞生打破了这种单向的格局，催生了大众媒体与自媒体，普通民众也有了发声的平台和机会。当拥有发声的平台与机会的时候，每个人情不自禁都会涌起一种"登临"的喜悦和欲望，期望行使自己的那一份发声权利，表达个人的观点。而当下中国社会存在的各种矛盾和问题正好给大众表达各自意识形态创造了土壤和条件，因而每每一个社会事件出来，必定会引起网络哗然一片。不少流行文体都是网民为表达个人意识形态而在网络上聚众消费语言的"战果"，从某种意义上讲似乎印证了马克思所说的"语言是人生斗争的一种武器"。

但同时，语言又是一部游戏机，是一副安慰剂。俄国诗人纳德松说，语言的痛苦是世界上最大的痛苦。这话说对了一半，应该还加上一句：语言的快乐也是世界上最大的快乐。语言可以治病救人，更可以消愁解压；快乐的语言活动无疑可以让人忘却烦恼，舒缓焦虑，消解生活的压力。而"独乐乐不如众乐乐"，游戏语言、娱乐文字历来是中华民族的文化传统，而借助现代科技的力量，这一传统在互联网时代有了更宽阔的舞台与更广阔的空间，被网民发挥得淋漓尽致。在流行文体中，据我们观察，为娱乐目的而出现的文体并不在少数，其中有纯娱乐的，也有调侃性质的，调侃影视明星、达官贵人、各类名人等，以达到全民娱乐的目的。前者如："90岁体""学长帮忙体""下班回家体""扫地老太太体"等，后者如"梨花体""丹丹体""葛优体""宝黛体""赵本山体"等。

手机、网络及自媒体的出现，带来了社会的深刻变革，网络语言自然成为当今中国社会的重要语言文化现象，不仅对国民生活有着重要作用，而且对国家政治、经济、文化诸方面都产生着越来越大的影响。① 因此，对于自媒体语言消费的态度与政策处理如何，都将直接影响到网络与社会的未来发展。

从政府层面来看，首先应该肯定网络对于中国社会的积极影响和作用，如"李刚事件"发生后，一句"我爸是李刚"的流行语及其海量跟帖与戏仿推动了整个事件的发展，成了中国社会重要的语言舆情力量；"郭美美与红十字会事件"的进展，微博语言的喧嚣成为其直接的助力。因此，做好管理的情况下，政府也应适度保持网络与话语的宽松环境。

从个人层面来看，每一个网民都必须树立良好的网络道德意识，遵守网络传播的伦理与道德，做到不制造谣言、不传播谣言，不运用语言做损

---

① 吕始东. 评论：中国"围脖"力量不容小觑 [N/OL]. (2009-02-10). http://www.zaobao.com/wencui/2012/02/chosun120210.shtml.

害国家与他人利益的事情，从而更好地促进网络文化建设。这一点，当然与政府的恰当管理措施分不开。在此意义上，网络实名制也有其必要。

从语言的发展与演变来看，对网络的流行语以及一次次话语狂欢，无须过多担忧。语言的发展有其自身的规律，生命力强的流行语在经过社会的重重考验之后，最终留存下来，成为语言社团新的一分子；而生命力弱的流行语不过如流星一般、昙花一现，终将被社会淘汰。而谁来主宰流行语的生命力，那便是社会与语言的自我调节功能。①

---

① 郑庆君. 流行语"被＋××"现象及其语用成因 [J]. 西安外国语大学学报，2010（1）.

参考文献

［1］艾士薇．"传统与个人才能"与《影响的焦虑》之比较［J］．世界文学评论，2007（1）．

［2］伯顿．媒体与社会：批判的视角［M］．史安斌，译．北京：清华大学出版社，2007．

［3］陈望道．修辞学发凡［M］．上海：上海人民出版社，1976．

［4］陈永国．互文性［J］．外国文学，2003（1）．

［5］程锡麟．互文性理论概述［J］．外国文学，1996（1）．

［6］邓军．热奈特互文性理论研究［D］．厦门：厦门大学，2007．

［7］蒂费纳·萨莫瓦约．互文性研究［M］．邵炜，译．天津：天津人民出版社，2002．

［8］甘莅豪．中西互文概念的理论渊源与整合［J］．修辞学习，2006（5）．

［9］格雷姆·伯顿．媒体与社会批判的视角［M］．史安斌，主译．北京：清华大学出版社，2007．

［10］哈罗德·布鲁姆．影响的焦虑：一种诗歌理论［M］．徐文博，译．南京：江苏教育出版社，2005．

［11］韩礼德．功能语法导论［M］．胡壮麟，导读．北京：外语教学与研究出版社，2000．

［12］韩礼德，哈桑．英语的衔接［M］．张德禄，导读．北京：外语教学与研究出版社，2001．

［13］何自然，何雪林．模因论与社会语用［J］．现代外语，2003（2）．

［14］何自然．语言中的模因［J］．语言科学，2005，4（6）．

［15］胡壮麟．语篇的衔接与连贯［M］．王宗炎，审订．上海：上海外语教育出版社，1994．

［16］黄伯荣，廖旭东．现代汉语［M］．增订5版．北京：高等教育出版社，2016．

［17］黄国文．英语语言问题研究［M］．广州：中山大学出版社，1999．

［18］黄国文．语篇分析概要［M］．长沙：湖南教育出版社，1988．

[19] 黄国文. 电子语篇的特点 [J]. 外语与外语教学, 2005 (12).

[20] 黄念然. 当代西方文论中的互文性理论 [J]. 外国文学研究, 1999 (1).

[21] 季绍德. 古汉语修辞 [M]. 长春: 吉林文史出版社, 1986.

[22] 焦亚东. 西方互文性理论的提出、发展及建构维度 [J]. 湖南社会科学, 2006 (6).

[23] 黎运汉. 黎运汉修辞·语体·风格论文选 [C]. 广州: 暨南大学出版社, 2004.

[24] 李华. 应该设立"谐音"修辞格 [J]. 修辞学习, 1999 (4).

[25] 李胜梅. 修辞结构成分与语篇结构类型 [M]. 北京: 文化艺术出版社, 中国社会科学出版社, 2006.

[26] 李世之. 试论汉语中的谐音字 [J]. 语言教学与研究, 1995 (2).

[27] 梁晓萍. 互文性理论的形成与变异: 从巴赫金到布鲁姆 [J]. 山西师范大学学报 (社会科学版), 2009 (4).

[28] 刘琦. 互文性理论对文学翻译的意义 [J]. 西南民族大学学报 (人文社科版), 2004 (5).

[29] 刘勰. 文心雕龙 [M]. 北京: 燕山出版社, 2001.

[30] 孟昭泉. 汉文化的语音精灵: 谐音 [J]. 台州学院学报, 2003 (1).

[31] 米哈伊尔·巴赫金. 陀思妥耶夫斯基诗学问题: 复调小说理论 [M]. 白春仁, 顾亚铃, 译. 北京: 生活·读书·新知三联书店, 1988.

[32] 秦海鹰. 互文性理论的缘起与流变 [J]. 外国文学评论, 2004 (3).

[33] 秦海鹰. 罗兰·巴尔特的互文观 [J]. 法国研究, 2008 (2).

[34] 秦文华. 翻译研究的互文性视角 [M]. 上海: 上海译文出版社, 2006.

[35] 邵培仁. 论人类传播史上的五次革命 [J]. 中国广播电视学刊, 1996 (7).

[36] 谭永祥. 修辞新格 [M]. 增订本. 广州: 暨南大学出版社, 2001.

[37] 托斯·艾略特. 艾略特文学论文集 [M]. 李赋宁, 译注. 南昌: 百花洲文艺出版社, 1994.

[38] 王逢振, 盛宁, 李自修. 最新西方文论选 [M]. 桂林: 漓江出版社, 1991.

[39] 王瑾. 互文性 [M]. 桂林: 广西师范大学出版社, 2005.

［40］王希杰 . 修辞学通论［M］. 南京：南京大学出版社，1996.

［41］王希杰 . 汉语修辞学［M］. 修订本 . 北京：商务印书馆，2004.

［42］乌蒙勃托·艾柯 . 符号学理论［M］. 卢德平，译 . 北京：中国人民大学出版社，1990.

［43］吴满意 . 网络媒体导论［M］. 北京：国防工业出版社，2008.

［44］希利斯·米勒 . 重申解构主义［M］. 郭英剑，等译 . 北京：中国社会科学出版社，2002.

［45］辛斌 . 互文性：非稳定意义和稳定意义［J］. 南京师大学报（社会科学版），2006（3）.

［46］辛斌 . 体裁互文性与主体位置的语用分析［J］. 外语教学与研究，2001（5）.

［47］辛斌 . 语篇互文性的语用分析［J］. 外语研究，2000（3）.

［48］辛斌 . 语篇研究中的互文性分析［J］. 外语与外语教学，2008（1）.

［49］徐国珍 . 仿拟研究［M］. 南昌：江西人民出版社，2003.

［50］徐盛桓 . 幂姆与文学作品互文性研究［J］. 暨南大学华文学院学报，2005（1）.

［51］徐文贵 . 互文性理论与非个人化理论［J］. 语文学刊（外语教育教学），2009（11）.

［52］徐学 ."秘响旁通"与西方的互文性理论：兼谈对比较文学认识论的意义［J］. 贵州师范大学学报（社会科学版），2001（4）.

［53］杨汝福 . 互文性模式的功能语言学建构［J］. 外语教学，2008（6）.

［54］杨汝福 . 系统功能语言学观照下的共向互文性模式研究［J］. 外国语，2010（2）.

［55］袁晖，李熙宗 . 汉语语体概论［M］. 北京：商务印书馆，2005.

［56］张斌 . 新编现代汉语［M］. 上海：复旦大学出版社，2002.

［57］张德禄，刘汝山 . 语篇连贯与衔接理论的发展及应用［M］. 上海：上海外语教育出版社，2003.

［58］张美芳 . 从语境分析看动态对等论的局限性［J］. 上海科技翻译，1999（4）.

［59］赵金铭 . 谐音与文化［J］. 语言教学与研究，1987（1）.

［60］赵渭绒 . 国内互文性研究三十年［J］. 社会科学家 . 2012（1）.

［61］郑庆君 . 汉语话语研究新探：《骆驼祥子》的句际关系和话语结

构研究［M］．长沙：湖南教育出版社，2003．

［62］郑庆君．汉语谋篇的谐音机制及其语篇模式［J］．求索，2009（10）．

［63］郑庆君．近代幽默小说《何典》的修辞特色［J］．古汉语研究，2002（1）．

［64］郑庆君．"互文"型手机短信及其语篇特征探析［J］．语言教学与研究，2007（5）．

［65］郑庆君．互文性理论与汉语修辞格的关系探析：以汉语仿拟修辞格为例［J］．当代修辞学，2011（3）．

［66］郑庆君．流行语"被＋××"现象及其语用成因［J］．西安外国语大学学报，2010（1）．

［67］郑庆君．"拟误"格短信的功能语篇分析与语篇模型［J］．语言科学，2006（1）．

［68］郑庆君．手机短信中的语言学［M］．长沙：湖南大学出版社，2008．

［69］郑庆君．网络"自媒体"语言消费大观及其成因探析：兼论网络"自媒体"的互文性特征［J］．湖南社会科学，2012（4）．

［70］郑庆君．引用：互文手法的时代"风情画"——新媒体语篇中的引用类型与模式［J］．求索，2011（12）．

［71］郑庆君．语体跨类组合语篇及其语篇特征探析［J］．修辞学习，2006（2）．

［72］郑远汉．辞格辨异［M］．武汉：湖北人民出版社，1982．

［73］朱莉娅·克里斯蒂娃．词语、对话和小说［J］．祝克懿，宋姝锦，译．黄蓓，校．当代修辞学，2012（4）．

［74］祝克懿．互文：语篇研究的新论域［J］．当代修辞学，2010（5）．

［75］宗廷虎，陈光磊．中国修辞史：中［M］．长春：吉林教育出版社，2007．

［76］被时代：逃不出的荒谬［EB/OL］．（2009－07－24）．http：//news．163．com/special/00012Q9L/beishidai090724．html．

［77］"被"字蹿红09年中国舆论场［EB/OL］．（2009－08－13）．http：//news．sina．com．cn/c/2009－08－13/135618427971．shtml．

［78］"被"现象走红，折射弱者的无奈和调侃［EB/OL］．（2009－08－15）．http：//news．xinhuanet．com/mrdx/2009－08/15/content_11885984．htm．

［79］吕始东．评论：中国"围脖"力量不容小觑［N/OL］．（2009－

02－01）．http：//www. zaobao. com/wencui/2012/02/chosun120210. shtml.

［80］ Beckson K. &Ganz A. *Literary Terms：A Dictionary* ［M］. New York：Farrar Strauss and Giroux，1989.

［81］ Bowman S. & Willis C. We Media ［R］. The Media Center at the American Press Institute，2003.

［82］ Dawkins R. *The Selfish Gene* ［M］. New York：Oxford University Press，1976.

［83］ Eliot T. S. *The Sacred Wood：Essays on Poetry and Criticism* ［M］. London：Methune，1920.

［84］ Genette G. *Palimpsests Literature in the Second Degree* ［M］. Newman C. & Doubinsky C. NE and London：University of Nebraska Press，1997.

［85］ Gillmor D. *We the Media：Grassroots Journalism by the People，for the People* ［M］. California：O'eilly Media，Inc. ，2004.

［86］ Halliday M. A. K. How is a Text Like a Clause? ［A］. In Allen S. *Text Processing：Text Analysis and Generation，Text Typology and Attribution* ［M］. Tockholm：Almqvist and Wiksell International，1982.

［87］ Halliday M. A. K. *An Introduction to Functional Grammar* (2nd edition) ［M］. London：Edward Arnold /Beijing：Foreign Language Teaching and Research Press，1994 / 2000.

［88］ Halliday M. A. K. & Matthiessen C. M. I. M. *An Introduction to Functional Grammar* (3rd edition) ［M］. London：Arnold/Beijing：Foreign Language Teaching and Research Press，2004/2008.

［89］ Halliday M. A. K. & Hasan R. *Cohesion in English* ［M］. London：Longman / Beijing：Foreign Language Teaching and Research Press，1976 /2001.

［90］ Halliday M. A. K. & Hasan R. *Language，Context，and Text：Aspects of Language in a Social － semiotic Perspective* ［M］. Oxford：Oxford University Press，1985.

［91］ Hatim B. & Mason I. *Discourse and the Translator* ［M］. London：Longman/Shanghai：Shanghai Foreign Language Education Press，1992/2001.

［92］ Kristeva J. The Bounded Text ［A］. In Roudiez L. S. *Desirein Language：A Semiotic Approach to Linguistics and Art* ［M］. New York：Columbia University Press，1980.

［93］ Kristeva J. *Revolution in Poetic Language* ［M］. New York：Columbia University Press，1984.

［94］ Kristeva J. Word，Dialogue and Novel ［A］. In Moi T. *The Kristeva*

Reader [M]. New York: Columbia University Press, 1986.

[95] Lemke J. L. Ideology, Intertextuality, and the Notion of Register [A]. In Jdbenson & Greaves W. S. *Systemic Perspectives on Discourse* [M]. London: Ablexn, 1985.

[96] Lemke J. L. Intertextuality and Educational Research [A]. In Shuart – Faris N. & Bloome D. *Uses of Intertextuality in Classroom and Educational Research* [M]. Charlotte: Information Age Publishing, 2004.

[97] Martin J. R. *English Text: System and Structure* [M]. Amsterdam: John Benjamins Publishing Company, 1992.

[98] Martin J. R. & Eggins S. Genre and Registers of Discourse [A]. In Wang Z. H. *Genre Studies* [M]. Shanghai: Shanghai Jiao Tong University Press, 1997/2012.

[99] Riffaterre M. Syllepsis [J]. *Critical Inquiry*, 1980 (6).

[100] Thompson G. & Thetela P. The Sound of One Hand Clapping: The Management of Interaction in Written Discourse [J]. *Text*, 1995 (15).

后　记

一

本书是我所主持的国家社科基金项目"汉语网络语篇的互文性调查与研究"的相应成果，不少内容曾作为阶段成果发表在多个期刊上（见各章后的批注）。项目在 2011 年获批，2014 年底已完成大部分初稿，但因2015—2017 年，我受国家汉办与广东外语外贸大学委派，作为首任中方院长前往西非岛国佛得角创办佛得角大学孔子学院，全身心投入了孔子学院的筹建（以超常的辛劳和努力，仅用一年半的时间，就将汉语教育推进该国的中学国民教育体系），因而完全舍弃了书稿的后期工作。2017 年底回国之后，又因个人身体欠佳以及当时学校工作的繁重，不得不一拖再拖，直到 2019 年夏天才真正动笔进行书稿的修改与完善，心里一直深觉愧疚与不安。

二

本书是研究汉语文本的"互文性"问题。所谓互文性，最基本解释是指文本或语篇中嵌入、交织、中和、渗透其他文本的话语现象。互文性的概念，最初由法国符号学家与文学批评家克里斯蒂娃受到俄国思想家和语言哲学家巴赫金的影响于 20 世纪 60 年代提出，后经过众多理论学者的探讨逐渐发展为一种文本理论。作为被西方关注较多的文本理论之一，互文性在 20 世纪 80 年代到 90 年代逐渐被介绍引进中国，但互文性研究的真正繁荣是在 21 世纪之后，首先在文学理论界、外语学界、翻译学界产生影响，尤其是外语学界成果最为丰厚，影响也最大；随后逐渐被汉语学界接受认可，进而受到关注并开始得到研究。在汉语学界为数不多关注互文性问题，尤其是汉语新媒体互文性问题的研究者中，笔者可能要算关注此一话题并进行系列研究的主要学人之一。2008 年本人出版的《手机短信中的语言学》中就已辟出专章探讨了这一话题。十多年来，笔者一直注意收集这方面的语言事实，因此积累了大量的互文性汉语文本语料。

在我看来，互文性与其说是一种理论，不如说是一种文本现象，是语篇或话语形成的普遍特征。中国传统修辞学很早注意到其中一些表现形式，只不过是在修辞学的层面对其进行解释，多把它们当作某种修辞手法进行研究，而没有上升为一种理论罢了。作为意合特征鲜明的语言，汉字表意文字的体系特征、汉语句法结构的自由灵活，使文本与文本的互涉变得十分容易；而信息时代的到来和网络技术的产生，如简单快捷的复制、粘贴操作，方便强大的搜索、引用，更似催化剂，为文本之间、文图之间的交融互涉互联提供了更多便利的条件，从而使汉语语篇的互文性特征与现象变得更加鲜明突出，而且复杂多样。如文本之间的嫁接中和、语域体裁的交织渗透、不同语码的随意互换，尤其是大量的网络流行戏仿、语言恶搞等，犹如一幕幕"话语的狂欢"，将我们置身到互文性的巨大网络之中，使国人再也无法独立于"言语/文本交织的时代"之外。从此意义上来说，探讨汉语文本，尤其是新媒体语篇的互文性问题，或许具有一定的语言类型学价值和时代意义。

因此，本书的重点并非在于互文性理论的探讨，而主要在于对汉语新媒体互文性文本现象与特征及其形成机制原理等方面的分析、研讨与解读。抛开互文性纯理论的认识不去论辩，本书三四百个鲜活的汉语文本语料较为真实地记载了互联网时代中国网民近十多年里的语言社会生活与心态心理（虽憾多有部分经典语料因为某些原因无法呈现），一定意义上也是中国改革开放 40 多年社会生活的真实缩影。

三

除开引言与后记，本书共 12 章，另附 2 篇专项调查。内容大致为：第一至二章，介绍互文性理论源流及在中国的发展和研究。第三至五章从总也即合的方面，对新媒体语篇互文性的承载类型、结构形态及呈现方式进行叙述，从中可以看出汉语新媒体语篇互文性的全局大观。第六至十章则以分的视角，对成分性互文、语篇性互文以及体裁性互文三大类型进行个案分析。其中又分两个小板块：第六至八章分别选取具有最典型性互文性特征的三类修辞格"引用""仿拟""谐音"进行互文性解读；第九至十章则选取有典型体裁互文性特征的两个语篇，结合功能语言学分析方法，进行互文性阐释。第十一至十二章则从传播学的角度对新媒体语篇互文性问题进行分析研究。最后两篇专项调查是对汉语网络文本狂欢化现象的典型案例进行调查与分析。

本书的写作虽由课题组三位主要成员承担，但大部分内容是由课题主持者本人撰写完成。具体的分工情况如下：

第一、二章由向琼撰写；第十章由张春燕撰写；其余部分第三至九章，第十一、十二章以及最后的两篇"专项调查"，外加"引言"和"后记"，全由本人完成。两位合作者均是我的硕士研究生，都已是副教授：向琼在中山职业技术学院工作，目前在澳门科技大学攻读汉语国际教育博士学位。为了写好第一章和第二章关于互文性的理论部分，她特意购买并认真研读了一整套《巴赫金全集》（七大卷），这种精神在碎片化阅读时代非常难能可贵。同时向琼还为后期部分语料的更换做了一点工作。张春燕在广东财经大学从事外语专业教学科研工作，有汉语的硕士背景，读博时师从我国著名的系统功能语言学家黄国文教授，在系统功能语言学的汉语适用性研究方面有较好的积累，具备中英文"双枪"的专业研究潜质。从她撰写的第十章功能语言学解读乔布斯情书网络翻译语篇的互文性就可以看出其良好的语言学理论素养。虽然二人在本书中承担的总体任务不多，但我愿意让此小书成为我们师生三人合作的一个美好纪念。相信未来她们会拿出更多更好的成果奉献给学术界。

四

任何一个"产品"的问世都离不开背后的诸多支持与帮助，做学术更是如此。本书从申请课题之前接触互文性话题到最终完成这本书稿，已历经 10 多年时间；从学校到家庭，从我的多位老师到学术界不少朋友，再到我的多位弟子，或引路指导，或鼓励支持，或关心帮助，一直是我前进和坚持的重要动力。

要感谢的人总是很多，在这里我首先要感谢与本人研究互文性课题有一定直接关系的几位同仁、师长和我的学生，如中山大学/华南农业大学黄国文教授、教育部语用所冯志伟先生、山西大学乔全生教授、复旦大学祝克懿教授、福建师范大学谭学纯教授、同济大学张德禄教授、暨南大学华文学院李军教授等，以及曾帮助收集网络流行文体的肖清宇、张鸽、刘嘉铖、王双红几位弟子。

要特别感谢广东外语外贸大学何自然先生对我的抬爱和鼓励。何老师一直希望我能将这本小书放进由他主编的"语用学学人文库"中出版，遗憾的是我因各种原因一延再延至今天，愧对师长；感谢暨南大学出版社杜小陆主任对本书的出版给予的大力支持，感谢编辑黄颖、邓丽藤女士为本书所做的诸多辛苦工作。

最后要感谢的是我的家人，特别是我的先生，长期以来一直甘愿在我的背后默默付出，尽力承担家务，做好一切后勤保障；而且每每在我放松懈怠的时候，又不停地为我打气加油甚至是批评，帮助我坚持到今天。有夫如此，岂敢懈惰！还有其他很多一直支持我、给我帮助的人，无法一一列出，在此一并致以我诚挚的谢意。

人生有涯学无涯，水穷云起乐看花。做学问难，做学问不易，但学术研究并非人生的全部，随着中国对外之门越开越大，东西方文化交往越来越频繁，我们也更加深刻认识到，人类的物质文明与精神文明世界，无论在过去还是在未来，其实都是相互借鉴、相互渗透的。在语言之外，还有许许多多其他的交织与互动，同样值得我们关注。因此，"世界那么大，多出去看看"，了解各地之间、各民族之间、东西方之间如何"建筑互涉""绘画互涉""音乐互涉"，以及一切一切的"艺术/文明互涉"（Inter + × × × × + ality），或许又是另一道风景。

郑庆君　2021 年 10 月 1 日

于广东外语外贸大学南国商学院

图书在版编目（CIP）数据

汉语新媒体语篇的互文性研究/郑庆君，向琼，张春燕著．—广州：暨南
大学出版社，2021.10
（语用学学人文库）
ISBN 978 - 7 - 5668 - 3087 - 6

Ⅰ．①汉…　Ⅱ．①郑…②向…③张…　Ⅲ．①汉语—语用学—研究
Ⅳ．①H1

中国版本图书馆 CIP 数据核字（2020）第 266022 号

汉语新媒体语篇的互文性研究
HANYU XINMEITI YUPIAN DE HUWENXING YANJIU
著　者：郑庆君　向　琼　张春燕

出 版 人：张晋升
策划编辑：杜小陆
责任编辑：黄　颖　邓丽藤
责任校对：林　琼
责任印制：周一丹　郑玉婷

出版发行：暨南大学出版社（510630）
电　　话：总编室（8620）85221601
　　　　　营销部（8620）85225284　85228291　85228292　85226712
传　　真：（8620）85221583（办公室）　85223774（营销部）
网　　址：http://www.jnupress.com
排　　版：广州良弓广告有限公司
印　　刷：佛山市浩文彩色印刷有限公司
开　　本：787mm×960mm　1/16
印　　张：13
字　　数：240 千
版　　次：2021 年 10 月第 1 版
印　　次：2021 年 10 月第 1 次
定　　价：59.80 元

（暨大版图书如有印装质量问题，请与出版社总编室联系调换）